실리콘밸리 아이들은
이렇게 공부합니다

Silicon Valley

실리콘밸리 아이들은 이렇게 공부합니다

김수영 지음

| 추천사 |

실리콘밸리의 '자기주도학습'을 배운다
_ 전주혁, 아마존 소프트웨어 엔지니어

가족과 함께 덜컥 미국에 온 지도 이제 4년이 훌쩍 넘었다. 내가 10년이나 다니던 안정적인 직장에서의 편한 생활을 뿌리치고 이 낯선 곳으로 오겠다고 결심했던 건 아이의 교육이 가장 큰 이유였다. 2020년 당시 6세였던 아이는 생애 첫 학교를 실리콘밸리 내 초등학교로 다니게 되었다. 그런데 여기의 교육 현실은 우리 부부의 기대와는 완전히 달랐다. 교과서는 없었고 숙제는 프린트물 몇 장이었다. 영어가 익숙하지 않은 아이는 영어 프로그램ELD, English Language Development 하나 듣는 게 전부였다.

나와 아내는 미국 학교는 '자기주도학습'이 당연한 환경이라는 걸 몇 달에 걸쳐 깨달았다. 그 후 마땅한 취미가 없던 아이에게 첫 악기로 피아노를 배우게 하기까지 2년이 넘는 시간이 걸렸다. 아이 교육의 핵심이 문제집 풀이가 아닌 독서라는 걸 깨닫기까지도 그만큼의 시간이 필요했다. 그럼 운동은? 야구, 농구, 수영을 거쳐 작년에야 비로소 테니스에 안착했다. 자, 이쯤에서 눈치챘을 거다. 이 책에서 말하는 순서대로 같은 내용을 온갖 시행착오를 겪으며 몸소 배워왔다는 사실을.

　그래서 더더욱 책에서 하는 말들이 가슴에 와닿는다. 그리고 한편으로는 조금 억울한 느낌도 든다. 4년 전 처음 미국에 왔을 때 이 책이 내 손에 들려 있었다면 우리 아이와 우리 가족이 그 많은 시간을 허비하지 않았을 것이다. 미국에 정착한 지 얼마 되지 않은 분들에게, 특히 미취학 아동을 둔 한국 부모들에게 강력히 추천한다. 아이 교육을 올바른 방향으로 나아가게 해주는 지침서로서 이보다 나은 책은 별로 없을 것이다.

| 프롤로그 |

아이들이 평생 살아갈 힘을 준비하게 해야 한다

우리 가족은 매년 추수감사절 연휴마다 특별한 여행을 떠난다. 바로 나바호(네이티브 아메리칸이 살고 있는 보호구역)를 방문하는 것이다. 이 전통은 이제 겨우 2년째 이어지고 있지만 앞으로도 오랫동안 우리 가족만의 특별한 연휴 일정으로 자리 잡을 예정이다. 이 여행은 단지 우리 가족만의 행사가 아니다. 여러 가족이 팀을 이루어 함께하고 있다. 특히 청소년들이 리더로서 프로그램을 이끌어 가고 있다. 한국으로 따지면 초등학생부터 고등학생 정도의 나이로 학업과 입시 준비로 누구보다 바쁠 것이다. 그런데도 긴 연휴 동안 쉼을 포기하고 나바호 아이들과 함께하기 위해 시간과 노력을 들이는 모습은 그 자체로 감동이다. 이런 전통은 우리 가족이나 우리 팀만의 이야기가 아니다. 크리스마스, 부활절, 추수감사절 등 연휴마다 도움이 필요한 이들에게 손길을 전하는 가족들이 주변에 많다. 봉사 여행을 떠나지 않더라도 홈리스와 같은 어려운 이웃을 위해 패키지를 만들어 나누며 의미 있는 시간을 보내는 가족들의 모습도 자주 본다.

미국에서 가장 큰 원주민 부족인 나바호족은 애리조나, 뉴멕시코, 유타 주에 걸쳐 넓은 자치 지역에 거주하고 있다. 그러나 그들의 삶은 미국의 풍요로움과는 거리가 멀다. 우리를 안내한 선교사님은 이곳은 미국 속의 오지로 불릴 만큼 열악한 환경 속에 놓여 있다고 말했다. 농업과 산업 기반이 부족하고 경제적 빈곤이 깊게 자리 잡고 있다. 15세에 아이를 낳기도 하고 50세 이전에 죽는 경우가 많다고 한다. 마약과 알코올 중독이 심각하며 성인과 청소년의 자살률 역시 매우 높다.

이곳에서 우리는 단지 잠깐의 도움을 주는 방문자가 아니라 지속적으로 교류하며 친구가 되는 것을 목표로 한다. 특별히 나바호의 청소년들에게 꿈과 희망을 주고 싶다. 아이스크림 막대로 다리를 만들어 튼튼한지 실험하며 환호성을 지르고 직접 만든 물로켓을 발사하며 과학적 사고를 키우는 활동을 한다. 마시멜로와 스파게티 면으로 독창적인 구조물을 만들기도 하고 케이팝 댄스, 풍선 아트, 네일아트 같은 문화 체험도 해본다. 스포츠 경기, 바베큐 파티와 같은 활동은 아이들에게 잊지 못할 추억과 교감을 선사한다. 그리고 심리학 박사와 각 분야의 전문가와 함께하는 비전 찾기 프로그램도 진행한다. 이 모든 경험은 단순히 활동에서 끝나지 않는다. 서로 다른 문화를 이해하고 나누며 아이들과 함께 성장하는 시간이다. 나바호와 우리의 삶은 너무도 다르지만 그 차이를 넘어서 서로에게 좋은 영향을 주고 친구가 된다.

첫해에는 나바호 방문 후 라스베이거스를 방문했다. 라스베이거스의 화려한 풍경과 세계 최대 규모의 구형 공연장인 스피어Sphere

에서 경험한 첨단 기술은 나바호의 열악한 환경과 극명한 대조를 이루었다. 스피어를 방문했을 때 인공지능 로봇이 방문객을 맞이하며 대화를 나누는 경험은 신선한 충격이었다. 나는 그동안 인공지능과 인간의 가장 큰 차이점이 감정이라고 생각했다. 하지만 그날 만난 인공지능은 감정을 학습해 상황에 맞는 표정을 지으며 뛰어난 유머감각까지 선보였다. 내 아들과 대화를 한참 하던 로봇은 옆에서 손을 든 아들의 친구를 보고 "주원의 친구, 안녕! 네 이름은 뭐니?"라고 반응했다. 또한 다양한 언어를 유창하게 구사했고 우리가 잠시 자리를 떠났다 돌아왔을 때도 이전 방문을 기억하며 "다시 찾아주셔서 고맙습니다."라고 인사했다. 이런 세심한 상호작용은 인공지능 기술이 얼마나 놀랍게 발전했는지를 실감하게 했다. 스피어에서의 공연도 특별했다. 지구를 주제로 한 공연은 시각과 청각을 넘어 향기까지 전달하며 오감을 자극했다.

　나바호와 라스베이거스에서의 경험은 내게 끊임없는 질문을 해왔다. "아이들에게 어떤 교육을 해야 할까? 나는 어떻게 살아야 할까? 그리고 아이들에게는 어떻게 살아가야 한다고 가르쳐야 할까?" 나는 상담심리학을 공부하고 1년에 100권이 넘는 책을 읽으며 25년 가까이 교육 현장에서 아이들을 만나왔다. "그러니 나는 완벽한 자녀교육 전문가입니다. 제 말을 따라오세요."라고 말할 수 있으면 얼마나 좋을까? 이 많은 이력이 부끄러울 만큼 여전히 나는 너무나 부족하다. 첫 아이를 키우고 나니 둘째 키우는 데 좀 쉬운 부분이 생긴 것도 있지만 반대로 더 어려운 부분도 있다. 아이들은 전혀 다른 두 인격체이기 때문이다. 생각도 취향도 먹는 것도 생김새도 성별도 다르다. 그리고 나 또한 나이를 먹으며 다른 환경에서 살며 달라졌다. 그래서 육아는 여전히 모든 게 어렵다.

이 책은 완벽한 자녀교육법을 제시하지 않는다. 세상에 그 어떤 완벽한 자녀교육법은 없다고 생각한다. 중간에 실패하거나 제자리걸음을 할지라도 그 과정 자체가 의미 있는 발걸음이라고 생각한다. 우리 양육자는 아이들에게 평생 살아갈 힘을 준비하게 해야 한다. 그들이 자신을 사랑하고 도전에 맞서며 넘어졌을 때 다시 일어설 수 있는 회복력을 가지도록 돕는 것이 우리의 역할일 것이다. 이 책이 그 과정에서 작은 도움이 되길 바란다.

혼자 가다 흔들리고 넘어지려고 할 때 우리 함께 서로의 손을 잡아주고 지지해주는 사람이 되었으면 좋겠다. 그리고 양육자로서만이 아니라 나 자신도 잃지 않고 지키며 사랑하길 바란다. 우리는 완벽하지 않아도 된다. 중요한 것은 아이들과 함께 걸어가는 여정이다. 우리 아이들과 함께하는, 다시 오지 않을 현재의 행복을 놓치지 않았으면 좋겠다.

마지막으로 이 여정을 함께하고 있는 나의 남편과 아이들에게 사랑과 고마움을 전한다. 그리고 소중한 친구들과 인터뷰와 책을 쓰는 데 도움을 준 모든 분께 진심으로 감사의 마음을 전한다.

목차

추천사   실리콘밸리의 '자기주도학습'을 배운다 · 4
   _전주혁, 아마존 소프트웨어 엔지니어
프롤로그   아이들이 평생 살아갈 힘을 준비하게 해야 한다 · 6

1부
실리콘밸리 교육은 자기주도학습이다 · 17

1장 실리콘밸리 교육은 무엇이 다른가 · 19

1. 실리콘밸리 교육열은 세계 최고다   21
중국 타이거맘과 인도 엄마는 매우 열정적이다 · 23 | 유대인은 뛰어남보다 차별화를 가르친다 · 26

2. 실리콘밸리의 사교육은 대치동보다 뜨겁다   29
각자의 로드맵에 따라 치열하게 공부한다 · 30 | 각자 맞는 다양한 액티비티 교육을 받는다 · 34

3. 명문대 외에 다양한 진로의 길이 열려 있다   37
세계를 이끄는 미래형 인재를 뽑는다 · 38 | 베일에 싸인 하버드 입시 기준이 알려지다 · 42

4. 기본기를 다지고 즐거움을 경험하게 한다   45

저학년 때 행복을 우선 경험하게 한다 • 46 | 고학년 때부터 공부법을 가르친다 • 51

5. 궁극적 목표는 행복한 인생을 사는 것이다   54
아이가 행복을 느껴야 한다 • 56 | 일상에서 소소한 행복을 찾는다 • 58

2장 실리콘밸리는 교육도 혁신적으로 한다 · 63

1. 실리콘밸리는 경쟁, 도전, 실패의 도시다   65
실리콘밸리는 혁신과 성장의 중심이다 • 67 | 실리콘밸리의 미래는 꺼지지 않는 불꽃이다 • 68

2. 실리콘밸리의 학부모들은 젊고 혁신적이다   70
가장 똑똑한 사람들이 몰린다 • 71 | 다문화와 다양성이 창의성을 만든다 • 73

3. 실리콘밸리의 아이들은 회복탄력성이 높다   75
습관과 태도가 남다르다 • 76 | 부모는 존중과 믿음으로 도와준다 • 78

4. 스탠퍼드대학교는 어떻게 학생들을 뽑을까   83
미래지향적인 학생을 뽑는다 • 85 | 경험과 열정을 융합한 인재를 뽑는다 • 87

5. UC버클리는 어떻게 학생들을 뽑을까   90
진취적이고 열정 있는 학생을 뽑는다 • 91 | 최선을 다하며 성장하는 학생을 뽑는다 • 94

3장 실리콘밸리는 미래 인재를 양성한다 · 99

1. 애드 아스트라는 일론 머스크가 만든 미래 인재 학교다   101
인공지능으로 대체되지 않는 아이를 키운다 · 102 | 분석과 판단과 해결책을 찾는 공부에 집중한다 · 103

2. 월드로프는 실리콘밸리 CEO의 자녀가 다니는 학교다   107
컴퓨터와 핸드폰 없이 공부한다 · 108 | 미디어를 배제하고 전인교육을 한다 · 109

3. 스탠퍼드 온라인 고등학교는 특화된 영재 학교다   113
철학과 토론을 중요하게 여기다 · 115 | 개별화된 수업과 다양한 클럽 활동을 하다 · 117

4. 구글의 어머니 워치츠키는 실리콘밸리 교육의 대모다   120
함께 공부하는 즐거움과 성과를 알려주다 · 122 | 트릭 모델을 응용하여 나만의 교육법을 찾자 · 125

4장 실리콘밸리는 개인맞춤 교육을 한다 · 131

1. 실패를 딛고 독립을 지향한다   133
실패를 받아들이고 자산으로 삼게 한다 · 134 | 정서와 경제 자립을 할 수 있도록 돕는다 · 137

2. 남을 돕는 일로부터 시작한다   143
타인과의 관계에 대해 깊이 생각하다 · 146 | 내가 누렸다면 다른 이도 누리도록

도와야 한다 • 148

3. 포기하지 않고 될 때까지 하게 한다   153
나만의 스토리를 가진 아이가 하버드를 간다 • 155 | 세상과 호흡하며 타인을 사랑하게 한다 • 159

4. 다양한 경험으로 가능성을 키운다   163
운동과 독서로 다양한 세상을 경험하다 • 166 | 다양한 이력을 쌓는 게 명문대 합격 비결이다 • 170

5. 끝까지 해내는 그릿의 힘을 기른다   175
도전하고 실패해도 끝까지 해내는 힘을 길러라 • 176 | 그릿의 기본적인 자질인 열정을 키워라 • 178

6. 인공지능을 창의적으로 활용하게 한다   181
깊은 사유와 기술 학습을 다 해야 한다 • 182 | 기술에 대한 성찰과 통찰이 필요하다 • 185

2부
실리콘밸리는 상위 1% 영재를 만든다 · 189

5장 독서력으로 학습력을 키운다 · 191

1. 공부의 기본은 책 읽고 토론하기로 갖춘다   193
엄마와 함께 책을 읽고 토론한다 • 194 | 지금의 행복을 충분히 누리도록 한다 • 197

2. 실리콘밸리 부모는 독서 습관을 만들어준다　　199

심심한 시간을 책으로 채우게 한다 • 199

3. 10분 디베이트로 두뇌를 발전시킨다　　203

어른의 좋은 대화를 듣게 하는 게 훈련이다 • 203 | 10분 동안 듣고 보고 생각하게 한다 • 205

4. 어릴 때부터 꼼꼼하게 글쓰기 훈련을 시킨다　　211

아이 스스로 생각하게 하고 질문을 던진다 • 211 | 많이 쓰고 많이 고치는 게 비결이다 • 213

6장 공부를 잘하게 하는 특별한 문화가 있다 • 219

1. 공부와 함께 반드시 운동을 병행한다　　221

운동과 공부는 분명한 관계가 있다 • 224 | 달리기로 스트레스를 풀고 체력을 기르다 • 226

2. 일상에서 꾸준히 음악과 미술을 즐긴다　　230

공부 말고도 꾸준히 잘하는 걸 평가한다 • 231 | 일상에서 음악과 미술을 한껏 즐긴다 • 233

3. 놀이와 여행은 꼭 필요한 조기교육이다　　236

실리콘밸리 아이들은 집안일을 놀이로 안다 • 237 | 아이가 계획하고 주도하는 여행을 떠난다 • 240

4. 공부 외 기부와 봉사 활동을 가르친다　　244

기부와 봉사의 등수를 매긴다 • 245 | 기부와 봉사는 뇌를 행복하게 한다 • 250

5. 어떤 상황에서도 감사할 것을 찾아낸다   254

감사 일기를 쓰며 묵묵히 기다린다 • 255 | 감사하는 시간을 규칙적으로 가진다
• 257

6. 공부 성공의 첫걸음은 내 아이 알기다   260

공부도 각자만의 스타일이 있다 • 261 | 감정과 마음을 나누며 대화하자 • 265

7장 어떻게 글로벌 상위 1%로 성장하는가 · 269

1. 아이에게 가르쳐달라고 해보자   271

아이가 엄마를 가르치게 한다 • 272 | 공부 능력을 폭발시키는 질문을 하자 •
273

2. 암기력과 사고력을 함께 길러보자   276

이해를 바탕으로 한 암기가 효과가 있다 • 278 | 실리콘밸리 아이들은 상상하며
외운다 • 281

3. 공부 루틴을 몸에 배게 한다   282

루틴의 힘으로 세 아이를 모두 명문대에 보내다 • 284 | 아이를 이웃처럼 키우며
객관적으로 바라본다 • 286

4. 좋은 습관으로 뇌의 가소성을 높인다   289

좋은 습관과 루틴으로 뇌의 가소성을 높인다 • 290 | 3분 수학 공부법으로 성취감
을 맛보게 한다 • 292

5. 공부 성공의 핵심인 정서 지능을 키운다   296

정서 지능이 공부 지능을 높일 수 있다 • 297 | 먼저 감정을 보이고 행복 호르몬을

만들어내자 • 299

6. 놀이를 통해 몰입을 경험하게 한다 303

주변과 생각을 단순하게 하여 몰입하게 한다 • 305 | 실리콘밸리 아이들은 놀이로 몰입을 경험한다 • 307

에필로그 • 311

1부

실리콘밸리 교육은 자기주도학습이다

1장

실리콘밸리 교육은 무엇이 다른가

1
실리콘밸리 교육열은 세계 최고다

"아이의 숙제가 계속 이렇게 적은가요? 숙제를 더 많이 내줄 수 없나요?"

아이 공교육의 첫 시작인 유치원 학부모 모임에 갔을 때 인도 엄마들이 손을 들고 한 말이다. 미국 실리콘밸리에는 중국과 인도 사람이 대부분이라고 해도 과언이 아니다. 그만큼 아시아인이 많다. 내가 살던 지역은 인도 사람이 90% 이상이었다. 말만 영어로 하는 인도 마을에 온 것 같은 기분이었다.

미국은 아이들이 공부도 별로 안 하고 자유롭게 큰다고 생각했다. 그러나 현실은 달랐다. 교실 속 부모들의 눈에서는 열정 레이저가 나오고 있음이 느껴졌다. 비단 엄마들만의 모습은 아니었다. 극성 아빠들까지 모두 공부 열기로 뜨거웠다. 나는 그동안 아이의 숙제가 과하다고만 생각했기 때문에 그 순간이 특히 충격으로 다가왔다. 그들과 나의 공부에 대한 생각 차이가 크게 다가오는 순간이었다.

나는 너무 당연하게 학교에서 파닉스를 기초부터 차근차근 재미있게 배울 것으로 생각했다. 선배 엄마들은 파닉스를 미리 공부시켜 학교에 보내야 한다고 했다. 이 책 저 책 권해주며 자신들의 다양한 경험을 들려줬다. 그런데도 그러한 조언을 한 귀로 듣고 한 귀로 흘려버렸다. 본성의 귀차니즘과 나름의 교육관이 있었다. 공부를 너무 어린 시기부터 선행하는 것은 아이에게 득보다 실이 많다고 생각했다. 학교의 흐름에 맞게 배워야 한다고 생각했다. 그래서 내 아이는 학교에 갈 때 백지상태로 갔다. 그랬더니 그 반에 파닉스도 안 배우고 와서 글도 읽을 줄 모르는 까막눈은 내 아이와 멕시코 아이 딱 둘이었다. 내 생각과 달리 학교의 흐름은 '선행학습'이었다.

유치원 아이의 숙제는 하루 20분 책 읽기와 완벽한 문장을 그대로 따라서 3~4번 써오기였다. 아이는 영어를 나불나불 말할 줄만 알았고 연필은 낙서를 할 때나 쓰던 아이였다. 공부는커녕 글도 읽어본 적 없는 아이는 하루아침에 완벽한 문장을 써야만 하는 난관에 부딪혔다. 어떤 아이에게는 너무 쉬운 숙제였지만 글을 읽을 줄 모르는 내 아이에게는 버거웠다. 무엇보다 아이의 숙제를 도와줘야 하는 내게 너무 힘든 일이었다. 커피숍에서 아이스 아메리카노를 주문하면 엉뚱하게 캐러멜 마키아토나 다른 음료가 나올 만큼 유독 이상한 내 발음이었다. 그런 영어 실력으로 아이의 파닉스를 가르쳐야 했다. 대체 내가 배우는 아이에게 무슨 짓을 하는 걸까? 그렇게 수많은 번뇌와 좌절을 했다. 그런 나에게 그날 학부모 모임의 분위기와 질문은 충격 그 자체였다.

중국 타이거맘과 인도 엄마는 매우 열정적이다

실리콘밸리 부모들의 교육열은 어떨까? 이곳은 다양한 인종이 사는 곳이다. 그래서 다양한 문화와 교육열이 존재한다. 한국 엄마의 교육열은 굳이 말하지 않아도 잘 알 것이다. 그렇다면 중국 엄마의 교육열은 어떨까? 중국 엄마 역시 교육열에서 뒤지지 않는다. 공부와 액티비티에서 좋은 결과를 얻기 위해 '타이거맘'이라는 이름이 붙을 정도로 열심이다.

아이가 7세 유치원 시절 아이스 스케이트장에 갔다. 그때 보았던 중국 모녀의 모습은 이제 막 미국 생활을 시작한 내게 적잖은 충격을 안겨주었다. 중국 엄마는 제2의 김연아를 만들려는 듯 팔짱을 낀 채 대기실에서 아이의 턴 연습을 지켜보고 있었다. 아이의 얼굴은 붉어지고 눈물을 글썽이며 턴을 했다. 중국말이라 알아들을 수 없었지만 뭔가가 잘 안 되는 것 같았다. 분위기만 봐도 알 수 있었다. 엄마는 성난 모습이었고 큰 소리로 내가 알 수 없는 말을 계속했다. 아이 또한 마음처럼 안 되는 자신에게 속상한 모습이었다. 급기야 서러움의 눈물이 터져나왔다. 그러나 끝이 아니었다. 엄마는 도리어 소리쳤고 아이는 눈물도 닦지 못한 채 이를 악물고 계속 턴을 했다. 그 장소는 개인적으로 연습하는 장소가 아니다. 모두가 대기하며 간식을 먹는 쉬는 공간이었다.

인도는 어떨까? 얼마 전 나온 신문 기사를 통해 인도의 교육열이 얼마나 대단한지 다시 한번 실감할 수 있었다. 그 신문 기사에 의하면 한 학원에 자살하는 학생이 너무나 많아졌다는 이야기였다. 그래서 정부 차원에서 대책을 세웠다는 것이다. 자살이 많아지는 이유는 뭘까? 바로 성적 때문이었다. 학원은 매번 보는 시험마다 아이들을 성적별로 얼굴과 이름을 공개한 것이다. 수치감을 느끼도록 해서 성적을 올리려는 학원과 부모의 극단적인 욕심의 단면을 보여준 것이다. 이런 교육열을 가진 사람들이 모여 있는 곳이 바로 실리콘밸리이다.

아이가 학교에서 구구단을 배우던 2학년 시절 자기 반의 많은 친구가 이미 20단까지 외웠다고 했다. 그 친구들이 방과 후 뭘 하는지 물어보면 영어와 수학을 배우기 위한 학원과 과외를 한다고 했다. 우리가 아는 구몬 학원도 이곳에서 인기다. 구몬 학원은 알다시피 기본연산을 질리도록 푸는 곳이다. 아이의 친구는 우리 집에 놀러 와 자기는 진짜 구몬 학원이 싫다고 했다. 그 아이의 엄마는 웃으며 아이가 울면서 숙제한다고 했다. 아이가 힘들어 하고 우는 일은 그 엄마에게 대수로운 게 아니다. 그것보다는 내 아이가 뒤처지는 것이 더 두려웠던 것이다.

그들은 내 아이가 다른 아이보다 많이 뒤처지지 않고 좋은 성적을 내는 게 목표다. 좋은 대학에 가고 좋은 직장을 잡는 것이 성공이라고 생각한다. 그것이 아이를 위한 사랑이라고 믿고 있다. 물론 이곳의 인도 사람 중에도 학원을 안 보내는 사람도 있다. 그러나 그들도 대부분은 집에서 기본연산 문세집 한 권 정도는 미리 공부하고 온다. 기본적으로 선행학습을 하고 학교를 보낸다. 그리고 학교도 그걸 전제로 수업의 진도가 나간다.

인도는 계급 제도의 나라다. 실리콘밸리에 거주하는 인도 사람들은 대부분 높은 계급의 사람이다. 내가 살던 동네에 있는 유명한 고등학교에는 인도 사람이 90% 이상이다. 이 고등학교는 공부로 이 동네 최고다. 캘리포니아 전역에서도 최상위에 있다. 명문대학으로 가는 지름길이라고 할 만큼 진학률도 높다. 하지만 워낙 경쟁이 세기 때문에 내신에서 좋은 점수를 받기가 쉽지 않다. 섣불리 발 들이기 무서운 곳이다. '나 공부 좀 한다.' 하던 아이들도 들어갔다 버티지 못하고 나온 경우도 종종 있다.

이 학군에는 인도의 최상 계급인 브라만이 많다. 그래서 부자도 많다. 엄마 아빠 대부분이 전문직 엔지니어로 애플, 구글, 페이스북 등에 다닌다. 또는 의사가 많다. 그리고 집안 대대로 높은 계급으로 살아와서 할아버지부터 온 가족이 공부에 매달려 있다. 참고로 인도 사람들은 한 집에 대대손손 함께 사는 경우가 많다. 좋은 머리, 공부해야 하는 집안 분위기, 그리고 모두가 열심히 하는 학교 분위기는 더 경쟁적인 상황을 만든다.

내 생각과는 너무나 달랐던 미국의 선행학습 분위기가 신기해 선배 엄마와 또래 엄마에게 이야기했다. 그랬더니 그 정도는 아무것도 아니라며 다양한 경험을 이야기해주었다. 물론 그들의 이야기는 일부 사람에게만 해당할 것이다. 그 나라의 모든 사람이 그렇다는 객관적 자료는 없다. 그러나 내 경험에 한정해 확실히 말할 수 있는 것은 한국 아이, 중국 아이, 인도 아이 모두 공부면 공부, 액티비티면 액티비티 열심히 한다. 물론 잘하는 아이도 많다. 그만큼 모두 교육열이 남다르다.

유대인은 뛰어남보다 차별화를 가르친다

'교육' 하면 최고라고 알고 있는 유대인은 어떨까? 어느 날 팔로알토(스탠퍼드대학교가 있는 교육 중심지)에 사는 친구를 만났다. 친구에게 내 상황을 하소연하자 이 동네에서 유명하다고 하면서 전해준 말이 있다. 바로 한국 엄마 위에 중국 엄마, 중국 엄마 위에 인도 엄마, 인도 엄마 위에 유대인 엄마가 있다는 말이다. 굳이 따로 자세히 설명하지 않아도 될 것이다. 유대인의 노벨상 이력과 부유함 그리고 전통적인 학습 방법인 하브루타로 만들어진 똑똑함을 말이다.

친구가 자신의 유대인 친구가 들려준 이야기를 해줬다. 부자 유대인의 경우 태어날 때부터 아이의 인생 로드맵 매니저가 붙는다고 한다. 아이의 성장 과정을 청사진으로 그리고 나이대별로 무얼 해야 하는지 다 결정해 그 스케줄대로 움직인다는 것이다. 또 다른 친구는 자신이 경험한 유대인 부모는 아이와 함께 규칙을 정하고 어겼을 때는 타협하지 않는다고 했다. 유하지만 엄격하다. 하지만 화내거나 소리치는 교육이 아니다.

그 유대인 가정은 오전 8시에 집에서 나와 출발하는 게 규칙이다. 어느 날 자녀 중 한 아이가 늦게 일어났고 준비가 늦어졌다. 엄마는 준비된 아이만 데리고 출발했다. 결국 늦게 일어난 아이는 자기 악기와 무거운 가방을 들고 1시간을 걸어서 학교에 갔다. 물론 지각이다. 그런데도 엄마는 혼을 내거나 "빨리 준비해 늦었다고!" "지각이라고!" 소리치며 혼을 내지 않는다. 그저 자기의 행동에 대한 책임을 지게 했을 뿐이다. 아이는 그 뒤로 다시는 늦지 않았다고 했다. 잘못했을 때는 차근차근 이해될 때까지 설명하며 가르친다. 친구는 가끔 그 모습을 보고 답답할 때도 있었다고 했다.

유대인 부모의 남다른 교육열 중 하나는 어릴 때부터 예술과 봉사를 가르친다는 것이다. 다양한 악기를 접하고 미술관을 다닌다. 그리고 철저한 믿음 생활을 한다. 언젠가 유대인 부모가 자녀를 위해 하는 세 가지 기도문에 대해 들은 적이 있다. 첫 번째, 말씀에 능한 자다. 두 번째, 결혼의 신성함을 알고 지키는 자다. 민족성을 유지하기 위한 항목이다. 세 번째, 구제에 능한 자다. 구제에 능한 자가 되려는 것은 결국 돈을 많이 벌고 그 돈으로 남을 돕고 사회적 약자를 돕기 위함이다. 유대인의 티쿤올람$_{Tikkun\ Olam}$ 사상에서 비롯됐다. '티쿤'은 '고치다'이고 '올람'은 '세상'을 의미한다. 티쿤올람은 유대인 사상으로 인간은 하나님의 사람으로 세상을 개선해 더 좋은 세상을 만들어야 하는 책임과 의무가 있다는 것을 강조한다. 그래서 어렵고 힘든 사람을 돕고 세상을 더 발전시켜야 할 의무가 있는 것이다.

유대인 부모는 남보다 더 뛰어남이 아니라 남과 다른 독특한 차별화를 교육한다. 그 독특한 차별화는 토론 문화, 유대교 경전, 그리고 예술교육에서 만들어진다는 확실한 믿음이 있다. 유대인 교육은 미국의 명문대가 원하는 인재상과 매우 일치한다. 그들의 특별한 교육은 독특한 차별화를 만들어준다. 남들과 다른 나만의 뚜렷한 개성을 개발시키는 데 크게 기여한다.

2
실리콘밸리의 사교육은 대치동보다 뜨겁다

　나는 대치동의 사교육을 직접 경험해보지는 않았다. 하지만 실리콘밸리에 사는 대치동 출신들과 인터뷰하며 하나의 확신을 갖게 됐다. 대치동 못지않게, 아니 어쩌면 그 이상으로 이곳 실리콘밸리의 사교육이 치열하다는 사실을 말이다. 물론 차이점은 존재한다. 그런데 왜 실리콘밸리의 사교육은 대치동보다 더할까? 그 이유를 알려면 먼저 이곳의 공교육, 입시제도, 그리고 실리콘밸리의 특수성을 알아야 한다. 다른 주에서 살아보지 않아서 그곳에서 살았던 사람들을 인터뷰해서 정보를 정리했다.
　보편적인 미국 공교육은 한국보다 공부가 쉽고 자유롭고 다양한 활동을 한다. 그러나 이곳 실리콘밸리는 조금 다르다.

각자의 로드맵에 따라 치열하게 공부한다

　실리콘밸리는 사교육이 심할 수밖에 없는 몇 가지 구조적 특성을 가지고 있다. 첫 번째 이유는 학교의 예산 부족이다. 공교육에서 제공해야 할 교육이 제대로 이루어지고 있지 않다. 교육열이 높은 각 나라 부모는 결국 사교육을 통해 자신들의 교육 열망을 실현한다. 실리콘밸리의 많은 세금이 어디에 어떻게 쓰이는지 모르지만 현실은 교육예산이 부족하다. 코로나19 직전에 학교 선생님들은 낮은 임금과 열악한 처우에 대한 불만으로 시위를 벌였다. 이 지역은 뉴욕과 함께 미국 내에서 집값과 물가가 높기로 악명 높다. 결국 높은 물가로 인해 많은 선생님이 다른 주로 떠났다.
　이 지역은 공교육, 특히 초등학교의 공교육이 부실한 곳이 많다. 예산 부족으로 음악 선생님, 미술 선생님, 과학 선생님이 없는 학교도 많다. 그런 부족함을 채우기 위해 학부모 자원봉사로 운영되기도 한다. 노란 스쿨버스도 없다. 영재반도 운영되지 않고 있다. 다른 주의 경우 영재 학교나 영재반이 따로 운영된다. 하지만 북가주 베이지역은 예산 부족으로 오래전부터 시험만 치를 뿐 대부분 운영되지 않고 있다. 영재반을 운영하려면 스페셜 선생님과 프로그램이 다르게 준비돼야 하고 더 많은 투자가 필요하기 때문이다. 그런데도 실리콘밸리는 영재반이 따로 없어도 된다는 말이 있을 정도로 뛰어난 아이들이 많다. 즉 학교에서 해결되지 않기 때문에 사교육에 더욱 의존하고 있다.

두 번째 이유는 선행이 합법적인 교육제도와 실리콘밸리의 특수성이다. 이곳은 중학교부터 수학이 수준별로 진행이 된다. 이때부터 대학처럼 수업을 찾아다닌다. 수준별 수업도 학교마다 동네마다 조금씩 다르지만 보통 중학교 수학은 3개의 코스로 돼 있다. 자신의 학년에 맞는 보통 반, 보통 반보다 1년 빠른 반, 그리고 1년 반에서 2년 빠른 반 등 세 개의 과정이다. 이 코스 중 최상위 코스보다도 수준이 높은 아이는 고등학교에 가서 수업을 듣는다. 점수를 유지하지 못하면 상위 반에서 그 아래 반으로 내려가게 된다. 학년에 맞게 모두 같은 수업을 하는 게 아니다. 잘하는 아이들은 그에 맞는 수업을 제공한다. 수업의 질은 선생님에 따라 천차만별이다. 이 제도는 교육열 높은 부모에게 '내 아이는 꼭 높은 반에 가야 해.'라는 욕망을 자극한다. 그러다 보니 당연하게 경쟁이 심하다.

미국의 입시제도는 뒷장에서 자세히 다루도록 하고 간략히 이야기해보겠다. 미국 입시의 중요 파트 중 하나는 자신만의 특별한 활동이다. 그것을 얼마나 오래 잘 지속하고 잘하는지가 중요하다. 그런데 그런 활동은 하루아침에 실력을 키울 수 없다. 그래서 많은 부모가 자녀가 어릴 때부터 리더십 훈련, 음악 교육, 운동, 봉사 활동, 각종 경연대회 참가 등에 많은 노력을 기울인다. 그러다 보니 실리콘밸리에서는 중학교부터 클럽 활동이 활발하고 일부 초등학교에서도 클럽 활동이 이루어진다. 로봇올림피아드와 수학올림피아드의 경우 대부분 인도 부모와 인근 고등학생들의 자원봉사로 운영되는 경우가 많다. 학원을 섭외해서 하는 곳도 간혹 있다. 로보틱스 클럽은 요즘 더 인기가 높아져 어떤 학교에서는 시험을 봐서 붙어야만 들어갈 수 있다.

자원봉사를 하는 부모들 대부분이 유명 회사의 소프트웨어 엔지니어다. 물론 학교 클럽 외에도 학생들은 어려서부터 사교육으로 무장되어 있다. 코딩 학원, 러시아 수학 학원과 싱가포르 수학 학원, 그 외 올림피아드 학원 등 공부 학원도 많다. 이곳에는 대치동처럼 학원이 몰려 있는 동네도 있다. 많은 부모가 직접 가르치기도 하지만 첫걸음은 주로 구몬으로 시작한다. 구몬에서는 영어와 수학 문제를 끝없이 풀어나가며 기본기를 다진다. 이후 영어와 수학 모두 개인 과외, 그룹 과외, 학원 등 다양한 방식으로 학습을 강화해 나간다.

글쓰기와 북클럽도 있다. 리딩을 배우는 곳에서는 레벨 테스트 후 아이의 수준에 맞는 다양한 책을 읽고 요약해 느낀 점을 쓰는 독후 활동을 한다. 미국은 학년이 높아질수록 책을 읽고 요약해 자기 생각을 쓰는 능력을 매우 중요하게 생각한다. 고등학교에 가면 공부량과 책의 분량이 많아지고 어려워진다. 그러다 보니 어려서부터 미리 준비한다. 그리고 제2외국어로 스페인어와 중국어 과외도 한다. 과학 분야도 고등학교에 가면 어려운 과목을 들어 좋은 점수를 내야 하니 사교육의 도움을 받게 된다. 방학 때 이러한 사교육들은 여름 캠프라는 이름으로 천차만별의 가격으로 운영된다.

우열반의 클라이맥스는 고등학교다. 우열반 배경은 미국 입시제도와 연관이 있다. 자세한 미국의 입시제도는 다른 장에서 다루도록 하겠다. 수학은 중학교 때 아이가 어떤 레벨을 들었는지와 중학교 성적에 의해 고등학교 1학년(9학년)부터 수강 과목의 레벨이 달라진다. 이때부터 영어도 수강 과목의 레벨이 있다. 많은 과목에 AP 수업이 있다. AP 수업은 고등학생에게 대학 과목을 미리 학습할 기회를 제공해 대학 이수학점으로 인정해주는 수업이다. 한마디로 어려운 수업이다.

　아이들은 같은 고등학교에 다닐 뿐이지 각자 다른 로드맵을 가지고 있다. 선택하는 수업의 레벨이 아이마다 다르기 때문이다. 영어, 수학, 과학, 역사와 같은 주요 과목은 무려 3~4개의 다른 레벨이 있다. AP의 경우 좋은 대학에 가기 위해서는 피할 수 없는 관문이다. 미국의 아이비리그나 명문대일수록 AP 과목을 많이 들을수록, A를 받을수록 합격 확률이 높아진다.

　AP 수업은 보통 5~15개 정도를 듣는 아이들이 많다. 그리고 대학에 가서 내가 뭘 하고 싶은지에 따라 과외 활동(엑스트라 커리큘럼)도 다 다르다. 사례별로 다르지만 이곳은 중학교까지는 한국보다 여유롭다. 그러나 고등학교부터는 학생의 선택에 따라 다르긴 하지만 대체로 매우 힘들다. 작년에 아이비리그 하버드에 합격한 한 아이는 새벽 5시에 집을 나가 팀 운동을 하고 학교에 가서 수업을 들은 후 또 운동을 하고 다른 액티비티까지 하고 나서 밤 10시부터 숙제를 시작한다. 그 숙제는 새벽 2시가 넘어서까지도 이어지는 경우가 많다. 그럼에도 체력이 좋아 지치지 않고 자신의 목표를 향해 나아갔다.

　좋은 대학에 가기 위해서는 공부를 잘하는 것은 기본이다. 그 외 엑스트라 활동, 리더십, 에세이에서도 자신의 탁월함과 능력 있는 모습을 보여줘야 한다. 지인의 자녀 중에 11개의 AP 수업과 정규 수업을 들으며 학교 임원으로 각종 행사를 기획하고 진행했다. 자신의 특별 활동도 열심히 한다. 몸이 열 개라도 모자라 보인다. 새벽 5시에 나가 뜨는 해를 친구들과 보며 회의하고 행사를 진행했다. 힘들고 피곤한데 즐겁다고 말한다. 지인들의 고등학생 자녀들을 보고 있으면 이들이 사람인지 슈퍼맨인지 착각할 정도로 놀라울 때가 많다.

분명 입시는 치열하고 힘들다. 그러나 한국과 다른 점은 다양성을 인정한다는 것이다. 꼭 좋은 대학에 가는 길만 인정해주는 게 아니다. 미국에는 우리가 아는 몇 개의 이름 있는 대학 말고도 좋은 대학이 많고 다양하다. 많은 인프라와 다양성 속에서 자신의 길을 각자가 찾아가고 그것을 존중한다.

각자 맞는 다양한 액티비티 교육을 받는다

이곳은 공부뿐만 아니라 내가 알지도 못했던 아주 다양한 종목과 분야까지 사교육을 하고 있다. 그리고 그런 분야들은 당연히 사교육으로밖에 해결할 수 없다. 실리콘밸리에서는 공부 말고도 어떤 사교육이 있을까? 다양한 악기와 외부 오케스트라 합창단이 있다. 운동 또한 종목이 다양하다. 라크로스, 볼링, 당구, 승마, 골프, 농구, 축구, 야구, 수영, 싱크로나이즈, 배구, 수구, 테니스, 배드민턴, 검도, 펜싱, 피겨, 하키, 치어리더, 댄스 등 다채롭다. 그 외 미술, 코딩, 디베이트 등 내가 모르는 활동과 사교육도 많다.

공부면 공부, 예체능이면 예체능, 그 외 다양한 특별 활동 등 어느 것 하나 쉽지 않다. 그러나 실리콘밸리의 아이들은 자신의 길을 찾아가며 나름의 즐거움과 재미를 찾아간다. 한국에 고등학교 3학년에 해당하는 시니어가 뮤지컬, 연극팀, 연주팀 등에서 활동하며 공연을 무대에 올린다. 프로 배우 못지않고 프로 뮤지션 못지않다. 아이들은 힘들지만 즐겁다. 친구들과 함께 자신들이 좋아하는 일을 하며 행복을 찾는다.

고등학생이 하는 「맘마미아」 뮤지컬을 본 적이 있다. 무대 위에서 마음껏 자신들의 끼를 분출하고 내려온 아이들의 모습은 참 예뻤고 즐거워 보였다. 나는 공부와 그 외의 엑스트라 커리큘럼이 시너지를 일으키고 있다고 굳게 믿는다. 그것이 오늘날 미국이 세계 강국이 된 힘이고 한국의 청소년보다 조금은 더 행복한 이유가 아닐까 생각한다. 미국에는 힘들고 스트레스를 받는 아이가 없다는 말이 아니다. 한국보다는 더 행복하고 더 창의적인 자신만의 삶을 찾아가는 비율이 높다는 말이다.

실리콘밸리의 사교육은 대치동만큼 치열하다. 그러나 이곳에서는 자신에게 맞는 액티비티를 통해 다양한 사회 경험, 팀워크, 그리고 삶의 풍부함을 경험하게 된다. 이런 액티비티는 대학에 도움이 되기도 하고 혹은 그렇지 않기도 하지만 실리콘밸리 부모들은 꼭 한 가지 이상은 시킨다. 아이의 삶에 큰 도움이 되기 때문이다. 그렇다면 사교육은 좋은 걸까, 나쁜 걸까? 감히 우리가 각 개인의 선택에 왈가왈부할 수 없다. 각자의 사정이 있고 아이마다 다르기 때문이다. 사교육을 통해 자녀교육의 일부분을 일임하는 부모나 부모가 직접 나서서 아이의 공부를 가르치며 돕는 부모나 모두 한마음이다. 바로 내 자식이 잘되길 바라는 마음이다.

　대치동의 열정적인 사교육이 꼭 필요하고 이를 원하는 소수의 아이들도 분명히 존재한다. 그러나 현실은 정말 필요한 아이들뿐만 아니라 그렇지 않은 다수의 아이들까지 그 안에 포함되어 있다는 점이 문제다. 종종 우리는 아이가 그걸 원한다고 생각한다. 정말 소수의 몇 명을 빼놓고는 부모가 주는 부담감과 사회적 분위기로 진짜 자신이 원하는 길이 아님에도 원하는 길이라고 착각한다. 혹은 자신의 마음을 숨긴 채 그 삶에 묻혀 살아가고 있다.

　우리는 각자의 교육 방식을 존중하되 내 아이의 행복과 관심사에 귀를 기울이며 아이와 충분한 대화를 통해 언제든 교육의 방법과 방향을 조정해야 한다. 완벽한 교육법은 존재하지 않는다. 내 아이에게 맞는 교육법만 있을 뿐이다. 그 교육법을 아이와 함께 찾아가는 과정 그것이 교육이고 부모의 참된 역할 중 하나일 것이다.

3
명문대 외에 다양한 진로의 길이 열려 있다

　미국은 노벨상 1,190명 중 403명을 배출한 나라다. 사람들의 상상 속에서만 있었던 일들을 현실로 만들어내는 곳이다. 미국의 경제 상황이나 입김에 휘청거리는 많은 나라가 있다. 한마디로 영향력이 큰 강대국이다. 어떤 교육관과 교육제도가 있길래 이렇게 다른 결과물을 만드는 걸까?

　그것을 알려면 미국의 입시제도를 알아야 한다. 입시제도를 알아야 미국의 교육제도와 원하는 인재상의 모습이 이해되기 때문이다. 한국이라는 좁은 울타리를 넘어 세계적인 아이를 키우기 위해 한국 교육의 장점과 미국 교육, 특히 실리콘밸리의 교육을 알고 접목해서 키운다면 세계적인 인재가 될 가능성이 크다. 이제 다른 시대가 됐다. 그리고 앞으로 더 다른 시대가 될 것이다. 기존의 교육 방식만으로는 미래를 대비할 수 없다.

미국에도 한국처럼 'SKY' 대학이 있을까? 한국만큼 흔하게 표현하지는 않지만 'HYP' 'HYPS' 'HYPSM' 등으로 불리는 경우가 있다. 가가 하버드, 예일, 프린스턴, 스탠퍼드, MIT 등을 뜻한다. 그렇다면 학벌주의가 강한 우리나라와 비교했을 때 미국은 어떨까? 사실 미국도 학벌주의가 강한 편이다. 하지만 이 말은 반은 맞고 반은 틀리다. 실리콘밸리에서 체감하는 바와 책이나 뉴스에서 접한 내용을 종합해보면 학벌이 아주 중요한 곳도 있지만 그렇지 않은 곳도 많다. 미국은 대학의 이름만으로 평가하지 않고 다양한 기회와 진로가 열려 있는 나라다. 그래서 학벌주의가 강하다는 말은 절반은 맞고 절반은 틀린 말이다.

세계를 이끄는 미래형 인재를 뽑는다

2019년 미국의 입시부정 스캔들을 들어본 적이 있을 것이다. 2019년 3월 대학입시 결과 발표 시즌에 연방 검찰에서 깜짝 놀랄 발표를 했다. 33명이 넘는 학부모가 예일, 스탠퍼드, 조지타운, 서던캘리포니아 등의 명문대에 자녀를 입학시키기 위해 입시부정을 저질렀다. 이 음모의 중심에는 윌리엄 싱어라는 입시 브로커가 있었다. 학생의 성적, 운동 결과, 여러 활동에 대해 조작했다. 그 대가로 천문학적인 돈을 받고 아이들을 명문대에 입학시켰다.

이 사건은 많은 부모에게 다음과 같은 질문을 던진다.

"과연 우리는 자녀의 성공을 위해 어디까지 할 수 있는 것일까?"

대부분의 부모는 자녀가 학업적으로 뛰어나길 바라며 좋은 대학에 진학하기를 희망할 것이다. 공부를 잘하고 명문대에 입학하는 것을 반대할 부모는 없을 것이다. 그러나 이 과정에서 중요한 것은 부모의 기대, 자녀의 꿈, 그리고 현실적인 목표가 얼마나 조화롭게 설정돼 있는가 하는 점이다.

여러분이 다음의 질문에 정확한 답을 가지고 있는지 확인해보길 바란다. "자녀가 가고 싶어 하는 대학은 어디인가요?" "자녀의 꿈은 무엇인가요?" 누군가는 이미 답을 가지고 있을 수도 있지만 아직 확신이 없는 분도 있을 것이다. 이 질문들은 단순히 입시를 넘어서 부모와 자녀가 함께 나아가야 할 방향을 고민하는 첫걸음이 될 것이다. 이 과정에서 부모와 아이의 생각이 같을 수도, 매우 다를 수도 있을 것이다.

대학을 가고 꿈을 이루는 일은 하루아침에 되는 일이 아니다. 어려서부터 어떻게 준비하고 있느냐에 따라 아이의 미래가 달라진다. 우리 아이가 진짜 원하는 꿈과 원하는 대학이 생겼을 때 그 꿈이 현실이 되게 해주는 키포인트가 된다. 특히 세계 무대로 나오기를 원하는 아이를 위해 준비해야 하는 것은 하루아침에 이루어지는 일이 아니다. 하루가 다르게 변화하는 세상에서 그 변화를 정확히 예측할 수는 없다. 하지만 우리는 확실히 안다. 지금까지의 방식만으로는 더 이상 미래가 보장되지 않는다는 것을 말이다.

미국에는 한국인이 다 알지 못하는 좋은 대학이 참 많다. 그리고 대학입시에서 한 번 낙방했다고 인생이 끝이 아니다. 다양한 길과 기회가 있다. 미국의 입시와 교육 정책과 마인드는 우리 아이들이 인생에서 배워야 할 가장 중요한 것이다. 인생이 한 번의 시험 또는 한 번의 도전에서 실패로 끝나는 것이 아니라 더 많은 기회와 다양한 길이 있다는 걸 알았으면 좋겠다. 정답이 정해져 있지 않으니 실패를 두려워하지 않고 도전하고 또 도전하는 마인드로 세상을 살아가면 좋겠다. 다양한 도전과 실패를 경험해야 할 어린 나이에 명문대 하나만을 목적으로 살아간다는 게 너무 과하다는 생각이 든다. 세상은 넓고 다양한 세계가 존재함을 경험하면 좋겠다. 넓은 세상으로 나아가고 글로벌한 인재로 키우기 위해 세계 제1의 나라 미국과 세계 최고의 명문대는 어떤 교육관과 인재상을 가졌는지 알아보자.

혹시 '내 아이가 평범한데 하버드는 무슨……'이라며 꿈을 접으신 분이 있다면 지금 마음을 바꾸시길 바란다. 우리 아이도 충분히 글로벌한 인재가 될 수 있다. 이 파트를 준비하며 '아, 내가 하버드에 가고 싶다!'는 말도 안 되는 설렘이 내 마음에 생겨났다. 그리고 깨달았다. '우리 아이들에게도 이런 설렘이 필요하구나.' 그 설렘이 대학이든, 미래의 꿈이든, 현재의 공부나 취미든 상관없다. 자신이 열정을 가지고 몰두할 수 있는 꿈을 찾아가는 환경을 만들어주는 것이 부모의 역할이다. 준비된 자만이 기회를 잡는다. 준비되기 위해서는 이 세상이 어떤 인재를 원하는지 이해하는 것이 중요하다.

미국의 입시는 기본적으로 GPA(내신), EC(특별활동) 수상 실적, 표준화 시험, 에세이, 추천서, 봉사 활동 등 다양한 관점에서 아이를 심사하고 합격 여부를 결정한다. 그럼에도 학교의 기밀처럼 노출되지 않아 정확한 기준이 없어 어떤 경우 성적이 더 좋은 데도 떨어지고 어떤 경우는 성적이 더 낮은 데도 붙기도 한다.

한국은 수능과 학교 성적으로 줄을 세운다. 물론 미국도 성적이 중요하다. 그러나 성적만큼 스포츠, 리더십, 클럽 활동, 봉사 활동, 음악, 미술, 그리고 기타 특이한 자신만의 경력과 경험을 많이 본다. 더불어 에세이와 추천서의 비중도 매우 크다. 다양성이 매우 중시된다. 무엇보다 자신만의 특별함을 보여줄 수 있어야 한다.

하버드 입시요강의 첫 페이지를 보면 다음과 같이 나온다.

"우리는 모든 지원서를 주의 깊게 고려합니다. 지원서를 읽으면서 숫자(학업성적) 뒤에 있는 사람을 알아가게 됩니다. 학업성적 성취, 공부 외 활동, 개인적인 특성, 그리고 삶의 경험을 모두 고려합니다. 하버드대학교에는 전혀 일반적인 학생이 없듯 이상적인 지원자도 존재하지 않습니다. 우리는 지원자 여러분의 더 많은 이야기를 듣기를 기대합니다."

"가장 개인적인 것이 가장 창의적인 것이다."

봉준호 감독이 마틴 스코세이지 감독의 말을 인용하며 오스카 시상식에서 한 말이다. 미국의 명문대, 미국이 원하는 인재상에 아이를 끼워서 맞추는 게 정답은 아니다. 각자 아이들만의 색깔을 찾고 키워줘야 한다. 그것이 아이들이 창의적인 삶을 살 수 있는 지름길이다. 가장 나다운 모습으로 사는 것이 가장 좋은 멋진 길이라니 놀랍지 않은가? 그렇게 자기다움을 찾아 살고 원하는 길을 찾다 보면 그 결과가 명문대생이 되는 아이도 있고 사업가가 되는 아이도 있고 파일럿이나 선생님 등등 자신에게 맞는 길을 간다.

베일에 싸인 하버드 입시 기준이 알려지다

하버드의 입시 기준은 그동안 베일에 싸여 있다가 입시 소송으로 인해 증거로 제출되며 세상에 알려졌다. 그동안 사람들이 예측한 입시 기준의 5가지 요소가 확인된 것이다. 이 5가지 요소를 6개 등급으로 나누어 평가한다. 이 평가에서 1~2등급을 받아야 합격 가능성이 커진다. 그런데 3등급을 받아도 가능성은 있다. 하버드는 다녔던 학교, 출신지, 가족의 평균 소득 등을 고려하기 때문이다. 즉 다 다르게 주어진 상황에서 어떻게 하는가를 본다. 성장 가능성을 매우 높게 보기 때문에 남과 다른 자신만의 스토리가 뚜렷한 아이를 선호한다. 그렇다면 하버드 입시의 5가지 요소는 무엇일까?

첫째, 학업평가 등급이다. 학교 내에서 성적이 최우수인 수석 정도와 우리나라 수능시험과 같은 SAT나 ACT에서 만점 가까이 받은 사람이 제일 높은 등급인 1등급이 된다.

둘째, 사회 참여와 특별 활동 등급이다. 독보적인 능력을 한 개 이상 가지고 있거나 미국 전체에서(내셔널 대회) 상을 받은 사람, 전공자나 전문가와 같은 수준을 가진 사람이 1등급에 속한다. 예를 들면 유명한 논문을 쓰거나 책을 내서 베스트셀러 작가가 되거나 해야 한다. 2등급은 자기 학교나 자기 지역에서 뛰어난 능력을 가진 사람이다.

셋째, 운동 등급 평가다. 내셔널 대회에서 상을 받거나 하버드 운동팀에서 대표를 할 수 있는 사람이 1등급이다. 국가 대표급의 운동선수가 돼야 한다.

 넷째, 인성 등급을 평가한다. 독보적인 헌신을 오랫동안 열정을 가지고 기여하고 결과를 낸 사람이 좋은 평가를 받는다. 신문이나 뉴스에 나올 정도의 결과를 내는 헌신과 능력을 보여주면 가능성이 높다.

 다섯째, 고등학교 카운슬러나 교사 추천서다. 선생님의 교직 생활 중 최고의 학생이었다고 평가받는 학생이 1등급이다. 한마디로 여러 가지 면에서 독보적이어야 한다. 2등급은 '올해 내가 가르친 학생 중 최고다.'라는 평가받은 학생이다.

 미국의 명문대학 중 하나인 하버드의 입시요강은 이렇다. 그 때문에 앞서 언급한 입시부정에서도 단순히 성적만 조작한 게 아니라 운동이나 다른 재능까지도 조작했던 것이다. 이렇듯 미국의 입시도 쉽지 않다. 위의 하버드 입시 등급은 1~2등급일 경우 합격 가능성이 매우 높아진다는 뜻이지 반드시 그만큼의 결과를 보여줘야만 가능성이 있는 것은 아니다. 결국 입시는 누구도 장담할 수 없는 일이다.

 미국을 이끌어가는 핵심 인물들은 창의적이다. 우리는 현재 챗GPT와 자동차의 자율주행과 지구 밖을 여행하고 지구를 떠나 다른 행성을 탐험하는 시대에 살고 있다. 공부만 잘하면 되는 갇힌 지식으로는 따라갈 수 없다. 꼭 명문대학을 위해서가 아니다. 꼭 세계적인 사람이 되기 위해도 아니다. 아이들 모두 각자의 삶에서 자기만의 색깔을 만들어가는 게 너무도 필요한 시대다. 장사하나를 할 때도, 학생 하나를 가르칠 때도, 엄마로서 아이를 키우는 데도 더 이상 전통적인 방식이 아니라 나만의 스타일을 가지고 차별성을 가져야 한다. 미국의 대학입시에도 물론 문제점이 있다. 완벽하게 공평하지 않다. 그래도 기회가 많고 다양성을 요구하고 창의적인 교육 방식이다.

Tip

한국에서 일반고를 졸업하고 미국 대학에 진학하기는 쉽지 않다. 그렇다고 무조건 어렵기만 한 것은 아니다. 내신을 잘 준비하고 이것을 미국 대학의 형식으로 바꾸는 방법을 알아보면 된다. 그리고 토플이나 영어 성적, SAT, 추천서, 그리고 나만의 특별한 점과 에세이 같은 엑스트라 커리큘럼을 준비하면 된다. 미국 입시제도의 기본 틀을 알고 한국에서도 이에 맞게 준비한다면 굳이 유학을 가지 않더라도 아이가 원하는 길을 충분히 개척할 수 있다.

미국 대학에서도 한국 학생들이 입학할 방법이 생각보다 다양하다. 조금만 노력해보면 방법은 많다. 그리고 어떻게든 미국으로 나와서 어디든 들어가고 나면 거기에서 다른 대학으로 옮기거나 다른 길을 가는 방법도 만나게 될 것이다.

내 주변에도 한국에서 대학 또는 고등학교를 졸업하고 미국 커뮤니티 칼리지로 진학한 학생들이 많다. 2년 동안 커뮤니티 칼리지를 다니며 편입을 준비해서 자신이 원하는 전공과 학교를 찾아가는 경우를 자주 보았다. 이런 경우에는 학비도 절약되고 미국에서 대우도 다르지 않다. 이때 열심히 칼리지의 수업을 듣고 성적 관리를 잘하면 원하는 대학으로 편입할 수 있다. 이 방식으로 미국에서 치과의사까지 된 경우도 보았다.

4
기본기를 다지고 즐거움을 경험하게 한다

어느 나라나 모두를 만족시키는 완벽한 교육은 없을 것이다. 각 나라의 교육 시스템에는 장점과 단점이 공존한다. 실리콘밸리의 공교육 역시 예외가 아니다. 이곳의 공교육에는 여러 문제점과 함께 좋은 점도 존재한다.

실리콘밸리 공교육의 대표적인 문제점 중 하나는 선생님들의 낮은 임금과 높은 생활비다. 이러한 현실은 일부 선생님들의 사명감을 약화시키기도 한다. 운 좋게도 내 아이는 좋은 선생님들을 많이 만났다. 특히 선생님들이 아이와 성향이 잘 맞아서 긍정적인 경험이 많았다. 반면 만약 다른 성향의 선생님을 만났다면 아이가 힘들어했을지도 모른다. 이 경험을 통해 선생님과 아이의 성향이 맞는 것이 얼마나 중요한지 깨달았다. 하지만 현실적으로 선생님을 내가 선택하거나 바꿀 수가 없다. 주어진 환경에서 잘 적응할 수 있도록 돕는 것이 부모의 역할임을 실감하게 됐다.

미국에서는 초등학교까지만 담임과 반 개념이 있다. 중학교부터는 대학처럼 자신의 과목 시간에 따라 반을 찾아다니며 수업을 듣는다. 대신 카운슬러가 존재하는데 담임과는 역할이 다르다. 초등학교 때처럼 선생님과의 관계를 부모가 직접적으로 느낄 수 없으며 모든 소통이 아이와 선생님 간에 이루어진다. 중학교부터는 선생님과의 개인 면담도 없지만 오픈 하우스나 학부모 날 등의 행사에서 짧은 시간 동안 선생님을 만나고 수업 방식을 확인할 수 있다. 아이는 학년이 바뀌는 동안 다양한 선생님들을 만나며 그들의 장점과 특별함을 경험할 수 있었다.

이러한 경험을 통해 나는 아이가 주어진 환경에서 어떻게 적응하고 학습할 수 있는지를 이해하게 됐다. 결론적으로 실리콘밸리의 공교육은 장단점을 모두 가지고 있다. 부모로서 학교와 사회를 바꿀 수는 없지만 아이의 성향을 연구하고 맞는 양육법을 찾는 것이 가장 중요하다. 내 아이가 만난 학년별 선생님들의 장점과 특별함을 통해 실리콘밸리만의 교육법을 소개하고자 한다.

저학년 때 행복을 우선 경험하게 한다

킨더(유치원)는 미국의 공교육의 첫 시작이다. 내 아이가 만난 선생님은 유치원 선생님답게 재미있는 분이었다. 너무 까다롭지도 않고 푸근하게 아이들을 품어주었고 재미있게 학교 생활을 만들어 주려고 했다. 근데 이 모습은 비단 우리 아이만의 학교 모습은 아니다. 대부분의 유치원 방침은 '행복'의 경험을 우선순위에 두고 교육한다.

아침에 아이들이 학교에 가면 제일 먼저 하는 일이 놀이터에서 노는 일이다. 놀이터에서 놀고 나면 선생님이 매번 웃긴 포즈를 취하고 춤을 추며 아이들을 인도해 교실로 들어갔다. 그 뒷모습만 봐도 아이들이 하루를 얼마나 재미있게 보낼지 상상이 됐다. 미국에서 첫아이 학교생활은 모든 것이 처음이라 더욱 설레고 걱정이 됐다. 다행히도 아이가 끊임없이 웃으며 조곤조곤 이야기해주는 모습에서 안심하게 됐다.

실리콘밸리의 학교는 공식적인 교육의 첫 시작에 '재미'를 우선순위에 두었다. 아주 즐겁게 놀아야 정말 중요할 때 열심히 공부할 수 있기 때문이다. 그래서 그런지 이곳의 초등학교는 정말 많이 놀고 또 논다. 초등학교 때는 열심히 놀고 중학교와 고등학교에 가기 시작하면 정말 달라지기 시작한다. 공부량이 갑자기 많아진다. 놀 때는 놀고 공부를 해야 할 때 공부를 시작한다.

1학년 때 선생님은 매일 다른 옷을 입는 분이었다. 1년 동안 단 한 번도 같은 옷을 입은 적이 없다. 매일 아이를 학교에 데려다주고 다시 데려오는 길에 마주한 선생님의 단정하고 세련된 패션은 나에게도 즐거운 기대를 주었고 아이도 매우 즐거워했다. 머리카락 한 올 흐트러짐 없었고 옷 색깔에 맞춘 액세서리와 신발까지 정말 세심하게 신경 썼다.

선생님은 아이들에게도 모든 면에서 반듯하고 단정하기를 원했다. 내가 두 아이를 학교에 보내면서 만난 선생님 중 제일 완벽을 요구하는 분이었다. 그런 선생님을 아이가 1학년 때 만난 것이다. 역시 숙제도 장난이 아니었다. 글쓰기의 중요성을 매우 강조하며 숙제를 내주셨는데 수준이 높았다. 영어를 못하는 나에게도 큰 부담이었다. 고학년이 돼서도 이런 글쓰기 숙제는 없었다. 아이가 자란 후 다른 선생님들을 경험하면서 비로소 1학년 선생님이 얼마나 특별한 분이었는지를 깨닫게 됐다. 또한 미국에서 글쓰기가 얼마나 중요한지도 그제야 실감했다. 이 선생님이 가르쳐준 글쓰기 방법에 관해서는 뒷장에서 자세히 다루도록 하겠다.

당시에 영어 못하는 나는 너무나 힘들어 울고 싶은 심정이었지만 아이의 성향과는 너무나 잘 맞았다. 아이는 신기하게도 실력이 없어 힘들어하면서도 글쓰기 숙제를 즐거워했다. 그때 배운 글쓰기의 공부법으로 기본기를 탄탄히 쌓을 수 있었다. 그렇지만 만약 그분이 내 둘째 아이의 선생님이었다면 참 힘든 한 해가 됐을 것 같다고 생각했다. 누구에게나 자유롭고 쉬운 과제만 내주는 선생님이 맞는 것은 아니라는 걸 알았다. 어떤 아이에게는 조금은 스트릭하며 도전적인 과제를 주는 게 잘 맞는다는 것을 알게 됐다.

2학년 때 만난 선생님은 키가 매우 큰 선생님이었다. '키다리 선생님'이라는 애칭으로 불리고 있었다. 실리콘밸리 학교에서 너무나 중요하게 생각하는 독서교육을 중점적으로 한 선생님이었다. 아이는 선생님 덕분에 2학년에 좋아하는 작가도 생겼다. 원래도 책을 좋아하는 아이였는데 더욱 책에 빠졌다. 선생님은 학생들에게 매일 책을 읽어줬다. 그리고 좋은 작가를 다양하게 소개해주었다. 아이도 그 기운을 느껴서일까? '오늘은 선생님이 무슨 책을 읽어줄까?' 하고 기대하는 마음으로 학교에 갔다. 학교에서 돌아오면 그날 어떤 책을 읽어줬는지 행복한 얼굴로 종알종알 떠들기 바빴다. 그러고 나면 자연스럽게 아이는 책을 읽어달라고 하며 읽고 싶은 책을 고른 뒤에 한참을 보냈다. 초등학교 2학년에 생긴 좋아하는 작가의 책은 중학생인 지금도 한 번씩 읽는다. 그 책에는 재미와 추억이 함께 깃들어 있다.

3학년 선생님은 아이가 만난 유일한 남자 선생님이었다. 유머 감각도 있고 예술을 사랑하는 분이었다. 무엇보다 아이들 각자가 특기를 발휘하길 원했다. 미국 실리콘밸리의 상징 중 하나인 구글의 성과급 인사 제도는 자신이 먼저 승진해야 하는 이유를 자세히 적어 신청한다. 이때 자신의 주요 업적, 기여도, 그리고 자신의 강점과 개선점에 대해서도 적는다. 물론 그 외에 다른 요소도 있다. 비단 이 모습은 구글만의 모습은 아니다. 많은 대기업 그리고 대학도 마찬가지다. 그뿐만 아니라 여러 삶에서 원하는 모습이다. 그런데 만약 자신에 대해 잘 알지 못하고 자신에 대해 알리지 못한다면 어떻게 될까? 그리고 실리콘밸리 기업들의 문화는 직책이나 직위와 상관없이 자유롭게 자기의 의견을 내는 게 당연하고 흔한 일이다. 그래서인지 선생님의 교육은 자기를 자랑하고 알리는 과정을 매우 중요하게 생각하는 것이었다.

칭찬은 고래도 춤추게 한다고 했다. 자신의 장점을 알리는 일은 자신감에서 나온다. 그 힘의 기초가 칭찬이었다. 아이들의 작은 성취, 도전, 과정을 칭찬하고 이야기에 진심으로 귀기울여주었다. 그 모습에서 아이들의 자신감이 길러졌다. 내 아이도 그 덕분에 글을 잘 쓴다는 자신감이 생겨 작가의 꿈도 꾸게 됐다. 글쓰기를 할 때마다 정성 어린 코멘트를 해주었다. 그래서 아이의 글과 선생님의 코멘트가 마치 대화하는 느낌이었다. 아이가 작가가 되고 싶다는 글에는 최고의 점수를 주면서 나중에 작가가 되면 자신을 기억하며 글을 써달라고 부탁하는 코멘트를 남기기도 했다. 아이는 그 멘트로 인해 행복했고 조금 더 자신감을 가지게 됐다.

선생님은 아이들의 다양한 퍼포먼스 발표를 자주 시켰다. 일명 쇼 앤드 텔show and tell이라는 수업을 자주 했다. 이 수업이 바로 자신을 자랑하고 알리는 훈련의 시작이다. 피아노를 치는 아이는 피아노로 발표하고 다른 악기를 배우면 다른 악기를 가져가 연주했다. 자기가 만든 종이접기, 그림, 자신이 가진 특별한 장난감 또는 물건이 있다면 그걸 소개하기도 했다. 댄스를 배우는 아이는 댄스를 보여주기도 했다. 줌으로 수업할 때도 정기적으로 이 프로그램을 매월 2회 꼭 했다. 줌으로 수업할 때 지켜보면 실력과 상관없이 아이들은 모두가 이 과정을 즐겁게 해냈다. 선생님은 모든 아이에게 좋은 피드백과 응원을 많이 해주었다.

미국은 자신의 생각을 자신감 있게 논리적으로 발표하는 능력을 매우 높게 평가해 어릴 때부터 자주 경험하게 한다. 그래서 쇼 앤드 텔 수업은 매우 중요하다. 내 아이들은 모두 유치원에서 이 수업을 시작했다.

고학년 때부터 공부법을 가르친다

4학년 때 선생님은 코로나19로 학교에 갈 수 없어 줌으로만 만났다. 이 선생님은 노트 정리와 짧은 메모 법을 가르쳐주었다. 고등학교 들어가서 공부할 때 매우 도움이 되는 방법이다. 초등학교부터 기초적이며 쉽게 메모법을 가르쳐준 것 같다. 아이는 그것이 중학생인 오늘까지도 큰 도움이 된다고 말해줬다. 딸에게 들은 걸 정리하면 다음과 같다.

- 나만의 표시법 활용: 밑줄 긋기, 별표, 색깔 펜을 사용해 중요한 부분에 표시한다.
- 포스트잇 활용: 기억해야 할 것은 최대한 단순하고 짧게 정리하여 포스트잇에 적어 책에 붙여둔다. 예를 들어, 수학 공식, 개념, 역사적 사건의 순서 등을 나만의 짧은 공식이나 간단한 요약으로 만든다.
- 한 문장 요약: 책을 읽거나 긴 지문이 있는 역사, 과학 등을 배울 때 최대한 짧게 요약한다. 핵심을 파악하고 기억하는 데 도움이 된다.
- 오답노트: 틀린 문제는 반드시 기록하고 다시 본다.

5학년 때 전학을 갔다. 새로운 곳에서 새로운 학년을 시작해야 한다는 걱정과 기대감 그리고 아직 남아 있는 코로나바이러스의 두려움을 안고 시작했다. 그러나 우려와 다르게 아이는 최고의 선생님을 만났다. 자신의 수고를 고생스럽게 여기지 않았다. 아이들을 읽기 수준, 단어 수준, 글쓰기 수준, 수학 수준에 따라 나누었다. 수준에 맞게 다른 교재를 가지고 학생들을 가르쳤다. 그리고 때로는 수준별로 했고 또 때로는 상관없이 섞어서 프로젝트 수업도 했다. 일주일에 한 번 점심시간에는 아이들에게 우쿨렐레를 가르쳤다. 자신의 휴식 시간을 아이들을 위해 즐거이 시간을 내준 것이다. 이 모든 것은 선생님이 굳이 하지 않아도 되지만 아이들을 사랑하는 마음에서 나온 열정으로 하는 수업이었다.

5학년이 되자 협업을 통한 공부가 늘어났다. 협업의 시작은 프로젝트 수업이다. 이 문화는 고등학교에 가면 더 많아진다. 실리콘밸리의 많은 회사가 협업을 매우 중요하게 생각한다. 회사마다 차이는 있지만 대부분의 기업들은 평가 과정에서 직원이 다른 팀과 얼마나 잘 협력하고 기여했는지를 중요한 기준으로 삼는다. 특히 아마존은 협업 평가가 잘 이루어지는 대표적인 기업이다. 협업을 통해 시너지 효과를 창출하는 것이 기업 이익에 직결되기 때문일것이다. 승진 평가에는 여러 요소가 반영된다. 그중 하나로 협업과 타인에 대한 도움이 중요한 평가 기준이 된다. 이곳에서는 이런 훈련이 아주 어린 시절부터 시작된다. 수학도 프로젝트 수업을 했다. 그룹으로 보고서도 작성하고 발표도 했다. 마치 하나의 글쓰기 작품을 보는 것 같았다.

내 아이의 선생님은 소외된 아이를 챙기는 따뜻한 분이었다. 소외된 아이가 있으면 다른 아이와 짝을 지어주고 선생님이 마실 차를 만들어 오는 미션을 주었다. 그 덕분에 혼자 있는 친구는 다른 친구와 차를 만들면서 대화할 수 있었다. 배려받는 아이도 말동무가 되어주는 친구도 전혀 모르게 이루어졌다. 소외된 아이가 혼자 쉬는 시간에 덩그러니 있지 않게 하기 위한 따뜻한 배려였다.

  선생님의 말 한마디와 배려는 아이의 삶에 큰 영향력을 미친다. 세상에 좋은 선생님이 많다는 것은 행운이다. 나는 대부분의 선생님이 사명감을 가지고 아이들을 가르친다고 생각한다. 그리고 그 덕분에 아이들이 자라나고 있다. 초등 5년간의 경험은 기본기를 다지고 즐거움을 경험하는 시간이었다. 헬렌 켈러가 "선생님이 인생을 바꿔줄 수도 있다. 그것은 그 어떤 책이나 경험보다 큰 것이다."라고 한 것처럼 이러한 교육과 경험은 아이들에게 큰 자산이 될 것이다.

  교육은 아이의 성장기에 매우 중요하다. "좋은 교육은 오늘의 일이 아니라 영원한 효과를 낳는다. 그것은 미래에 불러올 것들을 계속해서 만들어낸다."라는 프랭클린 루스벨트의 말대로 더 나은 미래를 준비할 수 있기 때문이다.

5
궁극적 목표는 행복한 인생을 사는 것이다

우리의 아이들은 행복할까? 나는 내 아이가 행복하다고 믿고 싶은 엄마이다. 아마 모든 양육자의 마음이 나와 같을 것이다.

한국에서 알던 지인 C가 있었다. 그녀는 고등학교 선생님이다. 늘 당당하고 똑똑하고 웃음이 넘치는 밝은 사람이었다. 나는 그녀가 세상의 기준에서 성공한 멋진 사람이라고 생각했다. 그러던 어느 날 우연히 그녀가 특목고 출신이라는 걸 알았다. 특목고 출신이 어떻게 선생님이 됐는지 들을 기회가 있었다. 그녀가 보낸 고등학교 시절이 지옥이었고 고통이었음을 알게 됐다. 나를 비롯한 대부분의 사람은 고등학교 선생님이라고 하면 똑똑하고 공부로 인한 부족함이 없다고 생각한다. 그런데 완전히 다른 반전의 이야기가 그녀의 입을 통해 나왔다.

그녀는 쉽지 않은 고등학교 시절을 보냈다. 어린 시절 시골에서 공부를 잘해 사랑받고 인정받아 특목고에 입학했다. 입학해보니 각 학교 수재가 다 모였다. 그녀는 시골에서 선행학습 없이 학교 과정만 착실히 잘 따라갔다. 그러나 특목고는 몇 년씩 선행학습을 하고 온 아이가 대부분이었다. 시험만 보면 모르는 문제투성이었다. 학교 친구들과 자신의 실력 차이에 첫 번째 좌절을 경험했다.

두 번째 좌절은 같은 방을 쓰는 친구를 통해 경험했다. 의사를 부모로 둔 아이였고 공부는 일등을 달리고 있는 아이였다. 그 아이는 자신의 친구 무리와 함께 매일같이 그녀에게 바보라고 놀리며 괴롭혔다. 그녀는 현실 속 자신의 성적표와 친구들의 이야기에 점점 자신을 바보라고 확신하게 됐다. 매일 울었고 살고 싶지 않다고 했다. 왜 모든 걸 다 가진 듯한 아이는 그녀를 괴롭혔을까? 바로 스트레스다. 그 자리를 지켜야만 하는 스트레스, 늘 잘해야 한다는 중압감을 친구를 괴롭히며 풀었다. 결국 그녀는 견디지 못하고 어느 날 학교 기숙사를 뛰쳐나왔다. 학교를 그만두려고 했다. 하지만 부모님이 고등학교는 졸업해야 하지 않겠냐고 설득해 기숙사가 아니라 집에서 학교에 다니기로 하고 졸업했다. 그녀는 단 한 번도 상상해보지 못한 성적표, 삶의 고통, 자신의 무능함을 경험하며 고등학교 시절을 간신히 마무리했다.

그녀는 대학입시에 실패했고 재수를 선택했다. 재수하며 자신의 낮은 자존감을 치료했고 신앙을 통해 자신의 마음을 많이 위로받았다. 재수하는 동안 자신이 바보라는 잘못된 프레임을 지우고 당당히 사범대에 합격하고 임용고시라는 시험을 통과해 선생님이 됐다. 그녀는 과거의 상처를 극복한 것은 매우 운이 좋은 일에 속한다고 했다. 자신과 달리 그 프레임에 오래도록 갇혀 사는 사람도 많다는 것이다. 과거의 그녀에게는 특목고 출신이 자랑이 아니라 숨기고 싶은 상처였다. 하지만 현재의 그녀는 "만약 내가 특목고에 가지 않아 그런 특별한 경험을 하지 않았다면 지금 가르치는 학생들의 공부, 입시 스트레스, 다양한 아픔을 아는 선생님은 되지 못했을 것 같아요."라는 고백을 했다.

아이가 행복을 느껴야 한다

2023년 3월 20일에 발표된 「2023년 세계 행복 보고서」에 따르면 대한민국 성인의 행복 만족도 평가는 경제협력개발기구OECD 국가 38개국 중 35위다. 행복 만족도 1위 국가는 핀란드이고 미국은 16위다. 그렇다면 아이들의 행복 지수는 어떨까? 어른의 행복 지수와는 다른 결과가 있을까?

2022년 12월 통계청의 발표에 따르면 청소년 불행 지수는 1위다. 2022년 10월 8일 「YTN」 뉴스는 성적 스트레스로 극단적인 선택까지 생각해본 적이 있는 학생이 4명 가운데 1명꼴이라고 보도했다. 비영리기관 사교육걱정없는세상에서 초중고생 5,000명을 대상으로 설문 조사한 이 통계자료에서 학생 2명 중 1명꼴로 학업이나 성적 때문에 불안하거나 우울한 경험이 있다고 대답했다.

청소년들은 학업과 관련된 스트레스를 많이 받고 있다. 특히 좋은 대학에 가기 위해 초등학교부터 고등학교까지 12년간 학교와 학원에 얽매여 과중한 스트레스를 받고 있다고 해도 과언이 아니다. 이 조사에서 특히 주목되는 것은 '행복을 위해 필요한 것?'이라는 질문에 돈, 성적, 자격증 등 물질적인 가치를 꼽은 아이들이 38.6%로 가장 많았다는 사실이다.

어떻게 해야 아이들이 행복을 찾으며 살아갈 수 있을까? 과도한 스트레스를 받게 하는 것이 아니라 천진난만한 행복을 찾게 해줄 수 있을까? 인생에서 부모인 우리가 아이들에게 가르쳐야 할 가장 중요한 항목 중 하나는 행복감을 충분히 느끼며 살아가는 일일 것이다. 성공했지만 공허하고 자신의 것에 만족할 줄 모르며 자신과 다른 사람들을 고통으로 몰아넣는 일은 너무 끔찍하지 않은가? 공부가 중요하지 않다는 말이 아니다. 현재 대한민국은 모든 행복의 척도를 공부, 대학 간판, 그리고 돈으로 매기고 있다. 미국도 물론 경쟁이 심하고 치열하다. 하지만 한국과 확연히 다른 점은 다양한 길과 다양한 선택지가 있다. 대학 이름으로만 아이의 인생을 결론짓지 않는다는 것이다.

실리콘밸리의 아이들도 한국처럼 비극적인 일도 있고 스트레스 받을 일도 많다. 한국이든 미국이든 결국 행복은 삶을 대하는 태도이다. 그 태도가 결국 그 사람을 나타낸다. 행복을 거창하게 생각할 필요는 없다. 무언가 큰 성취를 이뤄내야만 행복감을 느낄 수 있다고 생각하면 안 된다. 평범한 하루하루의 일상에서 행복을 찾아야 한다. 행복한 마음을 가지는 것도 연습이 필요하다. 그렇다면 아이들의 행복을 위해 아이가 스트레스를 받으면 안 되니 싫다고 하면 하던 걸 그만두는 게 행복일까? 힘들다고 하는 일은 하지 않고 재미있고 자극적인 즐거움만 찾게 놔두면 되는 걸까?

내가 만난 행복한 실리콘밸리의 아이들은 힘들고 스트레스 되는 일도 도전하며 자기 삶을 개척하기 위한 기반을 만들며 살아간다. 어쩌면 너무나 당연한 일이다. 삶에서 자신이 좋아하는 일만 하고 살아갈 수는 없다. 이것을 어릴 때부터 잘 훈련하고 있었다. 스트레스 관리를 하면서 말이다. 그리고 자신에게 맞게 조정한다. 한국에도 행복한 아이도 있고 불행한 아이도 있듯 이곳도 마찬가지다. 하지만 많은 통계자료가 나타내주듯 한국의 성인은 물론이고 청소년의 행복 만족도가 매우 낮은 점은 간과할 수 없는 문제다.

일상에서 소소한 행복을 찾는다

삶의 소소한 행복에는 무엇이 있을까? 맛있는 음식, 시원한 바람, 따뜻한 햇살, 여행, 건강, 가족, 웃음, 그리고 힘든 일을 마침내 해결했을 때 등등 찾으면 찾을수록 많다. 이러한 소소한 행복을 행복이라고 알아채는 능력이 필요하다. 나는 교회와 다양한 곳에서 많은 아이를 가르치며 만나기를 약 25년 동안 했다. 그리고 미국에서 여름 캠프를 진행하며 다양한 아이들을 경험했다. 그중 유난히 긍정적이며 밝고 행복한 아이들이 있다. 몇몇 아이들은 고등학교와 대학을 졸업한 후 결혼해 가정을 이룬 현재 모습까지 알고 있다. 그 아이들은 현재도 열심히 최선을 다해 산다. 그리고 무엇보다 행복하게 산다.

입시에 성공했지만 아무도 모르게 되돌아오는 아이들과 마음의 병으로 병원에 다니며 오랜 시간 고통 가운데 있는 아이들도 많다. 하지만 세상은 좋은 대학에 입학한 사실만 알지 그 뒤의 일은 모른다. 그렇다면 행복한 영재 아이들의 특징은 무엇일까? 너무 궁금해 자세히 관찰했고 인터뷰하고 조사했다. 그리고 나름의 공통점을 찾았다. 각 공통점에 관한 자세한 부분은 책의 뒷부분에 자세히 다루고 여기에서는 간략하게 다루도록 하겠다.

첫째, 감사 연습을 많이 한다. 내가 만난 실리콘밸리의 영재이며 행복한 아이들은 놀랍게도 어린 시절부터 '감사'를 연습했다. 이 감사에 대한 자세한 이야기는 6장에서 다루도록 할 것이다.

둘째, 자신이 좋아하는 일을 찾는다. 실리콘밸리의 행복한 영재 아이들의 부모는 놀랍게도 '강요'가 아니라 '경험'을 하게 했다. 내가 만난 K의 에피소드는 매우 흥미로웠다. K의 부모는 아이와 함께 주말이면 도서관에 간다. 도서관 앞의 커피숍에서 아이가 좋아하는 주스와 빵을 먹는다. 그리고 근처의 놀이터에서 함께 논다. 그런 후 더워지면 도서관에 들어간다. 부모는 자연스럽게 자신이 먼저 원하는 책을 찾는다. 어른들이 읽을 만한 책을 찾기도 하고 그림책을 찾아보기도 한다. 그러면 아이도 그 옆에서 자연스럽게 이 책 저 책을 둘러본다. 책을 읽으라고 강요하거나 빌리라고 강요하지도 않는다. 처음에는 그냥 돌아온 날도 많았다고 한다. 그러나 어느새 부모를 보고 자란 아이는 책을 찾고 빌리고 읽는 아이가 됐다. 단지 책을 좋아하게 만드는 일에서만 한정된 게 아니다.

이 부모는 음악, 예술, 공부 모든 면에서 강요하지 않는다. 보여주고 경험하게 한다. 아이가 생각하고 행동하게 한다. 다양한 것 중에 자신이 좋아하는 것을 찾게 한다. 시간이 걸리고 무모해 보이지만 결국에는 아이 스스로가 자신에게 가장 좋은 것을 찾게 도와준다.

셋째, 운동과 다양한 예술 활동을 즐긴다. 내가 만난 실리콘밸리의 행복한 영재 아이들은 단 한 명의 예외 없이 운동을 한다. 이번에 아이비리그에 들어간 한 남자아이는 팬데믹으로 집에 갇혀 있을 때도 혼자 나와 아무도 없는 동네를 매일 같은 시간에 달렸다. 그 누구도 시켜서 한 일이 아니다. 자기 스스로 멘탈과 체력 관리를 위해 뛴 것이다.

행복을 위해 몸을 움직이는 일, 햇빛을 받는 일은 매우 도움이 되는 확실한 사실이다. 그리고 딸아이의 학교 인도 친구는 아침마다 매일 5마일씩 달린다. 아이는 학업의 다양한 분야에서 매일 같이 빡센 공부를 하고 있다. 종종 그것이 힘들다고 하지만 아이의 친구는 매일 달리고 일주일에 3~4번은 수영을 하며 스트레스를 풀고 있다. 살면서 스트레스를 피하고만 살 수는 없다. 그리고 스트레스의 역치도 아이마다 사람마다 다르다. 이때 좋은 취미와 운동은 스트레스 체감을 낮춰주고 즉시 풀게 만든다. 스트레스를 쌓이지 않게 한다. 스트레스 해소와 즐거움의 통로가 실리콘밸리 아이들에게는 있다. 이 부분에 대한 자세한 이야기는 운동과 예술 파트에서 자세히 다루도록 하겠다.

넷째, 봉사하기다. 뇌 과학자들의 말에 의하면 다른 사람을 도울 때 우리의 뇌에서 행복 세로토닌이 나온다고 한다. 미국은 봉사 활동이 대학에 가거나 졸업을 하는 데 필수 요건이다. 많은 실리콘밸리의 행복한 영재가 자신의 점수가 얼마나 채워졌는지도 모른 채 다양한 분야에서 봉사한다. 처음에는 점수를 채우기 위해 시작하는 경우도 있다. 하지만 이것이 교육에 의해 습관이 되면서 그 행복감을 알게 되고 삶의 의미를 찾게 된다. 마치 게임에 중독된 것처럼 말이다. 우리가 가정에서 어릴 때부터 부모가 직접 가르칠 수 있는 아주 중요한 덕목이다. 이것은 추후 대학입시에서도 매우 높이 평가되는 항목이다.

다섯째, 부모와 좋은 관계를 맺고 있다. 인간은 관계에서 행복감을 느끼는 존재다, 특히 나와 친밀하고 떼려야 뗄 수 없는 관계인 부모와 좋은 관계는 평생에 걸쳐 살아갈 큰 힘이 되어준다.

매슬로의 자아실현 욕구에 의하면 인간은 낮은 단계의 기본 욕구가 충족되면 더 높은 단계의 욕구를 추구한다. 생리적 욕구의 결핍이 충족되면 심리학적인 존재 가치 또는 성장 욕구를 추구하게 된다. 즉 아이들에게 공부가 먼저가 아니다. 기본적인 욕구를 잘 해결해줘야 그다음 단계로 성장 욕구가 저절로 생겨나고 행동하게 되는 것이다. 꼭 학교 공부가 아니라도 자신의 자아실현을 위해 목표를 설정하고 달려간다.

미국 소설가 커트 보니컷은 에세이 『그래, 이 맛에 사는 거지』에서 다음과 같이 말한다.

"알렉스 삼촌이 무엇보다 개탄한 것은 사람들이 행복할 때 행복을 느끼지 못한다는 사실이었습니다. 그래서 삼촌은 행복할 때마다 그 순간을 제대로 느끼기 위해 각별히 노력했습니다. 한여름에 사과나무 아래서 레모네이드를 마실 때면 삼촌은 이야기를 끊고 불쑥 이렇게 외쳤습니다. 그래 이 맛에 사는 거지."

요즘 시대는 아이나 어른이나 모두 강한 자극의 시대에 살아가고 있다. 빠른 변화, 게임, 핸드폰, 쇼츠 등이 그걸 더 자극하고 있다. 아이들이 이런 강한 자극 말고 현재의 삶에서 충만한 즐거움을 느낄 수 있어야 한다. 자극적인 모든 것과 조금 거리를 두고 아이들과 오늘 함께 각자 행복의 순간을 찾고 외쳐보자.

"그래. 이 맛에 사는 거지!"

2장

실리콘밸리는 교육도 혁신적으로 한다

1
실리콘밸리는 경쟁, 도전, 실패의 도시다

"실리콘밸리는 전 세계 기술 혁신의 중심지입니다."

애플의 공동 창업자인 스티브 워즈니악이 한 말이다. 자산, 기술, 핵심 인재들이 넘쳐나는 곳. 바로 이곳은 실리콘밸리다.

세계 자산 순위 1위는 미국이다. 그 미국 내에서도 자산 순위가 가장 높은 주는 캘리포니아다. 이 캘리포니아주의 자산 순위는 미국, 중국, 독일, 일본 다음이다. 영국, 프랑스, 인도보다도 국내총생산GDP 수익이 높다. 지금 당장 미국에서 나와 한 나라로 독립해도 전혀 문제가 없다. 캘리포니아가 경제적으로 강할 수밖에 없는 이유는 세계 최대의 산업이 몰려 있는 실리콘밸리 때문임을 부인할 수 없다. 스탠퍼드, UC버클리, UCLA 등 미국의 거대 기업들을 계속 뒷받침해줄 인재들이 포진해 있는 미국의 명문대도 캘리포니아와 실리콘밸리에 있다.

3년 전 실리콘밸리에서 집 사는 과정에 참여했다. 한 지역만 아니라 여러 지역에 지원했다. '어디든 돼라.'는 심정이었다. 한국과는 또 다른 험난한 집 사는 과정이었다. 무려 열 번 지원했는데 모두 떨어졌다. 다른 사람과 경쟁에서 열 번이나 진 것이다. 최종 후보 명단에 여러 번 올라갔지만 매번 고배를 맛봤다. 그 열 번마다 늘 기대하는 마음을 가졌으나 결과는 실패였다. 기대하고 기대한 일이 이루어지지 않아 낙담하기도 했다. 미국 집은 돈이 있다고 무조건 살 수 있는 게 아니다.

예를 들어 내가 1,000원에 나온 집을 사겠다 하면 그 집을 살 수 있는 사람이면 누구나 지원을 할 수 있다. 집을 팔려는 사람은 여러 지원자의 은행 신용도나 직장의 안정성 등을 보고 1차로 추린다. 그다음 제일 높은 가격에 집을 사겠다는 몇 사람을 2차로 검토한다. 내가 1,000원에 나온 집을 1,100원에도 2,000원에도 사겠다고 지원할 수 있다. 그러면 주인은 제일 마음에 드는 사람을 바로 선택하는 등 마음대로 선정한다. 집을 팔려는 사람은 집을 사려는 선택된 몇 사람에게 '너희들만 경쟁해봐.'라고 상황을 만든다. 그 조건을 받아들이는 사람은 일명 카운트 오퍼라고 해서 다시 한번 입찰한다. 그러면 대부분 돈을 가장 많이 올려 지원한 사람이 집을 살 수 있게 된다. 단 1원이라도 비싸게 집을 사겠다는 사람에게 파는 것이다. 경기 상황에 따라 다르지만 시세보다 2억에서 3억 또는 그보다도 더 주고 사는 경우도 있다. 물론 경기가 안 좋을 때는 원래의 집값보다 조금 더 싸게 사기도 한다. 하지만 흔한 일은 아니다.

보통 자산의 상징으로 주식 현금과 함께 부동산을 꼽는다. 그런 의미에서 실리콘밸리는 자산이 넘치는 대표적인 도시 중의 하나다. 주식, 집값, 현금이 다른 주에 비해 상황이 좋은 곳이다. 내가 집을 사는 과정에서도 집값의 전액을 현금으로 사겠다는 사람에게 밀려서 떨어진 경우도 많았다. 10억부터 30억 달러가 넘는 집을 오직 현금으로 사는 것이다. 이곳은 이렇듯 집 사는 과정만 봐도 자산도 넘치고 경쟁도 치열한 곳이다. 물론 어디나 마찬가지지만 빈부의 격차가 있고 누구나 다 이런 상황은 아니다. 이곳은 돈의 흐름이 그만큼 빠르고 잘 되는 곳이다. 그리고 경쟁이 치열하다는 것은 그만큼 수많은 도전, 실패, 그리고 재도전 과정에서 생성된 도시다. 그리고 그 이면에는 업무 강도와 정리해고의 바람도 강하다.

실리콘밸리는 혁신과 성장의 중심이다

여러분은 실리콘밸리라고 하면 무엇이 떠오르는가. 우리가 아는 유명 대기업들이 존재하고 새로운 기술이 넘쳐나는 곳이다. 벤처들의 천국이기도 하다. 또한 스탠퍼드대학교와 UC버클리라는 세계적인 대학이 있다. 실리콘밸리는 전 세계의 주요 기술 기업, 스타트업, 대학과 연구기관의 본사가 집중적으로 위치해 있다. 기술 혁신과 경제적 성장의 중심지로 인정받고 있는 곳이다.

실리콘밸리의 유명한 지역 중 하나는 팔로알토다. 이 지역에는 유명한 대학교인 스탠퍼드대학교와 스티브 잡스가 생전에 살았던 집이 있다. 그리고 휴렛팩커드가 탄생한 차고가 현재 보존되어 있다. 그 집은 현재 동네의 보호 구역으로 설정되어 있다. 그 앞에서 사진을 찍으려는 관광객을 자주 만날 수 있다. 심지어 스티브 잡스가 살았던 집과 휴렛팩커드의 창립 차고가 가까운 곳에 있다. 이런 배경을 돌아보는 일은 신비롭다. 작은 차고에서 시작한 그들의 결과가 현재는 상상할 수 없을 만큼 커졌다. 그저 놀랍고 신기하다. 실리콘밸리는 이런 상상할 수 없는 일들이 현실이 되는 곳이다.

실리콘밸리의 미래는 꺼지지 않는 불꽃이다

푸른 잔디밭 위에서 노트북을 펼치고 코딩을 배우고 로봇을 조립하며 미래를 설계하고 열띤 토론을 벌이고 다채로운 활동들을 하는 모습은 이제 더 이상 낯선 풍경이 아니다. 바로 혁신의 중심지 실리콘밸리 교육 현장의 모습 중 일부다.

1940년대에 스탠퍼드대학교와 UC버클리를 중심으로 시작된 실리콘밸리는 군사 연구를 기반으로 다양한 요소가 복합적으로 어우러져 발전하며 성장했다. 이후 페어차일드 반도체의 설립과 실리콘 트랜지스터 개발을 통해 반도체 산업의 핵심 지역으로 자리매김했다. IBM, 인텔, 애플과 같은 거대 IT 기업들이 등장하며 개인용 컴퓨터PC 시대를 열었다. 1990년대 이후에는 인터넷, 스마트폰 등 혁신적인 기술을 선도하며 세계적인 기술 중심지로 성장했다. 이러한 혁신의 배경에는 창의성과 혁신을 중시하는 독특한 교육 철학이 자리하고 있다.

끊임없이 변화하는 세상에서 아이들의 미래는 어떻게 달라질까?

실리콘밸리의 변화는 우리의 삶을 더욱 편리하고 풍요롭게 만들어줄 것이다. 하지만 동시에 새로운 기술에 대한 이해와 적응 능력이 중요해졌다. 인공지능, 빅데이터, 로봇 등 다양한 기술이 우리 삶에 깊숙이 들어오면서 새로운 직업이 생겨나고 기존의 직업은 변화할 것이다. 이러한 변화에 유연하게 대처하고 끊임없이 배우고 성장하는 자세가 필요하다고 생각한다.

인공지능 기술은 실리콘밸리에서 갑자기 튀어나온 것이 아니다. 굉장히 오래전부터 점진적으로 연구하고 발전해온 것이다. 우리 어른들이 우리 아이들을 위해 미래 사회를 준비하고 더 나은 세상을 만들어가는 노력을 해야 할 것이다.

2
실리콘밸리의 학부모들은 젊고 혁신적이다

실리콘밸리는 높은 노동생산력을 가진 곳이다. 유명 대기업부터 대박을 터트릴 기업들이 줄줄이 대기하고 있다 보니 일자리가 많다. 이곳은 25세에서 44세 젊은 층의 비율이 미국 평균보다 높다. 비영리 단체 조인트 벤처 실리콘밸리Joint Venture Silicon Valley가 발표한 '실리콘밸리 지수'에 따르면 이 연령대가 전체 인구에서 차지하는 비율은 전국 평균보다 높은 수준이다. 이는 젊은 인력이 집중되어 있음을 보여준다.

실리콘밸리에 노동생산력이 높은 것은 전세계 인재의 유입이 높기 때문이다. 최고의 기업과 높은 연봉 등으로 각 나라의 인재가 몰려들 수밖에 없다. 이곳에는 실리콘밸리 인디케이터스Silicon Valley Indicators에서 발표한 「실리콘밸리 신규 거주자의 주요 특성Selected

Characteristics of New Silicon Valley Residents」(2022) 보고서에 따르면 백인 약 33%, 아시아인 약 42% 히스패닉·라틴계 약 15%, 흑인 약 5%로 구성되어 있다. 이민정책연구소Migration Policy Institute에 따르면 실리콘밸리 인구 중 약 37%가 외국 출신으로 미국 전체 평균의 2.3~3배에 해당한다. 수치로 알 수 있듯 다민족으로 이루어져 있다. 그래서 미국의 다른 지역에서 살다 온 사람들이 이곳은 미국이 아니라 제3의 세계라고 말한다. 자신들이 살던 미국과는 문화가 많이 다르다는 것이다.

가장 똑똑한 사람들이 몰린다

　실리콘밸리는 첨단기술 산업이 중심인 도시다. 그래서 고학력 주민들의 유입이 점점 더 높아지고 있다. 교육 수준은 인종과 관계없이 미국 내 상위권을 차지한다. 학사 학위 이상 소지자가 53%다. 미국 평균이 33%임을 생각하면 매우 높다. 특히 자연 공학 분야 학위 소지자가 2010년 이후 꾸준히 증가하는 추세다. 높은 소득과 높은 학력을 소지한 사람이 구글, 메타, 애플 등과 같은 글로벌 기업과 컴퓨터, 과학, 공학, 경영, 디자인, 마케팅 등 다양한 분야의 일자리가 많은 실리콘밸리로 몰리고 있다. 그래서 이곳의 평균 교육 수준은 계속 높아지고 실리콘밸리의 기술은 더욱 성장하고 발전하고 있다.

　교육과 기술 수준이 높은 만큼 이곳 사람들의 경제적 수입도 남다르다. 2021년 실리콘밸리 인덱스에 따르면 실리콘밸리의 1인당 소득은 12만 1,149달러로 캘리포니아주 1인당 실질소득 6만 6,619달러, 미국 전체 1인당 실질소득 5만 6,490달러를 훌쩍 넘는다. 우리나라 돈으로 1억 원이 넘는 돈을 받아도 저소득층에 속하기도 한다. 그만큼 수입과 물가가 높은 곳이다.

이 지역은 현재 엔지니어의 초봉이 최소 15만 달러 이상인 경우도 많다. 그렇다면 굳이 강조하지 않아도 연차가 쌓인 30만 달러 이상의 엔지니어도 꽤 많다고 볼 수 있다. 거기에다 우량주의 기업들이 대거 포진해 있기 때문에 주식과 현금 부자도 많다.

실리콘밸리 지역 대부분의 집값도 미국 전역에서 가장 높은 편에 속한다. 오래된 집이어도 집값은 매우 비싸다. 집의 규모에 따라 차이가 있지만 실리콘밸리 평균 주택 가격이 우리 돈으로 21억 원이다. 부촌은 그보다도 높은 가격에 실거래가 이루어진다. 그중에서도 팔로알토 옆의 애서튼이란 작은 동네는 미국 내에서 가장 비싼 동네로 유명하다. 실거래 중간값이 86억 원에 형성되는 경우도 많다. 월세는 동네마다 조금씩 차이는 있지만 샌프란시스코의 경우 월세가 평균 3,000달러 정도다. 물가도 전반적으로 같은 캘리포니아 지역인 로스앤젤레스나 샌디에이고보다 10~20% 정도 비싼 경우가 많다.

다문화와 다양성이 창의성을 만든다

실리콘밸리 하면 아무래도 기술이 먼저 떠오른다. 그만큼 기술 혁신의 중심이다. 이곳은 전 세계적으로 기술 혁신과 발전의 중심으로 인정받는 곳이다. 많은 유명 기업과 스타트업이 본사를 두고 있다. 정보 기술, 소프트웨어, 하드웨어, 생명과학, 인공지능 등 다양한 기술 분야에서 연구와 개발을 진행하고 있다. 관련한 인프라도 발달했다. 대학, 연구소, 기업이 협력해 기술 혁신을 더욱 발전시킨다.

스타트업 문화도 실리콘밸리의 상징이다. 이곳은 벤처캐피털의 중심지로도 알려져 있다. 스타트업 기업들이 자금을 조달하기 쉽고 투자자와의 접근성이 뛰어나기 때문에 창업과 성장이 활발하다. 그것은 결국 새로운 아이디어를 실현하고 세계를 변화시키는 기술과 서비스를 개발하게 되기 때문에 혁신을 선도하는 문화를 만들어낸다. 2023년에 등장한 오픈AI라는 기술은 세계를 충격의 도가니로 빠지게 했다.

이런 혁신과 문화의 배경에는 다문화와 다양성이 있다. 이 지역은 다문화와 다양성을 강조하며 전 세계에서 여러 인재와 전문가가 모여 협력하고 창의적인 아이디어를 만들어낸다. 또한 세계적으로 유명한 대학과 연구기관이 많이 있어 교육 기회가 풍부하다. 그만큼 세계 각지의 유능한 인재들이 모여드는 곳이다. 다들 남다른 교육열을 가지고 교육하고 있다. 그래서인지 실리콘밸리는 고

비용 생활로도 유명하다. 주택 가격과 생활비가 상대적으로 높아서 주거 비용이 높은 것이 일반적이다.

실리콘밸리는 이러한 다양한 특징을 가지고 있다. 그 덕분에 기술 혁신과 창업의 중심지로 자리 잡게 됐다. 지금 나는 그 중심에서 살고 있다. 그리고 아이들을 교육하고 있다. 이곳의 교육은 무엇이 다른지, 어떤 특징이 있는지 나와 내 아이들이 실리콘밸리에서 10년 넘게 살며 겪은 특별한 경험을 나누려고 한다. 끊임없이 혁신이 일어나는 이곳에서 내가 만난 다양한 사람들의 이야기, 그리고 직접 경험한 교육 현장 이야기가 여러분의 아이들의 미래를 위한 교육에 도움이 되길 바란다. 또한 실리콘밸리 교육 철학을 바탕으로 아이들을 어떻게 자기주도적인 인재로 키울 수 있을지에 대한 고민에 내 이야기가 작은 도움이 되길 바란다.

3
실리콘밸리의 아이들은 회복탄력성이 높다

모든 아이는 특별하다. 내 아이만 특별한 게 아니다. 모든 아이는 정말 특별하다. 약 25년간 다양한 아이들을 만나며 직접 경험한 일이다. 충분한 사랑과 배려를 받고 자라야 마땅하다. 하나같이 반짝거리는 자신만의 아름다움을 가지고 있다. 부모는 그 아름다움과 색깔을 내며 행복하게 살아갈 수 있도록 도와야 한다. 어떻게 하면 될까? 반드시 잘되는 아이는 어떤 아이일까?

기준이 매우 모호할 수 있지만 나만의 정의를 내리면 다음과 같다. 때로는 좌절하지만 오래 방황하지 않고 금세 털고 일어나는 아이, 현재는 부족할지라도 매일매일 조금씩 변화하고 성장해가는 아이, 자신의 삶을 독립적이고 주체적으로 행복하게 살아가는 아이가 결국 잘되는 아이라고 할 수 있다.

그렇다면 실리콘밸리의 아이들은 어떨까? 내가 지금까지 가르치며 경험한 학생들과 주변의 아이들에게 발견한 공통점을 알리고자 한다. 이 특징은 개인적 성향과 환경에 따라 다르고 다양하다는 점을 고려하고 읽어주길 바란다.

습관과 태도가 남다르다

실리콘밸리의 아이들을 보고 있으면 가장 먼저 끈기와 노력을 엿볼 수 있다. 이 아이들은 절대 포기하지 않는 태도가 있다. 끈기란 자신을 객관적으로 바라보는 시선을 가지고 포기하지 않고 목표를 향해 계속 나아가는 것이다. 실패한 뒤에도 포기하지 않고 계속 시도하는 것이다.

긍정적인 태도와 자신감을 가진 것도 특징이다. 실리콘밸리의 분위기는 경쟁적이다. 뛰어난 부모와 아이들이 많다. 다민족이 사는 지역이다 보니 각 나라의 수재들이 모여 있다. 그런 환경에서 때때로 경쟁이 격화되기도 하고 좌절도 느끼게 된다. 하지만 결국 잘되는 아이는 부정적인 마음보다 긍정적인 마음을 가지고 문제를 해석한다. 현재의 실패는 더 좋은 기회가 될 거라는 긍정적인 생각으로 일어난다. 반드시 할 수 있다는 자신감을 가지고 자신의 목표를 향해 나아간다. 과정을 추구하며 그 속에서 즐거움을 느낀다.

이곳 아이들은 학습과 지식에 대한 열정이 뛰어나다. 새로운 것을 배우길 좋아하고 흥미를 느낀다. 매우 높은 호기심과 탐구심을 가진다. 여기서 유의해야 할 점은 성향에 따라 적극적으로 드러내는 아이가 있고 천천히 드러내는 아이가 있다는 것이다. 그러므로 우리는 섣불리 판단하지 않아야 한다. 천천히 잘 관찰하며 성향을 파악해야 한다. 시간을 주고 기다려야 한다. 모든 아이에게는 자신의 열정을 불태울 최소 단 한 가지의 일이 있다.

이 아이들은 목표 설정, 계획, 실행력도 뛰어나다. 잘되는 아이는 자신만의 목표가 있다. 때로는 달성하는 게 불가능해 보일 만큼의 큰 야망이 있다. 그 목표를 향해 나아가기 위해 계획을 짠다. 이 목표와 계획은 자신의 현재 상황을 정확히 파악하는 데서 출발한다. 그리고 자신이 세운 그 목표에 도달하기 위해 자신은 어떤 노력을 얼마큼 해야 하는지 계획한다. 또 지체하지 않고 곧바로 실행한다. 부족한 부분은 일단 시작하면서 수정해 나간다. 작심삼일이 된다 해도 100만 번 반복한다. 그러다 보면 계획과 실천이 습관으로 자리 잡고 태도가 된다.

이처럼 뛰어난 아이들은 독불장군이 아니라는 특징도 갖고 있다. 좋은 관계와 함께하는 것의 즐거움을 잘 안다. 실리콘밸리의 학교 수업은 팀 프로젝트다. 팀에는 잘하는 아이, 성실한 아이, 게으른 아이 등 다 다르다. 이때 다양한 관계 안에서 함께하며 즐겁게 일하는 법을 아는 아이가 결국 좋은 성과를 낸다. 결국 대학이든 사회든 나와 맞지 않은 사람이나 다른 사람이 항상 존재한다. 그때마다 힘들어하거나 화를 내며 좌절하지 않는다. 그 상황 속에서도 좋은 관계를 만들고 해결하는 법을 안다. 함께 더불어 살아가면 다른 사람을 도울 줄 아는 아이가 반드시 잘되는 아이가 된다.

실리콘밸리 회사의 구조도 수업과 마찬가지로 팀 프로젝트다. 그렇기 때문에 이 훈련이 된 아이가 성공할 가능성이 크다.

마지막으로 문제해결 능력과 창의성이 뛰어나다. 잘 되는 아이들은 문제 상황에 대해 창의적인 해결책을 가지고 있다. 새로운 상황에서도 긍정적으로 생각하며 침착하게 문제를 해결한다. 결국 많은 회사, 대학, 연구 등 모든 분야가 문제를 얼마나 창의적으로 해결하느냐에 따라 좋은 결과를 내게 된다.

부모는 존중과 믿음으로 도와준다

잘되는 아이로 키우기 위해 우리 부모는 무엇을 해야 할까? 실리콘밸리의 반드시 잘되는 아이의 부모에게는 세 가지의 큰 특징이 있다. 첫 번째는 부모의 건강하고 올바른 사랑이다. 이런 사랑은 먼저 열린 사고로 아이의 말을 경청하는 데 있다. 실리콘밸리에서 잘된 아이의 부모들을 보면 대체로 닫힌 사고를 하지 않는다. 그들은 나만의 생각이나 방법을 고집하지 않는다. 다른 세대를 살아가고 살아갈 아이를 한 인격체로 존중한다. 열린 마음으로 아이를 이해하려고 노력한다. 그러기 위해 아이의 이야기에 무엇보다 귀기울이며 토론하고 공감한다. 그 가운데 아이는 소통을 배우게 된다. 내 생각을 어떻게 효율적으로 전달하는지 배우고 어떻게 자신과 다른 생각을 조율해 나가는지 배운다.

경청은 아이를 독립된 인격체로 존중하는 것이다. 그럼 아이들은 어려움이 닥쳐오고 위기가 닥쳐왔을 때 부모에게 찾아가 마음을 열고 조언을 구한다. 잊지 말자. 아이는 내 소유물이 아니다. 나와는 다른 한 인격체다. 이걸 인정하고 아이를 존중하는 사랑이 건강한 사랑이다. 또한 건강한 칭찬으로 긍정적 마인드를 키운다. 실리콘밸리의 부모는 아이가 노력하고 성취한 것과 그 과정에 대한 칭찬과 격려를 아끼지 않는다. 결과가 혹 실패해도 아이의 과정을 격려한다. 그리고 실패했던 원인과 방법을 찾는 데 도움을 준다. 그래서 아이들은 좌절하지 않는다.

그러나 늘 칭찬으로만 일관하지 않는다. 분명한 규칙을 정하고 필요하면 훈계도 한다. 실리콘밸리의 부모는 아이에게 아이 자신과 타인에게 해를 가하면 안 된다는 정확한 규칙을 가르친다. 확실한 경계가 있는 범위 안에서 자유를 허용한다. 그 가운데서 아이들은 참다운 자유를 배운다. 아이들이 자신의 행동에 책임감을 느끼고 도덕심을 갖도록 도와준다. 어릴수록 잘못된 행동에 대한 확실한 가르침으로 변화와 배움의 기회를 얻게 한다.

두 번째는 믿음이다. 우선 아이들이 자신의 가치에 대한 믿음을 가지게 한다. 자신에게 능력과 잠재력이 있다는 믿음을 가지도록 무엇을 하든 '너는 반드시 잘될 거다.'라는 확신을 준다. 실리콘밸리의 아이들은 유치원 공연에도 중학교 공연에도 과한 연습이 없다. 자유롭게 한다. 그래서 완벽하지 않고 실수도 많다. 그럼에도 부모들은 감동받고 우렁찬 박수를 보낸다. 이런 환경에서 자란 아이들은 학년이 올라가면 갈수록 놀랍게 성장한다. 이 과정이 어렵고 힘들고 고통스러운 게 아니라 즐거운 것이라는 걸 알게 된다.

어릴 때 너무 힘을 빼지 않는다. 열심히 달릴 때가 되면 달릴 힘을 길러준다. 그 힘은 자신감, 즉 자신을 믿는 믿음이다. 그 믿음을 충분히 경험한 아이들은 달려야 할 때 지치지 않고 달릴 수 있다.

세 번째는 아이에게 적절한 도움을 주는 것이다. 자율성과 책임감을 느끼게 하기 위해서다. 실리콘밸리의 부모는 아이들이 자유롭게 책임감을 느끼게 한다. 그래서 어릴 때부터 스스로 많은 것을 하게 한다. 결국 이것은 자기주도학습 능력까지 키워준다. 서너 살이 되면 아이들 대부분이 스스로 양치, 샤워, 대소변 후 뒤처리를 한다. 미국의 프리스쿨은 기저귀를 떼야만 보낼 수 있는 곳이 많다. 그런 경우 뒤처리 또한 아이 스스로 한다. 처음에 뭐든 스스로 하게 한다. 이때 부모는 지켜본다. 아이가 도움을 요청할 때 자세한 설명과 도움을 준다. 그리고 다음 날에도 또 반복한다. 절대 대신해주지 않는다. 시간이 오래 걸리고 뒤처리할 게 많아지지만 기다리고 인내한다. 기본적인 생활 습관부터 아이 스스로 책임감을 느끼고 하게 한다. 이것은 훗날 학교생활과 사회생활에서 성공할 수 있는 기본기를 만들어주는 훈련이다. 이렇게 아이에게 적절한 도움을 주는 것은 목표 설정과 계획 수립 능력 개발에도 적용된다.

목표를 달성하기 위해서는 자신만의 계획이 있어야 한다. 실리콘밸리의 부모는 아이들과 함께 어릴 때부터 목표를 설정하고 어떻게 성취할 수 있을지 상의하고 계획표를 짠다. 아이가 이 과정을 놀이의 형태로 경험하게 한다. 이 능력은 전략 개발 능력으로 이어진다. 즐겁게 자신의 목표를 이루기 위해 전략을 세우고 실행하며 그 과정에서 성취감을 경험한다. 작은 성취의 경험은 아이에게 자신감과 창의적으로 문제를 해결할 수 있는 능력을 키워준다. 나는 이곳에서 아이들의 창의력대회를 위한 수업을 진행하고 있다. 이 대회는 단순히 창의력보다 협업 능력과 팀 스스로 문제를 해결하는 역량을 더욱 중요하게 평가한다. 아이들은 쉽지 않지만 다른 사람과 협업하는 법을 배우게 된다. 선생님의 지시 없이 아이들 스스로 대회 당일까지 목표와 각자의 책임을 정하고 실행계획을 수립한다. 이 모든 과정에 어른들은 직접적인 도움을 주지 않고 아이들이 스스로 할 수 있는 환경을 만들어줄 뿐이다.

실리콘밸리의 부모는 아이들이 노는 게 좋다고 무턱대고 놀리지 않는다. 전략적으로 한다. 학습과 성장에 필요한 자원과 환경을 제공한다. 책, 문화생활, 공부 환경과 창의적으로 놀 수 있는 시스템을 만들어준다. 이를 통해 아이의 호기심과 학습 욕구를 자극한다. 어릴 때부터 아이들과 함께 모여 각자 할 일을 한다. 식탁에 모이기도 하고 패밀리룸을 가족 공부방으로 만들기도 한다. 아이가 자기 방에 들어가 공부하는 일은 드물다. 책을 읽다가도 숙제를 하다가도 궁금한 점이 있거나 질문할 일이 있으면 부모와 함께 토론하면서 문제를 해결한다. 또한 부모가 일하는 모습, 연구하는 모습, 책을 읽는 모습을 보며 자연스럽게 보고 배운다. 그렇다고 해서 매일 공부하거나 책 읽는 모습만 보여주는 게 아니다. 지적 활동 중에 오는 스트레스와 새로운 자극의 갈망을 예술과 운동으로 해결하는 경우가 많다. 아이들은 어릴 때부터 이런 부모를 보며 함께 활동에 참여한다. 건강하게 스트레스 해결법을 배우게 된다. 핵심은 강요가 아니다. 부모가 먼저 하는 삶을 그대로 보여준다.

이런 환경이라면 당연히 아이가 잘될 수밖에 없다. 잘된다는 게 누군가는 학교에서 좋은 성적을 내기도 하고 좋은 대학을 가는 게 될 수 있다. 또 누군가는 자신이 좋아하고 흥미로운 일을 찾아 자신이 원하는 수준의 성과를 만들 수도 있다. 그 기준은 제각각이다. 그러나 공통점은 아이들이 행복한 삶을 스스로 찾도록 한다는 것이다.

4
스탠퍼드대학교는 어떻게 학생들을 뽑을까

실리콘밸리 교육의 핵심을 이해하기 위해서는 명문대의 입학 조건을 알아야 한다. 그 기준에 맞게 교육이 이루어지고 있기 때문이다. 모두는 아니지만 많은 경우 미국의 명문대 출신이 미국 경제를 이끌어가는 대기업의 수장이거나 정치계의 리더가 많다. 즉 스탠퍼드 같은 미국의 명문대 입학 조건을 알면 실리콘밸리를 이끌어가는 핵심 인재들의 인재상과 실리콘밸리의 교육을 이해하기 쉽다.

여러분에게는 꿈의 대학이 어디일까? 미국의 입시 기관에서는 매년 꿈의 대학Dream College에 관해 조사한다. 그 조사에서 상위권을 차지하는 대학이 있다. 바로 스탠퍼드대학교이다. 처음 미국에 와서 스탠퍼드대학교를 방문했던 날을 잊을 수 없다.

스탠퍼드대학교에서 공부하는 지인을 만나러 갔다. 넓고 넓은 캠퍼스 안에서 친구와 만나기로 한 장소를 찾지 못해 헤매던 그날 스탠퍼드에 반해버렸다. 어쩌면 그 풍경에 넋이 나가 길을 찾기가 더 쉽지 않았던 것 같기도 하다. 그날 내가 받은 스탠퍼드대학교 캠퍼스의 인상은 정말 아름다웠다. 팜 트리가 늘어져 있는 거리의 이국적 풍경과 건물 하나하나의 분위기는 그저 감탄밖에 나오지 않았다. 더불어 학생들의 자유로운 모습에 또 반했다. 북 카페 앞 분수대에서는 큰 튜브를 띄워놓고 물놀이하는 학생들, 학교 내 모래사장 위에서 수영복만 입고 배구를 하던 학생들, 카페테리아 안에서 밥을 먹으며 내가 다 이해할 수 없는 말이었지만 수다를 떨던 학생들, 드넓은 캠퍼스를 자전거를 타고 누비는 활기차 보이던 학생들의 모습. 그 모든 게 멋졌다.

눈에 콩깍지가 제대로 씌었다. 시간을 되돌릴 수만 있다면 스탠퍼드 대학생으로 한번 살아보고 싶다는 헛된 꿈을 꿔보기도 했다. 그런데 이곳에서 10년을 살며 알게 됐다. 그 꿈을 이루기가 매우 어렵다는 것을 아이들을 양육하며 교육의 최전선에 있는 학부모가 되고 보니 스탠퍼드대학교는 내가 생각한 것보다 들어가는 일이 정말 어려운 곳이라는 걸 알아가고 있다. 외적인 모습이 최고인 만큼 학생들의 실력도 범접하기 쉽지 않게 뛰어나다. 그와 더불어 학비 또한 무섭게 비싼 곳이라는 것을 알게 됐다.

미래지향적인 학생을 뽑는다

나는 미국에 와서 자주 스탠퍼드대학교를 방문했다. 물론 가족이나 친구가 한국에서 여행을 오면 소개해주기 위한 관광의 목적도 있었다. 그러나 그보다 아들이 스탠퍼드 병원에서 정기적인 검사를 받는다는 개인적인 이유로 자주 방문하게 됐다.

스탠퍼드대학교에는 일반인들이 접근하기 좋은 몇 군데가 있다. 그중 하나가 스탠퍼드 미술관이다. 무료인데 멋진 곳이다. 미술관 안팎의 로댕 작품은 프랑스 다음으로 가장 많이 보유한 것으로 알고 있다. 이처럼 예술과 아름다운 자연이 있는 곳에서 학생들이 공부하고 있다.

미술관 안에는 스탠퍼드대학교를 설립한 가문에 대한 그림과 소개를 해놓은 전시관이 있다. 그 대학이 설립된 데에는 슬픈 사연이 있다. 스탠퍼드대학교는 '릴랜드 스탠퍼드 주니어 대학교Leland Stanford Junior University'이 원래 정식 명칭이다. 그러나 스탠퍼드대학교라고 보편적으로 많이 불린다. 설립 당시 철도 사업으로 엄청난 부를 갖게 된 릴랜드 스탠퍼드와 제인 스탠퍼드 부부가 설립한 학교다. 이 부부에게는 외아들인 릴랜드 스탠퍼드 주니어가 있었다. 그러나 외아들이 1884년 16세가 되기 전에 장티푸스로 사망했다. 이 부부는 그 아들을 기리며 스탠퍼드대학교를 설립하게 됐다. 슬픔을 의미 있고 좋은 일로 승화시킨 그들 덕분에 오늘날 세계 최고의 스탠퍼드대학교가 탄생하게 됐다.

스탠퍼드대학교의 등록금과 생활비는 현재 대략 10만 달러다. 우리 돈으로 약 1억 원이다. 부모의 소득이 15만 달러 이하인 가정은 최소한 등록금이 면제되거나 10만 달러 이하는 기숙사비+식비까지 포함한 전체 비용이 면제된다. 즉 스탠퍼드에 입학할 실력만 된다면 돈은 우리가 책임지겠다는 마인드를 가지고 있다. 그러나 이곳의 물가를 생각할 때 이 지역 학생의 대부분은 혜택받기가 쉽지는 않은 금액이다. 스탠퍼드 입학의 여러 조건을 생각해 볼 때 경제력도 매우 중요하다.

스탠퍼드대학교의 학생들은 입학 시 굉장히 까다로운 입학 절차를 거치고 들어온다. 미국 대부분의 명문대학과 마찬가지로 스탠퍼드대학교 또한 스탠퍼드를 빛낼 미래지향적인 아이를 뽑는다. 즉 스탠퍼드대학교라는 이름을 빛내주고 세계를 이끌어갈 최고의 인재를 뽑는다. 과연 그 인재를 뽑는 기준은 무엇일까?

스탠퍼드대학교의 입학 자격은 주로 6가지 기준으로 살펴볼 수 있다. 학업성적, 과외 활동, 추천서, 에세이, 독특성과 열정, 사회적 참여와 봉사 활동 등이다. 학업성적은 당연히 뛰어난, 그것도 매우 뛰어난 학생을 선호한다. 기본적으로 내신 성적인 GPA(학점 평균 평점)가 뛰어나야 한다. 그와 더불어 SAT 또는 ACT 시험 점수도 뛰어난 학생이 지원한다.

스탠퍼드대학교는 과외 활동도 자세히 살펴본다. 학업 이외의 다양한 활동에 참여한 경험을 매우 중요하게 생각한다. 이는 학교 안팎에서 클럽, 스포츠, 예술, 봉사 활동, 학술 대회 등 다양한 분야에서의 활동을 중요하게 생각한다. 다양한 분야에서의 다재다능함도 좋아하지만 나만의 특별한 한두 가지 뛰어나게 잘하는 재능이 있어야 한다. 예를 들면 운동도 음악도 공부도 잘하는데 리더십이 눈에 띄게 좋거나 글을 월등하게 잘 쓰는 걸 증명해 보여야 한다. 이 점이 한국보다 입시가 더 치열하고 힘든 점이다.

입학과 관련해서 추천서와 에세이도 중요한 기준이 된다. 추천서는 학생의 학업 능력, 인성, 리더십 능력 등을 종합적으로 평가하는 데 중요한 역할을 한다. 교사나 학교 관계자로부터의 추천서가 필요하다. 에세이는 학생 한 명 한 명의 개성과 열정을 평가하는 중요한 기준이 된다. 스탠퍼드에 관한 관심, 목표, 개인적인 경험 등을 에세이를 통해 전달해야 한다. 자신의 다양한 경험과 특별성을 글로 잘 풀어내는 게 핵심이다. 그렇기 때문에 미국에서는 글쓰기 능력이 매우 중요하다.

최근 입시에서는 스토리텔링 능력을 높이 평가한다는 발표가 더 많아지고 있다. 스탠퍼드에 지원하는 학생은 공부 역량과 과외 활동 등 모든 면에서 뛰어난 아이들이다. 그렇기 때문에 에세이에서 남과 다른 나만의 특별함을 스토리텔링으로 풀어내야 한다. 그 특별함이 스탠퍼드를 빛내고 미국을 빛낼 가능성이 큰 사람이라는 걸 증명해야 한다.

경험과 열정을 융합한 인재를 뽑는다

스탠퍼드대학교는 독특한 경험과 열정을 가진 학생을 선호한다.

특별히 스탠퍼드는 자신이 가지고 있는 능력을 통합해서 보여주는 능력을 매우 중요하게 생각한다. 내가 그림도 잘 그리고 과학도 잘 한다면 두 가지 능력을 통합해 내 관심 분야에 어떻게 활용했는지를 나타내 보여야 한다.

사회적 참여와 봉사 활동도 형식적인 판단 기준이 아니라 중요한 자질로 판단한다. 스탠퍼드대학교는 사회적으로 책임감 있는 학생을 선호한다. 학생들은 학교나 지역사회에서의 봉사 활동과 사회 참여 등 다양한 봉사 활동 이력을 갖고 있어야 한다.

이와 같이 뛰어난 학생들을 뽑는 스탠퍼드대학교는 세계적 수준의 교수진을 갖추고 있다. 현재 약 20명의 노벨상 수상자가 있고 많은 교수와 졸업생들이 분야별 최고 권위 상(튜링상 등)을 받았다. 이러한 우수한 교수진과 뛰어난 학생들이 만날 때 시너지 효과가 일어나게 마련이다. 스탠퍼드대학교는 학문적으로 매우 높은 교육 수준과 연구 성과를 유지하고 있다.

스탠퍼드의 또 다른 자랑은 동문이다. 세계를 이끌어가는 대기업의 리더가 농분이다. 세계적인 리더가 동문일 때 어떤 장점이 있을까? 첫째, 많은 기부를 한다. 재정적으로 튼튼한 학교는 학생들의 성장과 발전을 위해 아낌없이 투자한다. 둘째, 다양한 인맥을 형성한다. 추후 창업이나 취직할 때 도움이 된다. 가령 미국 직장의 레퍼런스 제도와 같은 것을 충분히 활용할 수 있다. 셋째, 실리콘밸리의 중심지에 위치하여 기술 및 창업 생태계가 발달되어 있다. 학생은 혁신적인 기술을 활용한 프로젝트를 진행하거나 창업에 참여함으로써 실무적인 경험을 쌓을 수 있다.

스탠퍼드 출신의 세계적인 동문에는 누가 있을까? 넷플릭스의 공동창업자이자 CEO 리드 헤이스팅스, 페이팔의 공동창업자 피터 틸, 오픈AI CEO 샘 올트먼, 오리건주립대에서 학부를 졸업하고 스탠퍼드에서 석사과정을 다닌 엔비디아 CEO 젠슨 황, 구글 공동창업자 래리 페이지와 세르게이 브린, 야후 창업자 제리 양, 실리콘밸리 창업 신화의 시초가 된 HP 창업자 빌 휴렛과 데이비드 패커드 등 한둘이 아니다.

스탠퍼드대학교는 실리콘밸리 근처에 있는 최고의 대학이다. 또 하나의 명문 UC버클리도 가까이에 있다. 서로 성장에 도움을 주고 있다. 뛰어난 학생의 인프라와 함께 실리콘밸리답게 창업의 기회를 얻기도 쉽다. 그리고 이러한 경험을 해볼 수 있는 실제적인 단체에 쉽게 접근할 수 있다. 이러한 장점으로 스탠퍼드대학교는 입학이 가장 힘든 대학 중 하나가 됐고 미국에서 가장 가고 싶은 대학 상위권에 올랐다.

입학이 어렵고 세계적인 교육 수준과 환경을 갖춘 만큼 취업률도 높다. 제2의 스티브 잡스가 되겠다는 꿈이나 애플, 구글, 메타 같은 회사를 만들 수 있다는 꿈을 실현할 가능성이 크다. 이러한 교육과 기업의 환경이 세계에 혁명을 일으키는 산업, 기술, 인재를 배출한다. 세계 최강의 나라 미국을 만드는 데 큰 역할을 하고 있다. 시대는 앞으로 더 빠르게 변화할 것이다. 이 가운데 우리가 할 수 있는 교육이 현재의 한국 교육인지, 또 그것이 최선인지 돌아봐야 한다. 우리 아이의 무대는 세계가 돼야 한다. 그러기 위해 우리 부모의 교육 방식은 어떻게 달라져야 할지 깊은 고민을 해야 할 때다.

5
UC버클리는 어떻게 학생들을 뽑을까

꿈 너머 꿈이 있는 학생을 만났다. 현재 UC버클리를 졸업하고 의대를 준비하며 UCSF 병원 실험실 조교를 하고 있다. 그녀의 꿈은 의사다. 그러나 돈 많이 버는 의사가 목표는 아니다. 제3세계 국가에서 글로벌 보건 분야에서 일하며 취약 계층의 아이에게 도움을 주고 싶어 한다. 이것이 그녀의 꿈 너머 꿈이다. 그녀의 꿈이 그녀처럼 반짝반짝 빛난다. 그녀는 자신의 유익과 즐거움이 아니라 다른 사람을 돕고 싶은 마음에서 의사가 되고 싶다고 했다. 하고 싶은 것도 갖고 싶은 것도 많을 20대의 젊은 아이에게 그런 깊고 따뜻한 마음이 생기는 원천은 무엇일까? 그녀가 더욱 궁금해졌다. 그녀의 삶은 단순하다. 먹고 공부하고 주변을 돕고 사랑하며 산다. 그것이 그녀의 삶 전부다.

진취적이고 열정 있는 학생을 뽑는다

UC버클리는 명문대로 유명하다. 들어가기도 힘들고 들어가서도 공부가 쉽지 않은 곳이다. 직접 그 학교에 다닌 학생은 UC버클리가 원하는 학생이 어떤 학생이라고 생각할까? 먼저 이 대학은 가능성을 갖춘 열정 있는 아이를 원한다고 했다. 모든 사람은 각자 다른 능력과 환경을 가지고 태어났다. 자신에게 주어진 환경에서 어떤 모습으로 자신의 기량을 발휘하며 살아왔는지 그 자세를 본다는 것이다. 또 미래에, UC버클리에, 캘리포니아에, 미국에 더 나아가 전 세계에 긍정적 영향력을 끼칠 가능성이 있는 아이를 원한다고 했다. 다양한 경험과 도전 속에서 역경을 헤치고 자신만의 스토리를 만드는 아이를 선호한다고 했다.

이 대학은 사회 문제에 관심을 가지고 열정을 쏟을 학생을 찾는다. UC버클리는 굉장히 자유로운 학교다. 내가 만난 그녀가 다른 학교도 합격했음에도 불구하고 선택한 것은 그 분위기 때문이다. 학생 개인의 색깔을 표현하는 데 자유로운 학교라는 이미지가 그녀를 이곳으로 이끌었다. 그래서인지 이곳에서 만난 친구들은 모두 학교 내에서도 사회에서도 약자들이 고통당하는 일에 발 벗고 나서서 실질적인 도움을 주기 위해 항의도 하고 대책도 마련한다고 했다. 자신이 대학에서 만난 대부분의 친구는 무슨 일에든지 진취적이고 열정적이다. 자신의 꿈을 찾는 일, 행복을 찾는 일, 공부 등 이 모든 것을 주저함이 없이 시작하고 최선을 다한다. 그 모습은 생동감이 있고 힘이 솟게 한다고 했다.

명문대인 만큼 성적도 중요하다. 학업적으로도 우수한 학생을 찾는다. 그녀는 경제적으로 풍요롭지 못한 가정에서 자랐다고 했다. 하지만 우수한 성적 덕분에 좋은 대학에 입학할 수 있었다고 말했다. UC버클리는 학업적으로 우수한 학생이 사회의 발전에도 분명 이바지하는 바가 크기 때문에 똑똑한 인재들을 잘 가르치고 키워서 세상에 내보는 게 큰 목표라고 했다. 단지 학업 성장만 우수한 게 아니라 자신이 가진 능력으로 사회적 약자에게 자신의 것을 되돌려주려고 하는 점을 높이 평가했다. 그것은 비단 자신뿐만이 아니라 주변의 대학 친구들도 마찬가지라고 했다.

그래서 그럴까? 노벨상을 세계에서 가장 많이 배출한 학교 중 하나라는 생각에 문득 가슴이 떨려왔다. 지금 이 학교에서 배우고 열심히 살아가는 아이 중에 노벨상을 받아 개인, 학교, 나라에도 명예를 높이는 일이 생기겠다는 생각이 들었기 때문이다. 그리고 이런 기초과학과 학문에 전적인 지원을 하는 UC버클리와 미국의 힘을 느낄 수 있었다. 나는 그녀에게 왜 꿈이 의사인지 물었다. 그러자 그녀는 제3세계에서 만난 아이들 때문이라고 했다. 교회에서 봉사 활동을 떠났을 때 그곳에서 만나고 경험한 일 때문이라고 했다. 학교의 봉사 활동 점수도 필요했고 교회에서 가는 일이기도 해서 별생각 없이 떠난 그곳에서 그녀는 생의 큰 전환점을 맞이했다. 자신이 한 번도 상상해 보지 못한 가난과 환경 속에서 살아가는 아이들과 사람을 만났다.

또한 그녀는 그곳에 함께 갔던 의사 선생님이 몸을 아끼지 않고 생명을 구하는 모습을 두 눈으로 보고 경험했다. 그때의 인상이 깊이 각인돼 봉사 활동을 거듭해서 나갔다. 봉사 활동의 횟수가 쌓일수록 그녀의 꿈은 명확해졌다. 그녀는 학부에서 분자생물학이라는 어려운 학문을 공부했다. 의료 공부가 매우 어렵지만 도움이 필요한 사람들에게 도움이 되리라는 믿음이 있다. 인간다운 삶의 최소한을 보장해주고 생명을 살리는 일에 동참하고 싶은 열망이 커졌다. 결국 그녀는 졸업 후 쉽지 않은 의사의 길을 선택했고 현재 의대에 진학했다.

UC버클리대학교는 최고의 지성인이 모여 있는 곳 중 하나다. 노벨상이나 필즈상을 받은 교수님도 많다. 그런데 그 학교 근처에는 노숙자들이 텐트를 치고 살아간다. 그리고 자주 시위가 있었다. 그녀는 대학 시절 학교 안의 사람과 학교 밖의 노숙자들의 대비된 삶을 보며 많은 생각을 했다고 했다. 지성은 자기 혼자만 가지고 끝나면 안 되는 일이었다. 자신이 가진 것으로 삶과 사회의 격차에서 오는 간격을 줄일 수 있다면 줄이고 싶었다. 그것이 조금이라도 더 배우고 가진 자의 의무라고 했다. 그녀는 이런 사람이 많아질수록 세상은 더 좋은 쪽으로 변화하리라고 생각한다.

나도 잘 아는 그녀의 부모님은 베풀고 섬기는 분이다. 무엇보다 온유한 성품을 가진 분들이다. 나이가 어린 청소년부터 다 큰 어른까지 멘토로 여기며 따르는 사람이 많다. 나 역시 그분들을 매우 존경한다. 자녀 또한 그 뒷모습을 보고 자라서 매우 닮은 향기가 나는 것 같았다.

최선을 다하며 성장하는 학생을 뽑는다

그녀는 과외나 학원 다닐 형편이 아니었다. 스스로 방법을 찾고 성실하게 공부할 수밖에 없었다. 그러다 보니 시간이 오래 걸려 힘들었지만 스스로 깨닫고 알게 됐을 때 짜릿한 성취감을 느꼈다. 그 경험은 자신이 다시 또 공부할 힘이 됐다. 그녀는 거듭 강조했다. 성실함은 언제 어디서나 중요하다고 말이다. 또한 자신이 터득한 공부법을 주위 후배에게 전파해주어 도움을 주었다. 내가 가진 것을 다른 사람에 나누는 삶이 몸에 밴 아이다.

그녀는 어떻게 공부법을 스스로 터득했을까? 무엇보다 그녀는 책을 가까이했다. 그녀에게 책은 가장 좋은 친구이고 선생님이었다. 고등학교 때 『싯다르타』를 접하면서 사랑과 삶의 의미에 대한 질문과 같은 철학적 사고를 할 수 있게 됐다. 그리고 글쓰기의 아름다움에 빠져들었다. 책을 통한 깊은 사유. 이것이야말로 진정 삶에서 필요한 능력이다. 글의 아름다움과 삶과 사랑을 생각할 수 있다니 고등학교 시절을 너무 제대로 잘 보낸 것처럼 보였다.

그녀가 그렇다고 해서 책에만 파묻혀 있지 않았다. 친구와의 관계도 소중히 여겼다. 고등학교 시절에 야심 차고 에너지가 넘치는 친구를 만났다. 그 친구와의 관계는 영감을 얻게 하고 흔들릴 때마다 삶을 나누는 의지가 됐다. 그래서 생각 많고 할 일이 많은 고등학교 시절을 함께 잘 보낼 수 있었다. 친구를 통해 어른이 되는 법, 함께 사는 법, 서로를 지지하는 법, 타인과 맞춰서 사는 법을 배우게 됐다. 학창 시절을 공부만 하지 않고 깊은 사유와 관계의 참된 의미를 배워갔다는 게 너무 아름다웠다.

인생 멘토도 중요하다. 인생은 관계다. 관계 없이는 그 어떤 것도 할 수 없다. 우리는 알게 모르게 누군가의 도움과 노력으로 살아가고 자신 또한 그렇게 타인에게 영향을 미치며 살아간다. 그녀는 교회 안에서 중요한 인생 멘토를 만났다. 항상 그녀에게 시간과 깊은 마음을 투자하는 분이라고 했다. 나이가 많지만 상하관계는 아니었다. 좋은 어른을 통해 진정한 우정을 나누는 법을 배운 것이다. 어른과의 우정을 나누는 것이 처음에는 낯설었지만 신선했고 그녀와 가까워지며 많은 것을 배우게 됐다. 삶의 태도, 다른 사람과의 관계에서 최선을 다하는 법, 투명성, 그리고 소통하는 법을 배우게 됐다고 했다. 이렇듯 친절한 어른 한 사람만 있어도 아이들은 조금 더 행복한 마음으로 자랄 수 있을 것이다.

학업에서 시간관리는 필수적이다. 입시라는 중요한 시기를 잘 넘기기 위함뿐만 아니라 입시 후 대학에 진학하면 더 많은 공부량이 기다리고 있기 때문이다. 이를 대비해 효과적인 시간관리 능력을 갖추는 것이 매우 중요하다. 미국 대학은 많은 학업과 액티비티를 어떻게 효율적으로 관리해 성과를 내는지를 높게 평가한다. 그녀의 시간관리 팁은 다음과 같다. 첫째, 체력이 좋아야 한다. 잘 먹고 잘 자고 운동을 한다. 둘째, 효율적이고 집중력이 높은 시간대에 가장 중요한 업무를 한다. 셋째, 마감 시간을 정한다. 이때 타임워치를 적절하게 사용한다. 넷째, 방해 요소를 멀리한다. 핸드폰이나 책 등 방해될 만한 것을 다른 곳에 둔다. 다섯째, 같은 일을 반복해서 오래 하면 지친다. 피곤해지지 않게 다른 작업으로 전환한다. 여섯째, 휴식 시간을 가진다. 작업과 작업 사이 5~10분 정도 쉰다. 예를 들어 20분 작업하고 5분 쉬거나 40분 작업하고 10분 쉬는 것이다.

그녀의 또 다른 특징은 좌절과 실패를 두려워하지 않는다는 것이다. 좌절과 실패에는 나와 다른 사람과의 연결이 있다. 예를 들면 학교 시험에서도 누군가는 A를 누군가는 B를 맞게 된다. 결국 나보다 잘하는 사람은 언제나 있다는 사실을 인정해야 한다. 그리고 다양한 유형의 삶이 있음을 잊지 않고 각자 자기만의 삶의 의미가 있음을 상기해야 한다. 시간이 걸려도 꾸준히 한다면 원하는 길을 찾을 수 있다는 긍정적인 마음을 가지는 게 중요하다. 실패의 과정에서도 배울 점이 있다. 나중에 그 경험은 다른 사람을 돕는 데 사용될 수 있다.

그녀는 말했다. 버클리는 가능성을 가지고 있는 학생을 보는 곳이다. 미국의 대부분 대학은 다 비슷한 인재상을 가지고 있다. 모든 학생은 다른 성향과 환경을 가시고 있다. 그래서 모두를 같은 기준으로 판단하지 않는다. 그 다른 성향, 다른 강점, 다른 환경을 가진 상황에서 어떻게 자신의 최선을 보여주고 성장해왔는지를 보는 것이다. 그러므로 자신에게 가장 맞는 옷을 입고 현재에서 즐거움을 찾으며 살길 바란다고 했다. 가장 나다운 모습을 보여주는 게 중요하다고 했다. 카르페디엠! 현재를 즐기자. 즐기는 자를 이길 수 없다. 이야기를 듣다 보니 모두가 다 아는 이야기다. 그러나 다 아는데 잊고 지낼 때가 많다. 너무 잘 알아서 그 중요성을 잊기도 한다. 그 뻔한 이야기를 아는 것에서 끝나는 것이 아니라 행동하고 실천하는 사람은 다른 결과를 가지게 되는 것이다. 그리고 끝까지 해내느냐가 결국 큰 차이를 만든다. 평범한 하루하루가 쌓여서 결국 현재의 나를 만든다.

 그녀는 달리는 일을 즐긴다고 했다. 즐긴다는 것이 힘들지 않다는 이야기는 아니라고도 덧붙였다. 힘들지만 즐겁고 재미있기 때문에 계속할 수 있다고 했다. 그녀는 인생과 달리기는 매우 유사하다고 했다. "달리기는 끝까지 달렸을 때 자신감과 성취감을 선사해요. 그 성취감이 다시금 새로운 도전을 하게 만들어요." 그녀의 고백처럼 달리기도 인생도 공부도 결국 현재 주어진 환경에서 즐거움을 느낄 수 있어야 한다. 이 모든 것은 아무리 힘들어도 페이스를 조절하며 끝까지 해내야 하는 일이다.

 멋진 친구를 인터뷰한 일이 행운이며 행복하다고 느꼈다. 이토록 찬란하고 뜨거운 마음을 가진 그녀의 미래는 얼마나 멋질까? 그녀가 사막 모래를 휘날리며 뜨거운 태양 아래에서 흰 가운을 입고 가난과 굶주림에 시달린 아이들의 생명을 살리는 일이 생생하게 그려졌다. 현실은 차갑고 고되고 불공평하다. 가슴 아픈 일도 많다. 하지만 이런 반짝이는 사람이 아직 있기 때문에 살 만한 세상, 아름다운 세상, 따뜻한 세상이 될 거라 확신한다.

3장

실리콘밸리는 미래 인재를 양성한다

1
애드 아스트라는 일론 머스크가 만든 미래 인재 학교다

"나는 실리콘밸리 사람입니다. 나는 실리콘밸리의 사람들은 무엇이든 할 수 있다고 생각합니다."

일론 머스크가 한 말이다. 내가 처음 일론 머스크를 알게 된 것은 테슬라를 만든 사람, 영화 「아이언맨」 주인공의 롤 모델이라는 정도였다. 이슈가 많은 만큼 그에 대한 다양한 이야기를 접하게 됐다. 그러면서 알게 된 그는 정말 보통 사람은 아니었다. 그의 말처럼 그는 실리콘밸리 사람이었고 무엇이든 할 수 있는 사람이었다. 또 무엇에든 도전한 사람이다. 물론 실패도 있었지만 결국 해내는 사람이다. "저는 절대 포기하지 않습니다."라는 그의 외침처럼 그는 정말 포기하지 않고 계속해내는 사람이다. 그리고 여전히 그 도전을 이어가는 사람이다. 화성에서의 삶을 꿈꾸다니! 정말 놀라운 사람이다. 단지 상상으로 그치지 않고 현실로 만드는 사람이다. 그가 이룬 업적을 간단히 말하면 다음과 같다.

우선 가장 먼저 그의 이름을 알린 것은 금융결제 서비스 페이팔이다. 머스크는 페이팔을 이베이에 매각했으며 스페이스X라는 민간 항공우주 기업을 설립했다. 지구를 벗어나 화성 이주를 꿈꾸고 있다. 또한 전기차 대중화를 가속했다. 현재 이곳 실리콘밸리에서 테슬라는 흔하게 볼 수 있는 차가 됐다. 태양광 발전회사인 솔라시티를 인수했다. 태양 에너지를 전기로 전환하는 패널과 전력 관리 시스템을 개발하며 친환경 에너지 시장을 선도했다.

또 최근에 가장 이슈가 된 오픈AI의 초기 투자자다. 현재는 이해관계 충돌, 철학적 차이, 리더십 문제 등으로 결별했다. 그는 그러면서 인공지능 사용 위험성과 윤리성을 강조했다. 또 인간의 뇌와 컴퓨터를 연결하는 회사인 뉴럴링크와 로스앤젤레스의 교통체증을 해결하기 위해 땅속에 터널을 만들어 차량을 분산시키는 것이 목적인 더 보링 컴퍼니도 설립했다.

인공지능으로 대체되지 않는 아이를 키운다

그가 상상하고 꿈꾸는 일이 현실이 된다면 우리의 삶은 놀랍게 변화될 것이다. 그런 그가 자신의 자녀교육을 위해 학교를 하나 만들었다. 학교는 베일에 싸여 있었다. 애드 아스트라 학교다. 2014년에 일론 머스크와 스페이스X 임원의 자녀들이 함께 다닐 수 있는 소규모로 시작했다. 로스앤젤레스의 비밀 기지처럼 만들어 처음에는 폐쇄적인 곳이었다. 일론 머스크 자녀가 다니던 로스앤젤레스의 명문 사립학교 선생님을 교장으로 영입했다. 현재는 온라인 학교로 운영되고 있으며 학교 운영은 조슈아 댄이 책임지고 있다.

그는 왜 학교를 만들었을까? 그는 화성에서의 삶을 꿈꾸며 우주선을 만드는 사람이다. 공교육이 아니더라도 유명한 서부의 사립학교와 동부의 사립학교에도 자녀를 보낼 수 있는 재력이 있다. 그런 그가 왜 자녀들이 다니던 사립학교를 그만두게 하고 본인이 학교를 만들었을까? 한 번쯤 진지하게 생각해볼 문제이다. 그는 아이들이 살아갈 미래의 삶이 현재의 교육 방식으로는 해결되기 힘들다고 생각했던 게 아닐까. 시시각각 기술은 변하고 발전한다. 어제의 새로움이 오늘의 낡은 것이 되는 세상이다. 특히 그 변화는 이곳 실리콘밸리에서 빠르게 다가온다.

이 학교의 목표는 21세기형 미래 인재를 키워내는 목표를 가지고 있다. 즉 인공지능으로 대체되지 않는 아이, 인공지능을 다루며 살아가는 아이로 교육하는 게 목적이다.

분석과 판단과 해결책을 찾는 공부에 집중한다

애드 아스트라 학교의 특징으로 가장 먼저 꼽는 게 '개인맞춤 교육'이다. 오랫동안 베일에 싸여 있던 학교의 정체가 조금씩 드러나기 시작한 것은 한 인터뷰에서다. 2015년 머스크가 중국 매체와의 인터뷰에서 "공장의 조립라인과 같은 학교 교육 대신 적성과 능력에 맞는 교육을 제공하는 것이 훨씬 더 합리적이다."라고 했다. 그래서 이 학교의 가장 큰 특징 중 하나는 학년이 없다. 성적표도 없다. 무엇보다 큰 특징은 디아맨디스 이사장이 이 학교를 방문한 뒤에 기고문에서 밝힌 자료에 따르면 일반 학교와 달리 윤리와 도덕 등 인성 함양을 위한 대화가 주요 학교 커리큘럼이다.

이 학교는 정해진 구조나 커리큘럼이 없다는 것도 특징이다. 조슈아 댄 교장은 인공지능 시대 인재를 키우는 학교라고 했다. 그렇기 때문에 전통적인 수업 방식 대신 전투로봇을 만들고 핵 관련 정책을 토론한다. 인공지능의 장점 그리고 나쁜 점과 해결책을 주제로 토론한다.

일론 머스크가 학교를 만들 때 댄 교장에게 지시한 단 한 가지는 '훌륭하게 만들라.'는 것이었다. 애드 아스트라 학교는 2020년에 폐쇄하고 좀 더 규모를 늘려 아스트라 노바를 개교했다. 아스트라 노바 학교는 지식을 가르치는 곳이 아니다. 시뮬레이션을 하고 세상에서 일어나는 온갖 종류의 사례들을 공부한다. 그리고 문제를 해결한다. 현상을 분석하고 판단하고 해결책을 찾는 공부에 집중한다. 그렇기 때문에 정해진 커리큘럼이 없는 것이다.

일론 머스크가 설립한 학교는 매년 새롭게 디자인하며 발전하는 창의적인 학교이기도 하다. 전통을 고집하는 규정화된 교육제도를 갖고 있지 않다. 사회적 흐름과 시대적 배경을 반영해 늘 새롭게 시도하고 변화한다. 이유는 단 하나다. 미래를 살아갈 아이들에게 필요한 교육이라고 생각하기 때문이다. 이 학교의 특징 중 또 하나는 인문학에 중심을 두는 비판적 사고를 기른다는 것이다. 조슈아 댄 교장과 일론 머스크는 인공지능 시대 가장 최고의 인재는 판단을 빠르고 정확하게 내리는 사람이라고 했다. 학교의 수업은 모두 토론이다. 정의와 윤리의식에 근거해서 판단을 내리는 수업이 진행된다. 즉 인문학의 중요성을 강조한다. 새로운 기술의 중심에 있는 일론 머스크는 가장 기본인 인문학과 철학을 강조하는 학교를 설립했다.

이 학교는 기술과 협업을 중시한다. 앞으로의 인공지능은 놀라울 정도로 뛰어난 능력과 기술을 가질 것이다. 결국 인간은 인공지능과 공존하고 협업할 수밖에 없다. 그렇기 위해서는 기술을 알고 협업하는 능력이 중요하다. 무엇보다 그 기술이 인간에게 해가 되지 않고 인류를 위협하지 않는 범위 내에서 이루어져야 한다. 이 학교는 그 능력을 배우는 곳이다.

일론 머스크 학교의 선발 과정은 매우 독특하다. 한 편의 동영상을 시청하고 비판적인 생각을 담은 비디오를 제출하면 학교에서 심사해서 선발한다. 동영상에는 정말 다양한 주제가 있다. 사회적 문제를 수수께끼처럼 풀어야 하는 문제다. 정답은 없다.

2020~2021년 문제로는 다음과 같은 주제였다. 한 시골 마을에 공장이 있다. 이 마을 사람들은 모두 이 공장에서 일하고 있다. 그런데 공장이 유해한 화학 물질을 호수에 버리기 시작했다. 건강한 호수를 연구하는 과학자들은 오염이 계속 진행되면 호수가 10년 안에 죽을 거라고 말한다. 하지만 이 사실이 알려지면 회사에 영향을 미칠 것을 두려워해 계열사 임원들은 과학자들을 매수했다. 과

학자들은 현재 호수가 아주 깨끗하고 건강하다는 거짓을 발표했다. 미디어는 연구 결과에 따라 호수는 건강하다고 보도했다. 이 사실을 믿는 자와 믿지 않는 자 사이에 많은 혼란과 분열이 일어나고 있다. 이 사실이 밝혀져 공장 문을 닫으면 마을 사람들은 모두 직장을 잃는다. 반대로 계속 공장을 가동하면 주변 생명체는 모두 죽음에 이른다. 어떤 선택을 하는 것이 가장 올바른 것인가? 그리고 가장 나쁜 사람은 누구인가?

이처럼 쉽지 않은 질문을 던진다. 이 질문에 대한 답을 영상으로 만들어 제출해야 한다. 이 문제에서 학교는 기술, 판단력, 지원 학생의 생각을 본다. 일론 머스크는 미래를 위해 지금과 같은 미국의 공교육도 답이 아니라고 생각한다. 미래를 위해 살아갈 아이들의 교육은 반드시 달라야 한다고 주장한다. 그렇다면 더 획일화된 우리의 교육 방식과 방향성을 부모인 우리는 깊이 고민해야 한다.

2
월드로프는 실리콘밸리 CEO의 자녀가 다니는 학교다

실리콘밸리의 부모들은 어떤 학교를 보낼까? 대부분 공립학교를 보낸다. 물론 사립학교를 보내는 경우도 많다. 실리콘밸리의 사립학교 중 특별한 학교가 있다.

『도둑맞은 집중력』이라는 책을 보면 "책을 읽거나 자녀와 함께 노는 활동처럼 더 느린 형태의 집중이 갈수록 힘들어진다."라는 지적이 나온다. 디지털 세상에서 "알고리즘은 그저 사람들을 충격에 빠트리고 영상을 더 오래 보게 만들 내용을 선택할 뿐이다."라고 신랄하게 비판한다. 그러고는 "어디에서 시작하든 말도 안 되는 것에서 끝나는" 알고리즘의 유희에 놀아나지 말라고 경고한다.

컴퓨터와 핸드폰 없이 공부한다

우리가 사는 세상은 알고리즘의 세상이다. 현재 우리는 내가 원하든 원치 않든 작은 핸드폰 안의 세계에서 살아가고 있다. 아이들은 놀아야 한다. 친구 또는 부모님과 함께 다양한 놀이를 배워야 한다. 밖으로 나가 자연에서 친구와 뛰어놀아야 한다. 심심하면 놀이를 생각하고 만들어내야 하는 게 아이들이다. 놀면서 웃고 이견을 조율하는 법도 배운다. 즉 상호작용을 배우는 것이다.

많은 아이가 유튜브에서 배우고 즐기고 논다. 아이들이 모이면 자신의 핸드폰을 들고 각자만의 세계를 보며 먹고 논다. 함께 만나지만 각자 자신만의 인터넷 세계에 빠져 있다. 이곳 실리콘밸리는 그 세계를 만들어낸 주역들이 사는 곳이다. 물론 인터넷의 세계가 우리에게 주는 장점도 많다. 하지만 그 장점에 비해 단점과 부작용이 심하다. 굳이 그 부작용을 자세히 열거하지 않아도 모두 잘 알고 있다.

이러한 환경에서 아주 돋보이는 한 학교가 있다. 실리콘밸리 최첨단 기업의 임원들이 보내는 학교로 유명하다. 미국의 여러 잡지와 뉴스에서 보도된 적이 많은 유명한 학교다. 한국에도 오래전 다큐멘터리에서 소개된 적이 있다. 바로 월드로프 학교다. 한국에서는 발도르프 학교로 알려져 있다. 이 학교의 가장 큰 특징은 전자기기를 사용하지 않는 학교다. 다시 말해 컴퓨터와 핸드폰 없이 숙제와 수업을 하는 학교다. 참 이상하지 않은가? IT 산업을 주도하는 실리콘밸리의 대기업 임원들이 역설적으로 자신들이 만들어낸 핵심 기술을 제한하는 학교에 비싼 학비를 내며 보내고 있다.

　실리콘밸리의 월드로프 학교는 많은 테크회사 임원들의 자녀들이 다니고 있다. 왜 그들은 자신들이 만든 최신식 기술을 배제한 학교에 많은 돈을 들이며 보내고 있는 것일까? 대체 어떤 학교일까? 이 학교의 학비는 매우 비싸다. 초등은 3만 4,500달러, 중등은 3만 5,500달러, 고등은 4만 3,900달러다. 별도의 액티비티 비용은 학년에 따라 다르지만 고등학생이 되면 2,750달러. 이 학교는 비싼 학비만을 원하는 곳이 아니다. 대부분의 사립학교도 마찬가지이지만 홈페이지에 부모들의 시간과 재능을 매우 많이 원한다고 확실하게 명시되어 있다.

　월드로프 고등학교를 졸업한 학생들은 94%가 대학에 입학했고 88%는 대학을 졸업했다. 42%는 과학 또는 수학 전공을 선택했다. 47%는 인문학 또는 예술 전공을 선택했다. 이 학교의 시스템도 독특하다. 월드로프 학교는 1~8학년까지 동일한 선생님이 담임한다. 그 이유는 선생님이 각 학생의 발전, 필요한 부분, 학습 스타일을 더 잘 알 수 있기 때문이다. 아이들은 이런 관계에서 안정감을 느낀다.

미디어를 배제하고 전인교육을 한다

학교 홈페이지에 가면 미디어에 관한 그들만의 철학이 잘 설명돼 있다. 왜 그들은 고등학교 이전까지는 미디어를 철저히 배제한 교육을 하는지 다음과 같이 설명한다. 첫 번째는 미디어로 가득 찬 사회에서 미디어의 유혹은 어린이와 청소년의 감정 및 신체적 발달에 부정적인 영향을 미친다. 두 번째는 다른 사람 또는 주변 세계와 의미 있는 연결을 형성하는 능력을 해친다. 세 번째는 뇌 발달에 문제가 된다. 네 번째는 친구와 상호작용과 놀이에 부정적 영향을 미친다. 다섯 번째는 미디어를 배제한 교육은 결국 창의력과 다양한 능력을 길러준다. 여섯 번째는 고등학교 때 미디어 수업을 도입해도 매우 좋은 학습 능력을 갖추게 된다. 일곱 번째는 미디어가 선생님을 대체하지 않게 한다. 미디어는 기술을 채택하게 돕고 능숙하게 익히도록 돕는다. 여덟 번째는 그 결과 이 학교의 졸업생은 컴퓨터 미디어 분야에서 놀라운 성과를 내고 있다.

이 학교 출신으로 노벨 생리의학상을 받은 토마스 쥐트호프Thomas C. Südhof는 "월드로프 교육은 내게 과학적인 연구를 지원해주는 창의력을 계발하는 데 도움이 되었습니다."라고 했다. 그가 이렇게 말한 이유와 배경은 학교의 수입 구성을 보면 알 수 있다. 먼저 이 학교는 '노 디지털 수업'으로 유명하다. 고등학생부터는 가능하지만 그전에는 허용되지 않는다. 그리고 체육 수업을 강조한다. 고등학생도 매우 많은 시간을 운동에 할애한다. 또한 음악과 미술 수업에도 공을 많이 들인다. 매일 음악 수업이 있다. 음악이 아이들의 정서, 뇌 발달, 창의성에 도움이 되기 때문이다. 매일 미술 수업을 한다. 미술 또한 아이들의 정서, 뇌 발달, 창의성에 도움이 되기 때문이다. 자연 친화적 수업도 진행한다. 가드닝 수업과 야외 활동이 많다. 직접 만지고 만들고 경험하는 오감 수업을 추구한다. 또한 상호작용, 즉 관계의 중요성도 강조한다. 놀이를 통해 상호작용과 창의성을 키운다. 인문 철학 수업을 초등학교 시절부터 체계적으로 배운다. 고등학교에서는 셰익스피어 연극 수업도 한다. 이러한 수업의 구성은 창의성뿐만 아니라 스트레스 관리에도 매우 도움을 준다. 건강한 몸과 마음을 갖추는 사람으로의 성장이다.

월드로프의 추구하는 사명을 한번 들여다보자.

"우리 학교는 성공적이고 목적이 있으며 즐거운 삶에 필요한 역량을 키우고 배움에 대한 내재적 열정을 불러일으키며 자기 자신, 공동체, 세상에 대한 책임감을 고취합니다. 여기에는 자신감, 자제력, 독립적으로 사고하고 다른 사람과 협력하는 능력, 분석 및 비판 능력의 숙달, 창의적이고 예술적인 표현에 대한 유창함, 세상의 아름다움과 경이로움에 대한 경외심 등이 포함됩니다."

"우리의 사명은 아이들이 자신의 개성을 일깨우고 사고, 느낌, 의지의 높은 역량을 발휘하여 사회 변화의 원천이 되는 교육을 통해 진정으로 인간다운 세상을 만드는 것입니다. 월드로프 교육은 내용을 넘어 인간 정신의 자유를 실현합니다. 가치, 배움의 공동체 육성, 자유와 윤리적 책임을 향한 발달을 지원합니다. 건강한 개인, 가정과 사회생활 장려 봉사를 통한 리더십을 키웁니다."

월드로프 학교뿐만 아니라 실리콘밸리의 전반적 교육은 운동, 예술, 그리고 인문 철학을 매우 중요하게 생각한다. 이런 점은 유대인 교육과도 매우 유사하다. 현재 한국뿐만 아니라 전 세계 어린 아이들이 아주 어린 시절부터 인터넷 세상을 접한다. 많은 것을 유튜브라는 미디어를 통해 배우고 있다. 실리콘밸리 월드로프 학교의 설립 목적과 교육 방향에 비추어볼 때 깊이 생각해볼 문제다.

    그렇다고 이 학교처럼 모든 걸 차단하라는 말이 아니다. 한 번쯤은 왜 실리콘밸리의 리더들이 미디어를 배제한 학교에 큰돈을 들이며 보내고 있는지 생각해야 한다. 그리고 인터넷과 미디어를 좋은 기능으로 사용하도록 부모가 고민하고 적절한 규율과 규제를 해야 한다. 세상에 쉬운 일은 없다. 육아는 정해져 있는 정답도 없다. 한 아이를 키워내는 일인데 쉽게 가려고 한다면 그것이야말로 과한 욕심일지도 모르겠다.

3
스탠퍼드 온라인 고등학교는 특화된 영재 학교다

하버드, MIT, 스탠퍼드 등의 명문대 진학률 1위인 스탠퍼드 온라인 고등학교는 어떤 학교일까?

한 모임에 초대받았던 어느 날이었다. 아들은 초대받은 집의 아들과 블록 쌓기를 하고 노느라 정신이 없었다. 또래가 없는 사춘기 딸은 어른들의 대화에 끼어 귀를 쫑긋하며 듣는다. 어른들의 세상 돌아가는 이야기를 사춘기 아이가 들어준다니 그저 감사할 뿐이다. 우리를 초대한 친구 가정은 아마존에 다니는 사람이다. 호기심 어린 눈으로 귀를 쫑긋 세우고 부모들이 사는 세계를 듣는 딸에게 친구 부부가 부모의 마음으로 건네준 한마디가 있었다.

"너는 말하고 쓰는 능력을 꼭 잘 키우도록 해. 그게 정말 최고야."

그가 실리콘밸리의 대기업에서 기업들의 면접을 볼 때도 느꼈지만 팀에 소속돼 일하면서도 절실히 느낀 삶에서 우러나온 조언이었다.

그는 미국 실리콘밸리에서는 자신의 분야에서 탁월함도 중요하지만 말 잘하는 능력과 글을 잘 쓰는 능력이 중요하다고 했다. 상대방과 상대 팀에 맞서 각자의 이익을 위해 말로 싸워야 하기도 하고 설득해야 하기도 하는 일이 사소한 것에서부터 큰 프로젝트까지 너무 비일비재하다는 것이다. 그는 그동안 자신의 생각을 논리적으로 말하고 상대방을 설득하는 데 익숙하지 않은 삶을 살았다. 그래서 실리콘밸리에서 엔지니어로 살며 적응하기까지 힘들었다고 했다. 다양한 곳에서 면접을 보며 강하게 느낀 한 가지는 말 잘하는 능력이었다고 했다. 무엇보다 질문의 중요성을 몸속 깊이 느꼈다고 했다. 잘 준비된 질문과 수동적이지 않고 능동적인 질문을 할 줄 아는 능력은 실리콘밸리 대부분의 대기업이 면접에서 매우 중요하게 생각한다고 했다.

면접관은 "너는 궁금한 점이 없니?"라고 물었다고 한다. 그는 당황한 나머지 너무 뻔한 질문만 했다. 서듭된 면접을 통해 질문하는 자체에 익숙해지고 창의적이고 깊은 질문의 스킬이 늘어가게 됐다. 하지만 여전히 어렵다고 했다. 지금 자신에게 가장 필요하고 보완해야 할 능력은 업무적 스킬이나 지식적인 부분이 아니라 바로 제대로 묻는 좋은 질문을 하는 것이라고 했다. 챗GPT 시대에 좋은 질문의 능력은 다시 한번 강조해도 지나치지 않는다. 좋은 질문은 좋은 사고력에서 나온다.

뛰어난 사람들이 넘치는 실리콘밸리에서 자신만의 색깔을 가지고 살기 위해 필요한 교육은 무엇일까? 좋은 질문을 위한 좋은 사고력은 어떻게 키울 수 있을까? 스탠퍼드 온라인 고등학교를 통해 방법을 찾아보고자 한다.

철학과 토론을 중요하게 여기다

스탠퍼드 온라인 고등학교는 스탠퍼드대학교의 부속 학교다. 중고등학교 통합 과정(7~12학년 과정)으로 돼 있다. 영재 학교의 특수성을 가지고 있으며 100% 온라인으로 운영되고 있다. 가장 큰 특징은 철학 과목을 매우 중요하게 생각한다는 것이다. 앞서 알아본 일론 머스크의 학교와 같이 인문 철학을 중요하게 생각한다. 즉 생각하고 토론하는 문화에 크게 가치를 두고 수업을 만든다.

이 학교는 높은 수준의 인문학 수업과 STEM(과학·기술·공학·수학, Science·Technology·Engineering·Mathematics) 교육이 유기적으로 융합한 교육을 하고 있다. 미래의 인재를 위한 가장 강력한 무기를 가진 아이로 키우는 게 목표다. 중등교육에서 철학은 필수과목이다. 매해 철학 필수 과정을 이수해야 졸업할 수 있다. 이 시스템은 미국에서도 큰 화제를 몰고 왔다.

호시 도모히로 스탠퍼드 온라인 고등학교 교장은 저서 『언택트 공부 혁명』에서 "중등 시기야말로 철학을 제대로 배워야 하는 단계라고 생각했다. 이 시기의 아이들은 다양한 분야의 지식을 오롯이 흡수할 수 있기 때문이다."라고 했다. 그는 이어서 어떤 지식에든 반드시 기본적인 세계관이나 사물을 인식하는 틀이 있고 그런 배경 없이는 일련의 이론과 식견을 세우기 어렵다고 지적했다. 즉 학생들이 공부를 지속하고 전문 지식을 습득할수록 기본이 되는 가치관이나 구조에 얽매일 수 있다는 것이다. 그는 오늘날의 세상은 기술 혁신과 세계화로 쉴 새 없이 변화를 거듭하고 있다면서 모든 것이 급변하는 가운데 시대의 흐름에 뒤처지지 않고 새로운 기회를 모색하기 위해서는 주위를 둘러싼 알을 깨고 나와야 한다고 강조했다. 그래서 "심층 학습이 시작되는 중등교육 단계에서 '철학하는 힘'을 키우는 것이 중요하다."라고 했다. 스탠퍼드 온라인 고등학교의 철학 필수 과정은 모든 존재와 가치관의 기본으로 돌아가 정해진 틀을 넘어 생각하는 힘을 기르는 정신적 훈련이다.

첨단 과학의 도시 실리콘밸리의 최고 명문 학교는 왜 철학, 즉 사유하는 능력을 중요하게 생각하는 걸까? 다른 사람과 토론하고 협업하는 능력을 성장시키는 데 큰 비중을 두는 걸까? 미국 그것도 실리콘밸리의 최우수 학교에 다니는 학생들은 무엇을 공부하고 어떻게 배우는지 차근차근 알아보도록 하겠다.

이 학교의 목적은 크게 세 가지로 나눌 수 있다. 첫째, 기존의 당연했던 공부법을 뿌리째 바꾼다. 둘째, 학교의 울타리 밖을 벗어난 뒤에도 세상에 잘 적응할 수 있는 강인함을 가지는 학생으로 교육하는 게 목적이다. 셋째, 예측 불가능한 미래 시대는 단순히 많은 지식을 습득하고 분석하는 것만으로는 부족하다. 끊임없이 생겨나는 새로운 지식과 규칙에 적응하고 스스로 세상을 바꾸는 게임 체인저의 아이를 키우는 게 목적이다.

개별화된 수업과 다양한 클럽 활동을 하다

이 학교의 수업방식을 좀 더 자세히 들여다보자. 먼저 '개별화된 학습'이 눈에 띈다. "당신의 배움을 디자인하라."는 스탠퍼드 온라인 학교의 슬로건이다. 아이들이 스스로 자신의 길을 만들어간다. 학생들의 학습 스타일과 능력에 맞게 개별화된 학습을 제공하기 때문에 자신의 강점을 최대한 발휘할 수 있다. 이 학교는 나이가 아니라 능력에 따른 학년제도로 운영되고 있다.

'높은 수준의 수업방식'도 이 학교의 차별점이다. 스탠퍼드 온라인 고등학교는 기존의 학교와 같은 강의식 수업이 아니다. 소그룹 토론식 수업이다. 학생의 참여를 높이는 수업이다. 수업에 참여하기 위해서는 예습이 필수다. 강의 영상을 듣거나 읽기 과제를 통해 미리 수업을 준비한다. 그리고 수업은 라이브로 진행되며 12명 이내의 소규모 그룹의 토의 수업으로 진행된다. 자신이 미리 예습해 온 수업을 통해 서로 토론하고 연습문제를 풀이한다. 함께하는 그룹수업, 즉 세미나 수업 형식이기 때문에 활발한 소통을 기반으로 하지 않으면 스스로 자신이 위축되거나 소외될 수 있다. 모두 적극적으로 수업을 준비해 올 수밖에 없다. 이러한 토론 수업은 준비되지 않으면 공부하지 않은 티가 나기 때문에 온라인 수업임에도 스스로 공부하고 철저히 준비하게 된다. 선생님도 본인도 친구도 자신이 철저히 공부하고 준비해왔는지를 알 수 있다. 그래서 일방적으로 강의를 듣는 수업과는 결과가 다를 수밖에 없다.

온라인 학교이기 때문에 아이들은 사는 지역도 시간도 다르다. 그리고 무엇보다 학습계획과 과정도 저마다 다르다. 토론으로 진행되는 실시간 세미나 수업, 자율학습, 과외 활동을 적절하게 조합해 개개인이 자유롭게 시간표를 짜게 된다. 이 학교에 자녀를 보내는 동네 사람의 이야기를 들었다. 그들은 아이들과 세계 방방곡곡으로 여행을 다니며 학교를 다니고 있다고 한다. 부모님의 출장에 온 가족이 함께 가서 새로운 지역과 나라를 둘러보며 견문을 넓히고 학교의 과정도 성실하게 따라가게 한다. 이러한 온라인 학교라는 새로운 방식과 철저한 준비가 돼야만 임할 수 있는 수업방식은 부모의 적극적 도움이 필요하다고 했다.

'완벽한 교사 지원'도 이 학교가 내세우는 장점이다. 교사진은 각 분야의 열정적인 학자들로 이루어져 있다. 교사의 70%가 박사급 전문 인력이다. 대부분 대학교에서 학생을 가르쳤거나 연구자로 활약했다. 아이비리그를 포함한 명문대 출신 교사들이다. 이렇듯 교육열이 높은 교사를 초빙한 이유는 아이들에게 교사의 열정을 전염시키기 위함이다. 온라인 학교의 강점으로는 지리적 제약 없이 어디에서든 훌륭한 교사들을 선발할 수 있다

이 학교는 온라인 학교 최초로 '웰니스 프로그램'도 운영하고 있다. 불확실한 시대를 살아내는 힘을 키워준다. 회복탄력성을 키워주는 것이다. 그만큼 '사회정서 학습'에도 신경을 쓴다. 사회정서 학습은 자신의 감정을 인식하고 조절하며 타인의 입장에 공감함으로써 사회성을 기르는 데 필요한 지식과 기술을 습득하는 과정을 말한다. 사회정서 학습은 학생들의 전인적 교육과 더불어 학업에

도 큰 영향을 끼친다. 일례로 1960년대에 예일대학교가 추진한 프로젝트를 보면 알 수 있다. 그 지역의 저소득층 학생들을 대상으로 생활 습관을 개선하고 인간관계와 감정관리를 돕는 프로그램을 도입했다. 그러자 놀라운 변화가 곧바로 일어났다. 학생들의 사회성과 감정조절 능력이 향상됐을 뿐만 아니라 수업 출석률이 높아지고 학습이나 과외 활동에서 발생하던 문제들이 급감했다. 학생들의 학력도 크게 높아졌다. 한마디로 학생들의 사회성과 감정관리를 돕는 노력이 그들의 학력 신장으로 이어진 셈이다.

스탠퍼드 온라인 고등학교는 '다양한 클럽 및 활동'도 적극적으로 장려한다. 그룹수업 외에도 그룹 프로젝트 등을 통해 수업이 끝난 뒤에도 교류의 장이 활발하다. 또한 수업별 단체 채팅방을 통해 수업에서 다룬 주제를 서로 논의하며 배움의 깊이를 더한다. 이것이 스탠퍼드 온라인 고등학교 학생들의 강력한 연대감을 만든 것이다. 또한 클럽 활동 외에도 학술 대회 및 프로젝트에 참여함으로 유대관계를 만들고 자신들의 포트폴리오를 만들어간다.

이 학교의 가장 큰 특징은 '국제적 다양성'이라 할 수 있다. 스탠퍼드 온라인 고등학교는 세계 각국에서 모인 다양한 학생들로 구성돼 있다. 오프라인의 학교가 아니기 때문에 가능하다. 세계의 학생들과 친구 관계가 만들어진다. 그 덕분에 국제 이슈와 세계의 동향이나 추세를 읽는 안목도 꾸준히 키울 수 있다. 폭넓은 지식 습득과 함께 서로의 다름을 자연스럽게 받아들이게 되는 장점이 있다. 다른 문화와 사고방식을 통해 자연스럽게 유연한 사고방식이 자리 잡게 된다.

4
구글의 어머니 워치츠키는 실리콘밸리 교육의 대모다

"교육은 세상을 바꿀 수 있는 가장 강력한 무기다."

넬슨 만델라가 한 말이다. 그만큼 교육의 힘은 위대하다. 그 힘을 키우는 데 가장 큰 역할을 하는 게 부모다.

실리콘밸리의 대모로 불리는 에스티 워치츠키는 교육자이자 작가다. 그리고 스탠퍼드대학교가 있는 동네 팔로알토의 공립 고등학교에서 특별 프로그램을 개발하고 지도했다. 무엇보다 그녀만의 노하우가 담긴 특별한 교육법으로 유명하다. 또한 그녀는 세 자녀의 어머니다. 그녀가 교육자로 유명해진 가장 특별한 이유 중 하나는 세 자녀가 모두 실리콘밸리에서 월등한 성공을 거두었기 때문이다. 자녀 중 두 명이 CEO이고 한 명은 연구자다.

그녀의 첫째 딸은 고 수잔 워치츠키로 9년 동안 유튜브 CEO로서 일했다. 구글이 유튜브를 인수하는 데 결정적인 역할을 했다. 그녀가 CEO로 있는 동안 유튜브는 다 알다시피 폭풍 성장을 했다. 그리고 그녀는 구글이 창업할 당시 사용했던 차고의 집주인이자 구글 직원이었다. 또한 구글에서 육아휴직을 처음으로 가진 여성직원이기도 했다. 5명의 자녀가 있는 워킹맘이기도 하다. 2015년 『타임』과 2017년 『포브스』에서 선정한 가장 영향력 있는 여성 100인에 뽑히기도 했다

둘째 딸은 재닛 워치츠키다. 미국 내 의대 중에 톱으로 꼽히는 UCSF 의대 교수다. 그녀는 다양한 분야에서 공부했다. 스탠퍼드 대학교에서 학부로 국제관계학을 공부했으며 UCLA에서는 인류학으로 석·박사학위를 받았다. UC버클리에서는 전염병학으로 보건학 석사학위를 받았다. 그녀는 소아비만과 영양상태, 아프리카 어린이들의 건강과 발육 영양상태, 그리고 에이즈 퇴치에 많은 관심이 있다.

셋째 딸은 앤 워치츠키다. 구글의 창업자 세르게이 브린의 첫 아내이기도 했다. 그녀는 세계에서 가장 큰 개인 유전체 분석 기업 23앤드미의 설립자이자 CEO다. 23앤드미는 2023년 10월 해킹 공격으로 약 700만 명의 고객 개인정보가 유출된 이후 어려움에 처했다.

이제 왜 에스터 워치츠키가 실리콘밸리에서 유명한 교육계의 대모인지 이해가 가리라 생각한다. 특별히 실리콘밸리 대기업의 CEO와 임원들 자녀의 멘토이기도 하다. 그녀는 과연 어떤 사람이기에 한 명도 아니라 자녀 셋을 세계적인 명사로 키울 수 있었을까?

함께 공부하는 즐거움과 성과를 알려주다

에스터 워치츠키는 무엇보다 배움의 열정을 가진 사람이다. 그녀는 학교 선생님이었다. 평범한 선생님은 아니었다. 학교에서는 영어와 저널리즘을 가르쳤다. 그리고 가르치는 것만으로 만족하지 않았다. 본인이 직접 「허밍턴 포스트」에 기사를 쓰는 기자로 활동했다.

그녀의 열정은 놀라울 정도로 대단하다. 스탠퍼드대학교 교수이기도 한 남편이 UC버클리에서 공부할 때 그녀도 같은 학교에서 영문학과 정치학을 공부했다. 또한 석사로 저널리즘을 공부했고 교사자격증도 취득했다. 그걸로 끝이 아니다. 파리 소르본대학교로 유학하러 가서 역사 공부를 했다. 그리고 산호세주립대학교에서는 교육공학으로 또 석사학위를 땄다. 그녀는 석사학위만 3개다. 새로운 것을 배우는 데 굉장한 흥미를 갖고 있다.

물론 워치츠키처럼 꼭 학위를 따는 것처럼 거창하지 않아도 된다. 우리도 할 수 있다. 지금 당장 노트를 한 권 꺼내고 한 가지 이상 내 배움의 목표, 배움의 목록을 작성해보자. 그리고 그 단 한 가지를 이번 달에 실천해보자. 책을 읽기, 유튜브 보고 그림 배우기, 뜨개질, 운동, 요리, 자격증 등 다양한 배움의 목표가 있을 것이다.

에스터 워치츠키는 배움의 열정만큼이나 가르침의 열정도 갖고 있다. 그녀는 세 아이를 양육하는 어머니다. 그녀는 자신이 배울수록 더욱 교육에 열정을 가지게 됐다. 그리고 그 열정을 자신의 세 자녀뿐만 아니라 학생들에게도 전해주고 싶어 했다. 즉 열정의 교육자이다.

그녀는 팔로알토 고등학교에서 저널리즘 프로그램을 만들어 40년간 운영했다. 이 프로그램은 현재 미국에서 가장 큰 미디어 프로그램이 돼 있다. 학생들의 창의성을 촉진하고 기술적 역량을 키우는 데 성공한 프로그램으로 높이 평가받는다. 현재 10개의 간행물을 정기적으로 발행하고 있으며 700명이 넘는 학생과 6명의 미디어 아트 교사가 함께 활동하고 있다. 이 외에도 신문, 잡지, TV, 팟캐스트, 영상, 디자인 등 다양한 분야의 간행물을 펴내고 있다. 이 작업은 한 명의 아이가 만들어가지 않는다. 협업을 통해 함께 만들어간다.

그녀는 이 프로그램을 통해 아이들이 창의성과 기술적 역량은 물론이고 리더십을 키울 수 있다고 생각한다. 그래서 여러 선배가 후배들을 가르치며 이끌도록 프로그램을 설계했다. 그녀의 이런 이념은 여러 프로그램에서 엿볼 수 있다. 그녀는 시대를 앞선 교육자답게 1985년부터 수업에서 컴퓨터를 활용했다. 그런 열정 덕분에 2002년 올해의 캘리포니아 교사로 선정되기도 했다.

이 사례는 당장 집에서도 응용할 수 있다. 예컨대 아이들과 다양한 저널을 만들어보자. 부모의 관심사와 아이의 관심사를 함께 적용해보면 좋다. 우리 가족의 신문, 내가 가장 사랑한 책, 내가 가장 좋아하는 음식, 내가 가장 사랑한 가수, 내가 가장 사랑한 게임, 가장 가보고 싶은 여행지 소개 등 한 달에 한 번 각자 기자도 돼보고 편집자도 돼보고 사진작가도 돼보고 그림도 그려보자.

에스터 워치츠키는 온라인 교육 스타트업 창업자이기도 하다. 자신의 교육 철학을 좀 더 광범위하게 전파하기 위해 제자와 공동으로 온라인 교육 스타트업 트릭Trict.App을 설립하고 무료 앱을 배포했다. 이 앱을 사용하는 대상자는 3학년에서 8학년이다. 이 앱의 특별한 점은 앞서 말한 에스터 워치츠키의 교육 방식과 철학을 그대로 반영했다는 것이다. 그녀는 기존의 교육 방식은 선생님이나 부모가 무엇을 해야만 하는지 늘 지시하는 방식이라고 했다. 이 방식으로는 21세기를 대비하는 인재로 키울 수 없다는 것이다. 그녀는 아이들이 직접 해보고 부딪혀가며 배워야 한다고 했다.

그래서 이 앱의 콘텐츠는 9학년 이상의 학생이 직접 만든다. 즉 크리에이터들이 참여하는데 청소년들이다. 각각의 분야에서 뛰어난 기량과 아이디어를 가진 아이들이 동생들을 가르치며 함께 공부하는 앱이다. 자기주도적으로 프로그램을 만들어 운영해보고 다른 사람을 가르쳐보는 경험은 매우 중요한 능력이라고 했다. 40년간의 교사 생활과 세 자녀를 직접 양육하며 경험한 것이다. 이러한 사례도 각자의 자녀교육에 적용할 수 있다. 먼저 우리 가족 각자가 잘하는 것, 즉 장점을 적어보자. 아이에게도 직접 물어보자. 그리고 그 장점을 품앗이 방식을 통해 스스로 무엇인가를 해보게 한다. 예를 들면 엄마는 책 읽어주기, 아이는 요리 가르쳐주기 등 직접 이 앱처럼 아이와 부모가 해보는 것이다. 물론 친구와 해도 좋다. 대신 이때 아이가 담당하는 프로그램은 아이에게 맡기자. 기획하고 운영하는 모든 것을 말이다.

트릭 모델을 응용하여 나만의 교육법을 찾자

그녀가 이야기하는 트릭 모델 교육법은 크게 다섯 가지로 나눠 볼 수 있다. 신뢰Trust, 존중Respect, 독립Independence, 협력Collaboration, 친절Kindness 등이다.

첫째, 무슨 일을 하든 아이 자체를 믿어주고 신뢰하는 것은 놀라운 마법을 일으킨다. 우리가 아이를 믿어주면 아이도 스스로 자신을 믿게 된다. 이 힘은 실로 아이가 살아가는 데 매우 중요한 원동력이 된다. 신뢰한다는 것은 아이가 실패해도 괜찮다는 뜻이다. 실패해도 다시 일어날 힘이 있다는 걸 믿기 때문이다. 부모나 선생님이 실패했을 때도 반드시 잘될 것이고 실패해도 괜찮다는 믿음을 보여주면 아이는 안정감을 느끼게 된다. 그러면 그 아이는 반드시 자신의 길을 잘 갈 것이라고 했다.

둘째, 존중이 중요하다. 그녀는 교육의 방향이 아이들을 작은 컴퓨터로 만들려고 하는 점을 매우 우려했다. 교육의 방향성을 바꿔야 한다고 하면서 그 시작은 아이들을 존중해야 한다고 말한다. 존중한다는 것은 과연 어떤 것일까? 워치츠키가 말하는 '아이들을 존중한다는 것'은 들어주는 것이라고 했다. 그렇다고 해서 아이들의 의견과 생각을 모두 받아주고 원하는 대로 할 수 있게 해주는 것은 아니다. 아이의 의견에 귀를 기울이고 들어주는 것이다. 잘못된 행동은 반드시 훈육한다. 다만 부모들이 자주 범하는 오류인 자신이 아이보다 오래 살아봐서 '내가 무조건 맞아.' '그러니 내 생각을 무조건 따라야 해.' 등의 생각을 버려야 한다고 했다. 존중의 첫 시작은 상대방의 의견을 듣는 것이다. 아이에게는 각자만의 재능이 있다. 그 재능을 찾아서 키워주는 게 부모의 역할이다. 어떤 삶을 살고 어떤 대학에 가고 어떤 삶이 성공인지를 끊임없이 아이에게 말하고 강요하는 것은 존중이 아니다. 일방적인 관계가 아니라 상호 관계를 지향하는 것이다.

그렇다면 어떻게 존중을 할 수 있을까? 당장 내 말을 줄이고 아이의 생각을 들어보자. 중간에 절대 아이의 말을 자르지 말자. 끝까지 듣자. 그리고 진짜 아이가 원하는 꿈이 뭔지 물어보고 눈을 맞추자. 아이는 존중받고 사랑받는 기분에 매우 다른 아이가 될 것이다. 우리는 많은 숙제와 해야 할 일 때문에 아이의 맑고 사랑스러운 눈빛과 미소를 포기하는 실수를 범하지 말아야 한다.

셋째, 독립을 할 수 있게 해야 한다. 부모들은 보편적으로 모든 것을 안전한 틀 안에서만 키우려고 한다. 아이가 힘들지 않길 바라는 마음, 너무 오래 돌아가지 않길 바라는 사랑의 마음에서 나온 것이다. 그러나 워치츠키 여사는 독립적인 아이로 키워야 한다고 말한다. 그것은 집안일부터 여가에 무엇을 하며 보낼지 같은 사소한 것에서부터 시작할 수 있다. 이 사소한 시작이 스스로 자신의 삶을 만들어가는 독립적인 아이로 키울 수 있다고 했다. 불이 무서워서, 다치는 게 무서워서, 세상에 나가서 실패하지 않고 성공하기를 원해서 자녀를 너무 틀 안에다 두고 키우는 실수를 많이 범한다고 했다. "이거 해. 저거 해!"라고 하는 일방적인 지시형 교육은 무서운 결과를 낳는 교육이다.

그녀는 독립적인 아이들이 창의적인 아이라고 주장한다. 어릴 때 아이들이 마음껏 어지르고 마음껏 각각의 물건들을 연결해보는 놀이, 자신의 길을 고민하고 선택하는 것 등의 모든 과정이 결국 창의성을 가져온다. 부모의 과잉 참여는 아이들에게 위험을 감수하는 것을 두려워하게 만든다. 결국 항상 도움을 필요로 하는 창의성이 부족한 아이로 길러내는 방법이라고 했다. 우리는 어떤 선택을 해야 할까? 지금부터 당장 아이들의 독립심을 키울 수 있도록 시작해보자. 사소한 집안일부터 식당에서 메뉴를 스스로 고르게 하자. 아침에 입고 나갈 옷을 고르는 일까지 작은 선택권을 아이게 주자. 그 작은 선택들이 쌓여서 독립적인 아이로 만든다.

넷째, 협력의 중요성을 깨닫게 해줘야 한다. 타인과 함께 무언가를 함께 해내는 성취감과 소속감은 엄청난 결과를 가져다줄 수 있고 행복을 느끼게 해준다. 아이들은 그 경험을 해야 한다. 절대 한 사람이 열 사람의 효능을 낼 수 없다. 그녀는 협업에서 오는 기쁨을 아이들이 가족 안에서부터 경험하게 해야 한다고 했다. 함께하는 법을 알게 되고 그것이 얼마나 놀라운 시너지 효과를 내는지 알게 된다. 이제 앞으로의 시대에서는 사람과의 협업뿐만 아니라 사람과 디지털과의 협업도 매우 중요한 능력이다. 협업은 집에서도 충분히 훈련할 수 있다. 가족 간 토론을 통해 의사결정하는 일, 함께 식사와 청소를 하는 일, 여행계획을 세우는 일, 집안의 작은 보수를 돕는 일 등 작은 것부터 해본 아이가 결국 큰 프로젝트에서도 함께 할 수 있다. 당장 오늘 지금부터 실천해보자.

다섯째, 친절의 중요성을 일깨워주자. 그녀는 어른이 먼저 아이에게 친절해야 한다고 강력하게 주장한다. 세상에 도움이 되는 일을 한다고 느낄 때 사람은 행복감과 충족감을 느낀다. 공동체와 타인을 위해 봉사하는 경험은 정말 좋은 교육이 되고 행복감을 준다. 자신만을 위한 것이 아니고 공동체를 위할 때 더 멋지고 위대한 일을 만들어낸다. 그리고 다른 사람에게 친절하다는 것은 결국 자신에게 친절하고 자신을 사랑할 때 나올 수 있는 위대한 일이라고 했다. 그것이 사회를 더 건강하게 만들 것이기 때문이다.

이런 친절은 거창한 것이 아니라 좋은 태도를 보이는 것부터 시작할 수 있다고 했다. 이 태도는 아이들의 삶의 큰 영향력을 미치고 어릴 때부터 할 수 있는 일이라고 했다. 그녀가 많은 제자와 세 자녀를 세계적인 리더로 키운 기본 원리이자 원동력이다. 친절은 일상에서 쉽게 훈련할 수 있다. 먼저 부모가 엘리베이터에서 만나는 이웃에게 먼저 인사하는 모습을 보여주자. 아이에게 하루에 한 번 친절한 웃음과 말을 해보는 것부터 시작해보자. 또 공공시설에서 부모가 먼저 예의를 갖추고 친절한 웃음과 인사를 건네보자. 마트나 백화점의 문을 잡아 주고 기다려보자. 이 멋진 경험은 아이에게 자기 효능감을 갖게 해주는 시작이 될 것이다.

그녀는 우리가 육아를 바꾸고 교육을 바꾸면 더 나은 방향으로 세상을 바꿀 수 있다고 말했다. 그래서 교육은 매우 중요한 일이라고 했다. 그 일에 큰 역할을 부여받은 부모와 선생님은 노벨상을 줘야 할 만큼 위대하고 중대한 일을 하고 있다고 말했다. 우리는 노벨상을 받아야 할 만큼 중대한 일을 하는 부모다. 그렇다는 것은 이 일이 결코 쉬운 일은 아니라는 뜻이기도 하다. 하지만 세상 그 어느 것보다 보람되고 의미 있는 일이다. 어렵지만 먼저 걸어간 선배와 전문가에게서 좋은 방법과 적용법을 찾아서 내 아이와 내 상황에 맞게 응용해보자. 한 번의 방법으로 성공하지 않을 수 있다. 실패해도 된다. 결국에는 맞는 방법을 찾게 될 것이다.

4장

실리콘밸리는 개인맞춤 교육을 한다

1
실패를 딛고 독립을 지향한다

　스타트업이 시작되고 사라지는 이곳은 실리콘밸리. 실리콘밸리의 중심에서 스타트업을 운영해오고 있는 사업가 J를 만났다. J는 한국인으로서 이 치열한 실리콘밸리에서 스타트업을 시작한 분이다. 전 세계에 고객을 가지고 있다. J의 사업은 물류 시장에서 가장 중요한 트럭을 트래킹하는 일이다. 인공지능 기술, 뛰어난 마케팅 그리고 리더십으로 안정적으로 자리매김했다.

　그는 지금의 사업이 안정성을 얻기까지 말로 다 할 수 없는 과정을 겪었을 것이다. 그가 같은 한국인으로서 치열한 실리콘밸리에서 벤처 사업가로 살아남은 것이 매우 자랑스럽다. 처음 사업에 발을 들이며 안정권의 시기가 오기까지 많은 실패와 좌절이 있었을 것이다. 많은 업무로 홀로 밤새는 시간이 수도 없이 많았을 것이다. 그렇게 1분 1초가 바쁜 실리콘밸리의 사업가다. 하지만 자녀교육에도 절대 소홀하지 않은 아버지이기도 하다. 집에 있는 날보다 비행기를 타고 나가 있는 날이 더 많았다. 그런데 그는 어떻게 자녀교육에도 최선을 다하게 됐을까?

실패를 받아들이고 자산으로 삼게 한다

그는 사업가였다. 자녀를 잘 양육하는 것이 수지맞는 일임을 알았다. 반드시 투자해야만 하는 일이었다. 하나님이 주신 선물인 소중한 자녀를 위해 할 수 있는 최선의 투자를 하는 것이 당연한 것이었다. 좋은 투자와 질적 투자를 통해 가장 좋은 결과를 내야 하는 것이다.

그렇다면 그가 생각하는 좋은 결과는 무엇일까? 다시 말해 성공적인 자녀교육은 무엇일까? 그는 단 한 순간의 고민도 없이 말했다. 자립, 즉 독립이라고 말했다. 정서직, 경제직, 사회적, 독립이 필요하다고 이야기했다. 그도 처음부터 이렇게 육아에 참여하고 자녀교육에 관심을 가진 것은 아니었다. 어느 날 아이가 달라졌다. 엄마와의 관계에서 "왜?" "싫은데!" 등 그동안 보지 못한 태도를 보이기 시작했다. 13세가 되면서 사춘기가 시작된 것이다.

사업가인 그는 직감적으로 알았다. '아, 지금이다. 지금 이 시기가 나에게 주어진 마지막 기회다.'라고 말이다. 이 시기를 놓치면 안 될 거라는 생각이 들었다. 사춘기 아이를 이해하고 자신이 무엇을 해야 할지 공부하기 시작했다. 그리고 그날 부인에게 이제 아이에게 학원이며 모든 것에서 손을 떼라고 했다. 그동안 그의 부인은 한국의 대치동 같은 곳인 실리콘밸리 교육의 중심 쿠퍼티노에서 유명한 타이거 엄마였다. 타이거 엄마는 마치 호랑이가 돌진하듯 강압적인 방법으로 자녀를 키우는 엄마를 뜻한다. 엄마는 바쁜 남편을 대신해 하나밖에 없는 딸을 제대로 잘 교육 시켜보겠다고 사활을 걸었다. 어린 시절 아이는 엄마가 이끄는 대로 잘 따라갔다. 하지만 머리가 커지고 자신의 정체성을 찾는 사춘기가 되니 삐걱거리기 시작했다. 그때를 그는 감각적으로 알아챈 것이다.

실리콘밸리 사업가의 교육은 세 가지 특성이 있다. 첫째, '실패'의 경험이다. J의 자녀는 디베이트에 관심이 많았다. 그러다 보니 정부에서 하는 일과 정치에 관심을 가지기 시작했다. 그리고 본인의 관심사를 현재 위치에서 잘 경험하고 배울 수 있는 일을 찾고자 했다. 바로 학교의 학생 임원이 되는 일이었다.

첫해 도전한 선거에서 임원이 됐다. 임원의 일은 힘들고 시간을 많이 뺏기는 일이었지만 좋아하는 일이었다. 임원 일을 경험해보니 더욱 배우고 싶고 알고 싶어졌다. 그다음 해에도 다시 임원에 도전했다. 그러나 열심히 노력했음에도 실패했다. 선거 경선에서 한번 승리를 맛본 아이는 실패가 더 아프게 다가왔다. 실패를 받아들이기 어려워 울고불고 난리가 났다. 덩달아 엄마도 그 감정에 동요됐다. 아이는 다른 팀의 나쁜 선거유세와 불공평함 때문에 진 것이라며 불만을 토로했다. 자신의 실패를 받아들이지 못했고 결과가 만족스럽지 못했다. 뭔가 억울한 일이 있다고 생각했다. 자신이 선거에 실패한 것을 인정하기 싫어했다. 그때 그는 아이의 이름을 부르며 이렇게 말했다.

"헤일리, 물론 억울할 수도 잘못된 일이 있었을 수도 있어. 하지만 너는 선거에서 진 거야. 깨끗하게 인정해. 오늘이 끝이 아니야. 내년도 있어. 기회는 또 계속 찾아와. 그때 오늘의 실패 원인이 무엇인지 생각하고 새롭게 지지 않을 승리 전략을 짜면 된다. 그러니 이제 깨끗하게 인정하고 일어나자."

이 얼마나 멋진 아빠인가! 그리고 아이는 1년 후 다시 도전했다. 마침내 원하는 승리를 맛보았다. 그는 사업가로서 무수한 도전과 실패를 경험했다. 그래서 알았다. 실패의 경험은 돈으로도 살 수 없는 큰 자산이라고 말이다.

실리콘밸리 사업가의 교육에서 두 번째 특성은 '자립'이다. 그가 나에게 물었다. "자녀교육의 성공을 뭐라고 생각하세요?" 대답을 머뭇거리는 나에게 그는 다시 한번 말했다. "자녀교육의 성공이 학창 시절 상 받고 좋은 성적을 받으면 성공일까요? 이름 있는 좋은 대학에 가면 성공일까요? 좋은 직장에 들어가면 성공일까요?" 그의 질문은 엄마로서 쉽게 답하지 못하게 하는 날카로운 질문이었다. 그는 단호하게 말했다. 그건 절대 자녀교육의 성공 잣대가 될 수 없다고 말이다.

"사회적으로 어느 정도 안정적인 시기가 되는 통념적인 나이는 40대 중반 정도입니다. 그것도 어디까지 보편적인 통념이죠. 그런데 대부분은 대학의 여부로 아이의 성패를 삼습니다. 대학을 졸업하고 마주하는 세상은 더 치열합니다. 진짜 육아의 결과가 나오는 시기이죠. 자기 삶을 스스로 만들어가고 독립적으로 살아갈 줄 알아야 합니다. 3세, 12세의 실패나 대학입시의 실패와는 비교도 되지 않은 실패를 경험하게 될 확률이 매우 높습니다. 그때 다시 일어나서 삶을 개척해 나갈 수 있어야 합니다."

성인이 된 아이가 여전히 어린아이와 같은 삶을 살고 있고 그 문제를 계속 해결해줘야만 한다면 그것만큼 큰 고통은 없을 것이라고 했다. 그는 우리 부모들이 아이의 인생을 바로 코앞이 아니라 길게 봐야 한다고 했다. 객관적인 사실을 이야기해주고 객관적인 안목을 길러줘야 한다. 성공의 기준은 물질적인 것을 말하지 않는다. 자신만의 삶을 독립적으로 잘 살아가는 것 그것이 성공이라고 했다. 그런데 단기적인 성적이나 대학입시의 결과에만 목맨다면 진짜 필요한 깊은 인사이트는 나올 수 없다. 멀리 봐야 인사이트가 나온다고 했다. 그 인사이트는 평생의 삶에 매우 중요하다고 했다.

정서와 경제 자립을 할 수 있도록 돕는다

자립에는 두 가지가 있다. 정서적 자립과 경제적 자립이다. 부모와 자녀의 진짜 관계는 사춘기부터 시작이다. 사춘기 때 정서적 자립을 준비시키지 않으면 부모와 자녀 모두 힘들게 보내게 될 수밖에 없다. 유대인은 성인식을 하는 13세, 미국은 16세, 한국은 대학에 가는 20세에 보통 독립한다. 우리 한국은 유대인과는 7년, 미국과는 4년의 차이를 두고 독립한다. 어릴 때부터 독립을 준비시킨 경우와 20세가 돼서 갑자기 독립하면 차이가 날 수밖에 없다. 이 차이가 별것 아닌 것 같지만 사회라는 세상, 세계라는 무대에서는 엄청난 차이를 만들어낸다. 그는 자기 삶을 주도적으로 살아가는 아이와 부모에 의해 움직이는 아이의 차이는 당연히 클 수밖에 없지 않겠냐고 반문했다.

그는 딸이 13세가 되던 시점에 어떤 가치관을 가지고 자녀교육을 해야 하는지 고민에 빠졌다. 그래서 유대인 교육을 공부하기 시작했다. 그리고 며칠 후 딸에게 청사진을 그리며 대화를 시작했다. 미국의 문화권에서 미국식 교육을 받고 자라는 13세의 딸에게 사업가 아빠는 말했다.

"아빠는 한국에서 자랐고 한국 교육을 받았어. 그래서 미국의 교육에 대해 잘 모른다. 그러니 네 인생에 대해 왈가왈부할 수도 책임져 줄 수도 없다. 아빠가 책임지고 네 인생을 만들어줄 거라고 믿으면 안 된다. 아빠나 너나 미국의 대학입시에 대해 모르기는 매한가지다. 그리고 아빠는 결함이 있는 부족한 사람이다. 그러니 네 스스로의 삶을 알아서 살아야 한다. 뭐든지 많이 해보고 부딪혀봐라. 많이 도전한 만큼 많이 실패할 거다. 그런데 괜찮다. 네가 실패했을 때는 아빠가 다시 일어설 수 있게 도와줄 거야. 아빠랑 함께 있는 이 시기에 많이 도전하고 실패해봐."

그러면서 딸에게 도전하고 싶은 일을 스스로 찾아보라고 했다. 우리나라와는 굉장히 다르다. 대부분의 부모는 "나만 믿어. 너는 하라는 공부만 열심히 해."라고 말하는 경우가 많다. "너는 의사가 돼야 한다."라고 아이의 꿈마저도 정해준다. 자녀와의 대화 후 그는 아내에게도 학원은 다 끊고 절대 먼저 나서서 아이의 공부와 삶에 간섭하고 알아보지 말라고 당부했다. 대신 자기 삶을 찾고 살아가라고 이야기했다. 처음에는 아내도 답답해하고 불안해했지만 본인만의 즐거운 삶을 찾았다. 당연히 아이는 아이의 삶을 잘 찾았다. 현재 세 가족 모두 매우 만족해하며 그때의 그 선택은 정말 너무나 잘한 선택이라고 했다. J는 비즈니스로 바빴지만 올바른 그리고 아이에게 맞는 자녀교육을 위해 끊임없이 공부했다.

아이는 그날 진지하게 자신이 하고 싶은 게 뭔지 고민하며 찾기 시작했다. 그리고 6개월 후 YMCA에서 하는 프로그램을 하나 찾아서 왔다. 정부에서 하는 모의 회의 프로그램인데 해보고 싶다고 했다. 차로 가야 하니 도와달라고 했다. 아이는 그 뒤로 계속 이 분야에 흥미를 느끼고 결국 대학까지 전공으로 삼게 됐다. 클럽도 자신이 재미있어 하는 합창 클럽에 들어갔다. 고등학교 시절을 공부 많이 하는 학군에서 11개의 AP 수업을 들으며 임원 생활, 디베이트 클럽, 합창 동아리와 그 외에 수많은 액티비티를 자기주도적으로 하며 즐겁게 생활했다.

이곳도 한국 입시와 같이 시간이 모자라고 힘들긴 매한가지다. 어찌 보면 공부만 열심히 하면 되는 한국보다 더 힘들 수도 있다. 다양한 분야에서 좋은 결과가 있어야 하기 때문이다. 그러나 한국과 매우 다른 점은 아이를 행복한 길로 이끌기도 하고 자신에게 맞는 길을 직접 찾아가는 자기주도적 삶을 살아가도록 교육한다는 것이다. 잊지 말자. 핵심은 아이가 원하는 길을 스스로 찾게 돕는 것이다.

정서적 자립에 이어 경제적 자립도 고민해야 한다. 대부분의 아이는 원하든 원치 않든 대학을 졸업하면 여러 가지 면에서 독립할 수밖에 없다. 그중에 가장 중요한 독립 중 하나가 경제적 자립이다. 연습 기간은 대학까지다. 사회로 나오면 연습은 완전히 끝난 것이다. 실전에 나가서 뛰어야 한다. 그는 14세부터 아이와 함께 엑셀을 켜놓고 졸업 후 동부에서 서부에서의 연봉을 잘 받은 경우와 못 받은 경우를 다 입력해놓았다. 그리고 집값, 밥값, 외식비, 교통비 등 그에 맞는 고정 지출비를 입력했다.

그는 남은 돈을 가지고 살아야 하는 현실을 직접 수식화해서 보여줬다고 했다. 만약 졸업하고 바로 직장을 잡지 못하는 경우의 수가 생기면 어떻게 될지 함께 이야기하고 그때를 대비해 6개월을 버티는 금액을 준비해야 한다고 가르쳐 줬다. 그 금액이 얼마일지 함께 수치를 직접 보며 이야기를 나눴다고 한다. 그 돈은 꼭 만들어놔야 한다고 가르쳤다. 그리고 바로 3개월의 용돈을 받고 아이가 직접 운영하고 아빠에게 보고하게 했다. 그리고 3개월 치 예산도 짜왔다. 그 결과 아이는 실패도 하고 여러 가지를 겪으며 자신의 용돈이 얼마가 적당하고 어떻게 운영해야 하는지를 알게 됐다.

아이는 대학에 가서 늘 통장에 5,000달러를 유지하는 삶을 살고 있다. 그러고 나니 어떻게 돈을 벌어야 할지 고민도 하고 취업박람회도 스스로 찾아가고 인턴도 다양하게 경험했다. 그러면서 자신이 하고 싶은 일과 자신이 최소 어느 정도의 연봉을 받아야 살아가며 즐길 수 있는지도 알게 되며 자신의 미래를 준비하고 수정하게 됐다.

실리콘밸리 사업가의 교육에서 세 번째 특성은 인공지능 시대에 가장 필요한 능력인 '인사이트와 리더십'이다. 이제는 피할 수 없는 인공지능 시대가 됐다. 그에게 어떤 능력이 가장 필요한 능력이냐고 물었다. 그는 인공지능이 도구라면서 앞으로 세 부류의 사람으로 나뉠 것이라고 했다. 첫째, 인공지능을 사용하는 사람. 둘째, 인공지능의 수행을 받는 사람. 셋째, 인공지능의 기능을 디자인하고 구성 기획을 하는 사람이다. 이 중에서 맨 위의 단계인 인공지능을 디자인하고 구성 기획하는 사람에게 가장 필요한 능력은 뛰어난 통찰력과 리더십이라고 했다.

우리는 인공지능을 이길 수 없다. 인공지능의 성능은 시간이 흐르면 흐를수록 더 좋아질 수밖에 없다. 누군가가 디자인한 대로 운영이 될 것이다. 그는 우리가 지배하는 방식은 결국 통찰력에서 나오게 된다고 말했다. 리더십은 변화를 만들고 더 나은 상황을 만드는 데 필요한 것이다. 그 결과의 끝은 결국 사람을 위한 것이고 돈이 되는 것이 될 것이다. 그러므로 중요한 결정을 잘 내리고 방향을 설정해 나가는 것이 매우 중요하다.

교육에는 변화가 필요하다. 투자 규제와 마인드만 봐도 한국과 미국의 극명한 차이가 있다. 미국의 사업 투자 마인드는 네거티브 규제다. 자유를 중요시한다. "네 마음대로 다 해봐. 제한은 없다. 하다가 문제가 생기면 그때 수정하면 되니까 마음껏 해봐." 자유가 주어진 만큼 개인의 신중함과 책임 판단력도 중요하다. 그리고 하면서 그때그때 수정하는 방식이다. 반면 한국의 투자 마인드는 포지티브 규제다. "이거는 안 되고 저것도 안 돼. 그러니 안 되는 이 모든 항목을 배제하고 딱 우리가 만들어주는 틀 안에서 사업을 해봐." 규제 안에서 하는 일은 한정적이다. 물론 장점도 있을 것이다. 하지만 더 크고 멀리 보는 일은 힘들다. 그리고 어쩌면 그런 제한된 범위 내에서 하는 일은 인공지능이 더 잘할지도 모른다.

앞으로 세상은 통찰력과 리더십이 더 중요하고 필요한 시대다. 기존의 교육법만으로는 힘들다. 내가 만난 실리콘밸리 사업가는 하루라도 빨리 기존의 공부, 명문대, 의대, 남과의 비교 등에서 벗어나 아이만의 색깔과 독립성을 키워 자기만의 주도적인 삶을 살도록 교육해야 한다고 말했다.

2
남을 돕는 일로부터 시작한다

세상은 점점 빠르게 변화한다. 이 책을 집필하기 시작할 때만 해도 챗GPT의 탄생으로 사람들은 흥분과 두려움에 휩싸였다. 그러나 현재는 챗GPT가 우리 삶의 곳곳에 스며들었다. 이곳의 코딩 전문가이자 사업가는 말했다. 챗GPT가 할 수 없는 일이 무엇일지를 고민하는 것은 무의미해져 가고 있다고 말이다. 그는 인공지능을 어떻게 하면 잘 사용할지를 고민하고 생각해야 한다고 했다.

대부분의 일은 인공지능이 할 수 있는 일이 됐다. 앞으로 인공지능의 능력은 더 발전하게 될 것이라고 했다. 비단 전문가의 말이 아니어도 실리콘밸리에서 현재 느끼는 체감도 크게 다르지 않다. 챗GPT는 삶의 일부가 됐다. 선생님에게 메일을 보낼 때도 자료를 찾을 때도 개인비서와 같다. 많은 시간을 들여서 해야 하는 일들을 해결해주고 있다. 영어 회화도 원어민 친구 한 명을 고용한 것처럼 공부할 수 있다. 이뿐만 아니라 다양한 분야에서 우리의 삶에 스며들었다. 내가 생각한 것보다 세상은 아주 빠르게 변화하고 있다.

인공지능을 비롯한 기술의 발달은 일상의 풍경도 바꾸어놓았다. 영상 기술의 발달과 새로운 유행의 탄생으로 숏폼의 시대가 왔다. 어른뿐만 아니라 아이들도 숏폼에 빠져들어 시간과 삶을 낭비하고 있다. 빠르게 변하는 세상에서 짧고 속도감 있는 콘텐츠가 과연 아이들에게 어떤 영향을 미칠까? 그것이 이 빠른 세상에서 살아갈 아이들한테 과연 도움이 될까? 이런 고민을 해결하기 위해 실리콘밸리의 소프트웨어 엔지니어이자 벤처 사업가인 K와의 인터뷰를 통해 실마리를 찾아보고자 한다. 미래를 살아갈 아이들에게 부모가 어떤 교육을 제공해야 하는지에 대한 팁을 얻고자 한다.

실리콘밸리, 특히 스티브 잡스가 살았던 팔로알토의 다양한 사업가 부모들은 과연 어떤 교육을 할까? 스마트폰 시대를 연 선구자이자 실리콘밸리의 상징인 애플의 창업자 스티브 잡스, 그리고 사업가 K와 실리콘밸리의 여러 CEO들에게는 공통점이 하나 있다. 바로 전자기기의 사용을 제한한다는 점이다.

실리콘밸리 청소년들 사이에서 애플 제품 외에 전자기기를 찾아보기는 어렵다. 애플은 단순한 브랜드를 넘어 이곳에서는 하나의 트렌드이자 문화다. 그런데 스마트폰의 상징적 인물인 스티브 잡스가 자신의 자녀에게 스크린 타임을 엄격히 제한했다는 사실은 꽤 잘 알려져 있다. 스마트폰 혁명을 이끈 그가 오히려 자신의 자녀에게는 전자기기를 철저히 제한했다는 점은 참으로 아이러니하다.

월터 아이작슨이 쓴 스티브 잡스의 전기 『스티브 잡스』를 보면 다음과 같은 이야기가 있다. "잡스는 매일 저녁 부엌에 있는 긴 식탁에 아이들과 둘러앉아 저녁 식사를 하면서 책과 역사를 토론하는 등 다양한 것들에 관한 이야기를 나눴습니다. 이 자리에서 아무도 아이패드나 컴퓨터를 꺼내지 않았고 아이들은 디지털기기에 중독되지 않았습니다." 스티브 잡스는 2011년 아이패드를 최초로 출시했을 당시 『뉴욕타임스』와의 인터뷰에서 다음과 같이 말했다. "우리 집에서 아이들은 아이패드를 사용할 수 없고 집에서 전자기기 사용을 제한한다."

이 모습은 비단 스티브 잡스만의 모습은 아니다. 2020년에 『비즈니스 인사이더』가 실리콘밸리 CEO 7명의 육아 방침을 발표한 적이 있다. 두드러진 공통점은 하나였다. 역시 전자기기의 제한이다. 구글의 CEO 선다 피차이는 아이들의 텔레비전 시청 시간까지 제한하고 있다고 말했다. 그는 중학생인 자기 자녀에게 스마트폰 사용을 막지는 않지만 사용과 시청 시간은 정해놓고 있다고 했다. 선다 피차이는 과거 언론 인터뷰를 통해 자신은 텔레비전과 컴퓨터는 물론이고 전화조차도 드문 환경에서 자랐다고 했다. 그것이 삶에 큰 도움이 됐다고 했다. 그러면서 성장기 자녀가 전자기기에 너무 몰입하지 않도록 도와주는 것이 부모의 역할 중 하나라고 말했다. 애플과 구글 등 최첨단을 이끄는 세계적인 회사의 리더들조차 자라나는 아이들에게 전자기기의 제한이 꼭 필요하다고 주장하고 있다. 그러나 현실은 어떤가? 많은 아이가 별 제한 없이 무방비하게 노출되고 있다.

실리콘밸리의 많은 리더는 앞서 말한 바와 같이 전자기기를 제한한다. 그렇다면 전자기기를 제한하고 대신 무엇을 할까? 그들의 육아법을 알아보자. 어떻게 해야 우리의 아이들이 인공지능 시대를 유연하고 지혜롭게 살아가는 미래형 인재가 될 수 있을지 말이다.

타인과의 관계에 대해 깊이 생각하다

K는 컴퓨터 사이언스를 전공한 소프트웨어 엔지니어이자 30대 사업가다. 그의 사업은 인공지능 기술과 함께하는 사업이다. 사업가이자 코딩 전문가인 그의 교육은 뭐가 다를까? 그리고 그를 통해 팔로알토 학교 부모들의 교육은 어떤지 들어보았다.

먼저 눈에 띄는 것은 '육아에 적극적으로 참여하는 아빠'다. 실리콘밸리에는 다양한 인종이 사는 만큼 부모들도 다양하다. 그러나 다양함에도 같은 점이 하나 있다. 바로 많은 아빠가 육아와 교육에 적극적으로 참여한다. 아무리 바쁘더라도 말이다. 개인적인 사정이야 다 다르지만 보편적인 모습이라고 했다. 사업가이자 아빠인 K도 마찬가지다. 벤처 사업가의 삶은 얼마나 바쁠까? 자신의 모든 시간을 사업에 투자해도 늘 부족하다. 그런데도 그는 아이들을 위해 많은 시간을 투자한다. 학교 자원봉사하기, 차로 등하교 시키기, 공부 봐주기, 대화하기, 다양한 프로젝트에 참여하기 등 많은 부분에서 아이들과 함께한다. 각종 스포츠의 코치를 하기도 한다. 그리고 학교 클럽의 담당자로서 많은 활동을 한다. 비단 K만의 모습은 아니다. 다른 아빠들도 별반 다르지 않다고 했다.

K는 무엇보다 아이와 일상생활에서 토론 문화를 만들어가고 즐 긴다. 앞서 말한 스마트기기의 제한은 아이들과의 시간을 확보해 준다. 스마트기기가 아니라 사람과 교감하게 한다. K는 아이들을 차로 태워주다 보면 자신의 아이뿐만 아니라 동네 아이들도 서로 번갈아 가며 태워주게 된다고 했다. 그러다 보니 아이들의 대화 주제, 생각, 관심사를 자연스럽게 듣게 된다. 아이들은 그가 생각한 것보다 다양한 분야의 이야기를 나누며 고민한다는 걸 알게 됐다고 한다. 트렌드에 관한 이야기도 하지만 최근에 일어나는 사회적 이슈에 관한 것들과 각자 읽은 책을 나누고 자신만의 생각을 이야기하는 모습을 종종 보게 된다고 했다.

나는 궁금했다. 어떻게 10대 아이가 친구와 다양한 분야에 관한 이야기를 나누며 자연스럽게 토론하는지 말이다. 그는 이 모습은 그냥 나올 수 있는 것이 아니라고 했다. 아이들 각자가 집에서 토론하는 문화가 자연스럽게 배어 있기 때문이라고 답했다. 그는 고등학생인 자녀의 중학교 시절의 이야기를 해줬다.

아이와 아이 친구의 주 대화 내용이 '친구란 무엇인가?'에 관한 것이었다. 한 명의 아이가 자신이 어떤 책에서 봤는데 나쁜 관계란 한 사람을 독점하려고 하는 것이라고 했다. 그렇기 때문에 친구 관계에서도 한 사람이 나 외에는 다른 사람과 친하게 지내지 못하게 한다면 그것은 건강한 관계는 아닌 것 같다고 말했다. 다른 아이가 그러자 "맞아. 지금 우리 나이는(중학생) 다양한 아이들과 다양한 관계를 맺는 게 좋아. 그러다 보면 깊이 사귈 수 있는 나와 맞는 친구를 찾아갈 수 있는 것 같아. 우리 나이가 그런 과정인 거야."라며 그렇게 한참 서로의 생각을 주거니 받거니 했다. 그러고 나더니 어느새 또 깔깔거리며 시답지 않은 이야기로 꽃을 피웠다.

아이들은 자연스럽게 자기 생각을 나누고 상대방의 생각을 듣는다. 이것이 토론 문화의 기본이다. 거창하지 않지만 생활에서 토론 문화가 자리 잡혀 있다. 다시 한번 말하자면 자연스러움의 시작은 가정이다.

내가 누렸다면 다른 이도 누리도록 도와야 한다

이곳은 남을 돕는 일로 전쟁 중이다. 표현이 좀 이상한가? 그러나 사실이다. 봉사를 시작하는 이유는 다양하다. 대학입시를 위해 어릴 때부터 하다 보니 자연스러워진 경우도 있고 가정과 사회 환경에 영향을 받는 경우도 있다. 시작이 어떠하든 결국 봉사는 당연하다는 가치관을 가시고 있다. 그러다 보니 이곳은 정말 전쟁처럼 다양한 아이들이 다양한 방법으로 남을 돕는 일에 이리 뛰고 저리 뛴다.

나에게는 이상한 선입견이 있었다. 남을 돕는 일은 군자 같은 사람만 하는 것이라고 말이다. 남을 돕는 일을 인격과 연결 지었다. 하지만 이곳 실리콘밸리는 누구나가 해야 하는 당연하면서도 중요하다는 인식이 팽배하게 자리 잡고 있다. 내가 느끼기에 이 일은 교육으로 만들어졌다. 오랜 미국 문화가 교육으로 전승됐다고 본다.

그러다 보니 가정에서도 문화가 돼 있다. 내가 가진 돈을 사회에 환원하고 내가 가진 재능으로 누군가를 도와야 하는 것이 너무나도 당연하다. 사업가 K와의 인터뷰에서도 역시 다르지 않음을 경험했다. 누구나 자기가 가진 것으로 다른 사람을 도와야 하는 것이다.

 학교나 지역사회에 봉사를 열심히 하는 부모를 보면서 아이들은 그것을 당연한 것으로 받아들인다. 그리고 가정에서 끝이 아니다. 사회제도와 교육제도로 이어지고 있다. 이곳은 어느 곳이든 자신이 원하는 걸 얻기 위해 지원하면 꼭 하는 질문이 있다. 좋은 회사와 대학뿐만이 아니다. 아이들의 작은 지원 하나에도 하는 필수 질문이다. "그래서 원하는 걸 얻게 되면 넌 무엇을 다른 사람에게 돌려줄 건데? 네가 받은 그 혜택을 어떻게 돌려줄 계획인데?" "네가 이 과정에 합격하면 학교 친구들에게 어떻게 의미 있는 도움을 줄 수 있는데?"라고 묻는다. 예외가 없다. 내가 누리는 그 모든 것은 결국 나만 좋아서는 안 되는 것이다. 내가 누렸다면 다른 사람도 누리도록 도와야 하는 것이다. 나와 남이 함께 윈윈하는 사회를 만들어가는 것이다.

 K가 자주 자녀에게 했던 말은 "남을 도와야 한다."였다. 그 모토에 맞게 자주 남을 돕는 일에 힘썼다. 그가 삶에서 실천한 남을 돕는 방법과 지인들의 봉사 방법 4가지를 소개한다.

 첫째, 크리스마스에는 불우한 이웃을 돕는다. 매년 연말에 가족 모두가 불우이웃을 돕는다. 이때 가족 모두가 자신의 용돈으로 돈을 낸다. 부모는 부모대로 아이는 아이대로 스스로 자신의 금액을 정한다. 모인 돈을 가지고 어려운 단체에 후원한다. 연말에는 노숙자를 위해 패키지를 만들어 거리로 나간다. 이것이 이 실리콘밸리 사업가 가정의 특수하고 특별한 문화다. 공부를 위한 문화가 아니라 남을 돕는 문화다. 내가 돈을 벌고 나만을 위해 쓰는 것이 아니라 다른 사람을 위한 문화를 만들어가는 것이다. 인공지능 시대 다른 사람에게 도움이 되기 위한 정신은 정말 필요한 능력이지 않을까?

둘째, 동물보호다. 실리콘밸리의 사업가 가정은 동물원보다 환경을 보호하고 살리기 위해 동물보호 단체를 방문한다. 그리고 그곳에서 아프고 보호받아야 하는 동물을 돌보는 자원봉사까지도 연결한다. 그러면서 아이들과 자연스럽게 많은 대화를 한다. 동물을 돕고 지구를 돕고 결국 다음 세대를 돕는 것이다.

셋째, 스스로 만들어내는 자선 활동이다. 오랜 기간 장애아동을 위한 오케스트라 단체를 만들어 운영하고 있다. 이 단체에 가서 부모님과 친구와 함께 자원봉사를 하며 자신이 할 수 있는 악기로 장애아동을 가르쳐준다. 부모와 함께 봉사하는 것이 삶이다. 사실 실리콘밸리의 모든 학교는 학부모들의 봉사와 헌신으로 돌아간다. 그때마다 부모가 나서서 돕는 모습을 보고 자라는 것이다.

넷째, 추수감사절, 크리스마스 등 특별한 명절에 어려운 사람을 생각한다. 어려운 지역으로 봉사 활동 여행을 떠난다. 그곳에서 아이들에게 공부도 가르쳐주고 함께 재미있는 시간도 보낸다. 특별한 음식을 준비해 함께 먹으며 나눈다. 이런 행사들이 일련의 문화로 자리 잡았다.

이런 모든 것은 부모의 모범이 선행돼야 한다. 아이들은 부모를 보며 자란다. 직접 보고 배우는 것보다 더 좋은 교육은 없다.

K 가정의 경우 아빠는 끊임없이 사업을 통해 도전하는 모습을 보여준다. 투자자를 만나고 회사를 꾸려나가는 과정을 아이들은 듣고 보고 배운다. 그런가 하면 엄마는 끊임없이 인터뷰하며 새로운 직장에 도전한다. 그 과정에서 아이들은 도전과 실패 그리고 마침내 꿈을 이루는 과정까지 보게 된다. 좌절하고 실패했을 때 부모가 어떻게 일어나는지를 알게 되는 것이다. 그리고 부족한 부분을 위해 열심히 공부에 투자하는 모습도 본다.

아이들은 그 과정이 쉽지 않다는 것을 자연스럽게 알게 된다. 그리고 마침내 합격하고 그 합격 순간의 기쁨이 얼마나 가치 있는지 경험한다. 그 기쁨의 순간은 수많은 두려움과 불확실성 가운데에서도 도전했기 때문에 얻을 수 있는 일임을 알게 된다. 자신의 부모가 했으니 나도 할 수 있다는 자신감을 가진다. 말로 백 번 말한다고 해서 배울 수 있는 것들이 아니다. 부모의 모습을 보며 배우게 되는 것이다. 부모의 말이 아니라 뒷모습, 즉 살아가는 모습을 보고 배우는 교육인 것이다. "말이 아니라 삶으로 가르치는 것만 남는다."라는 말이 가슴에 새겨진다. 그에게 마지막 질문을 했다.

"인공지능 시대에 부모가 자녀를 위해 할 일은 무엇일까요?"

그는 망설임 없이 대답했다.

"재미있는 경험을 많이 하게 해주세요. 그 경험들이 자신이 원하고 잘하는 일을 찾게 되는 연결고리가 될 겁니다."

재미있는 것을 계속하다 보면 필요에 따라 스스로 공부도 하게 될 거라고 했다. 결국 아이들은 자신의 길을 스스로 찾게 된다고 확신에 차서 말했다. 마지막 당부처럼 그는 다음과 같이 말했다.

"현재의 인공지능은 우리가 상상하는 거의 모든 것을 할 수 있습니다. 투자, DNA 약품도 다 만들어내는 세상이에요. 우리 부모 세대들이 공부하며 살던 세상처럼 살아갈 수 있는 세상이 아닙니다. 그러므로 아이에게 우리의 공부법과 생각만을 강요하면 잘못된 일입니다."

그는 아이가 스스로 자기의 길을 찾도록 돕는 역할이 돼야 한다고 했다. 물론 쉬운 일은 아니라고 했다.

"하지만 세상에 쉬운 일이 어디 있을까요? 그게 한 사람을 성인으로 사회에 내어놓는 일이라면 더욱 어렵지 않을까요? 어렵지만 우리는 할 수 있습니다."

그가 인터뷰 말미에 웃으며 한 마지막 말이었다.

3
포기하지 않고 될 때까지 하게 한다

"저는 될 때까지 합니다."

당신의 가장 특별한 점이 무엇이냐는 내 질문에 하버드생 J는 부드러운 미소와 당찬 목소리로 말했다. 그의 어머니는 거의 모든 문제는 해결 가능하다고 항상 가르쳤다. 그래서 그는 어릴 때부터 될 때까지 하면 된다는 신념이 생겼다고 했다.

중학교 때 원하는 농구팀에 들어가고 싶은데 들어가지 못했다. 어머니는 3점 슛 연습을 하러 매일 저녁 동네 농구코트에 데리고 갔다. 그는 연습이 힘들어 울기도 했다. '과연 자신에게 좋은 기회가 찾아올까?' 하고 두려워했다. 연습하기 싫은 마음, 시간의 부족함, 피곤함 등등 때문에 쉽지 않은 시간을 보냈다고 했다. 하지만 결국 그 시간이 쌓여 2년 만에 원하는 팀에 들어가 마음껏 운동하는 기회를 잡게 됐다. 말이 쉬워 2년이지 결과를 모른 채 막연한 기대만으로 기다리는 그 시간이 쉽지 않았을 것 같다.

그의 어머니는 불확실한 수많은 시간을 도와줬다. 많은 실패와 좌절의 시간에는 묵묵히 옆에 있어 주었고 때로는 아들의 자세가 어떤지 봐주고 피드백해주기도 했다. 엄마는 가장 좋은 위로자, 선생님, 코치, 친구였다. 그리고 자신을 가장 열렬히 응원해주는 팬이기도 했다고 회상했다.

나는 그의 하버드 합격 비결이 좋은 머리 때문이라고 생각했다. 큰 노력 없이도 뭐든 잘하는 아이라고 생각했다. 그가 이렇게 남모르게 시간을 투자하고 노력한 순간들이 있었다는 이야기를 들으니 새삼 더 멋져 보였다. 세상의 그 어떤 것도 '그저 주어지는 것은 없구나.'라고 생각했다.

"하버드생은 머리가 좋아 큰 노력 없이도 들어가는 줄 알았는데 아니네요?"라는 나의 말에 그는 웃으며 "물론 진짜 천재적인 친구도 있죠. 하지만 아무런 노력을 하지 않고 그냥 온 친구는 없어요."라고 했다. 사람들은 자신과 친구들의 스펙을 보고 '우와' 하는 경우가 많은데 사실 수없이 많은 지원, 떨어짐, 실패, 그리고 거절을 당했다고 했다. 그런데도 또 문을 두드리고 도전했고 그중에 한 번, 그 한 번이 잘되는 날이 온 거라고 했다. 글쓰기 콘테스트에서 5번의 상을 받았는데 대략 100번을 지원하면 97번은 떨어지고 겨우 3번 정도의 성공이 있었다고 했다.

자신의 하버드 친구 대부분은 그런 과정을 겪는다고 했다. 그냥 글 하나 써서 베스트셀러가 되는 천재적인 아이도 있지만 대부분은 자기 같은 사람이라고 했다. 연구논문을 위해서도 많은 단체와 기관에 거절당하고 또 도전하고 거절당하는 반복 가운데 한두 번의 성공이 있었다. 정말 정신력이 중요하다고 했다. 인턴십도 200개를 지원했는데 160개에서 답변받지 못했다고 했다. 사람들은 보통 그 과정은 모른다. 그저 결과만 알게 되는 것이다. 그는 그냥 적당히 해서는 되는 일은 없다고 했다. 정말 될 때까지 하는 사람이었다. 하버드는 자신들이 이러한 많은 실패와 도전 속에서도 포기하지 않고 열정을 가지고 나만의 꿈을 위해 어떠한 노력을 했는지 그 스토리를 중요하게 생각하는 것 같다고 했다.

나만의 스토리를 가진 아이가 하버드를 간다

하버드를 가는 것이 흔한 것은 아니다. 그리고 모두가 하버드를 갈 필요도 없다. 그런데 왜 우리는 하버드생의 비결을 알려고 하는 걸까? 꼭 하버드를 가기 위해서가 아니다. 자신의 꿈을 설정하고 목표를 이루기 위해서다. 목표를 향해 달리고 마침내 자신의 꿈을 하나씩 성취해낸 아이의 이야기를 알고 싶은 것이다. 그것을 자신에게 맞게 적용한다면 각자 자기의 삶을 독립적으로 이끌어가는 데 도움이 되지 않을까?

하버드는 자신의 기준에 충족되는 높은 수준의 학생을 계속 뽑는다. 그리고 입학 후에도 세상에 나가 영향력 있는 사람이 되도록 교육한다. 그러니 학생들이 사회에 나왔을 때 검증된 사람이 되는 것이다. 그래서 기회가 많아질 수밖에 없다. 하버드에 입학했다는 사실 자체가 이미 객관적인 평가 기준으로 작용한다. 그때까지 열심히 했다는 걸 높게 평가하고 인정하는 것이다.

그가 하버드 학생이 된 비결을 들어보면 자기주도적으로 공부하고 실천적인 삶을 살았다는 걸 알 수 있다. 먼저 '나만의 스토리'가 있어야 한다. J는 하버드 학생에게는 하버드를 빛낼 만한 각자의 특별한 스토리가 필요하다고 했다. 어느 인종의 어느 지역이면 비슷한 흔한 스토리를 대개 가지고 있다. 입학사정관도 다 알고 있는 일이라고 했다. 비슷한 이야기, 뻔한 이야기, 남들이 다 하는 것 말고 나만의 특별한 스토리가 필요하다. 그러나 나만의 특별함을 표현하는 게 쉬운 일은 아니다. 현재 많은 한국의 부모가 다들 비슷한 목적을 가지고 비슷한 코스를 밟게 하고 비슷한 학원을 보내며 키우고 있다. 남들이 하니까 안 하면 불안해서 따라 하는 것 말고 아이가 진짜 좋아하는 분야, 잘하는 분야를 키워주는 게 사실 더 좋은 결과를 보장할지도 모른다.

본인에게 맞는 목표를 세우고 그 목표에 도달하기 위해 어떤 노력을 했는지가 중요하다. 아무리 하버드 합격생의 이야기를 듣고 그대로 따라 한다고 해도 합격이 보장되지 않는다. 각기 다른 직업, 거주지역, 가치관 등을 가지고 있는 부모 밑에서 자란 학생이 동일한 시각으로 세상을 볼 필요도 없고 그래서도 안 되는 일이다. 그렇기에 하버드는 자기만의 특별한 모습을 가장 잘 나타내는 아이를 선발한다. 그러므로 우리는 내 아이 개성을 존중하고 개발할 수 있도록 도와야 하는 것이다.

그는 자신만의 스토리를 표현하는 것이 매우 중요하다고 강조했다. 이를 위해 가장 중요한 것은 바로 '읽기'와 '쓰기' 능력이다.

J는 하버드가 자신만의 생각을 가지고 이를 효과적으로 표현할 수 있는 능력을 매우 중시한다고 말했다. 책을 읽거나 어떤 뉴스나 사건을 접할 때 자신만의 생각을 정리하고 글로 써보며 이를 상대에게 제대로 전달하고 말할 줄 아는 능력이 매우 중요하다고 거듭 강조했다.

그렇다면 그는 어떤 방식으로 읽고 쓰는 능력을 키웠을까? J는 다음 세 가지 방법을 제시했다.

첫째, 독후감 쓰기와 일기 쓰기다. 어릴 때부터 그의 부모님은 일주일에 한 권씩 책을 읽고 짧게 독후감 쓰기를 하게 했다. 그는 보통 독후감은 주말에 썼고 주중에 2~3번은 일기를 썼다고 했다. 그리고 부모님은 독후감을 소리 내서 읽어보게 했고 한 번 정도 수정하도록 했다. 이 훈련이 결국 잘 쓰는 아이, 책을 잘 이해하는 아이가 될 수밖에 없는 훈련이 된 것이다.

둘째, 부모님과 다양한 주제로 대화한다. J의 부모님은 그가 읽는 책에 관해서도 많은 질문을 했다고 했다. 또 세상에 어리석은 질문은 없다고 말씀하며 그의 어떠한 질문에도 늘 성실히 답변해주었다. 모르는 부분은 함께 찾아보기도 했다고 한다. 항상 어떠한 사건과 일에 대해서 '네 생각은 어떠니?'라고 물어봤으며 함께 어린 시절부터 세상의 많은 주제에 대해 온 가족이 이야기를 나눴다고 말했다. J는 이때 왜 공부해야 하는지, 그리고 세상에 얼마나 다양한 문제와 사건 사고가 존재하는지를 알게 됐다고 말했다. 그는 자신의 깊은 사유의 힘은 이러한 다양한 문제들을 고민하면서 나왔다고 했다.

셋째, 도서관과 서점에 가는 것이다. J의 부모님은 모르는 게 있으면 서점이나 도서관에 가서 관련 분야의 책을 함께 찾아보자고 했다. 도서관에 1주일에 한 번씩은 꼭 방문해 좋아하는 책도 읽고 필요한 책도 찾아서 봤다고 했다.

J는 자기주도적으로 공부하고 삶을 꾸려가기 위해서는 '직접 계획 세우기'도 중요하다고 했다. 하버드는 열심히 꾸준히 하는 태도를 매우 높이 평가한다. 이 태도는 갑자기 어른이 되어서 배우기 힘든 부분이다. 그는 어릴 때부터 학교에서 돌아오면 간식을 먹으며 엄마와 그날의 학교 이야기를 나누고 할 일에 대해 직접 계획을 세워 기록했다고 한다. 오늘의 할 일을 자신만의 기준으로 우선순위를 정해서 시간을 분배했다. 엄마가 "너 이만큼 해. 수학 숙제해. 피아노 연습해."라고 하지 않았다. 물론 습관이 될 때까지 처음에는 도와주고 확인도 했다.

학교에서 돌아오면 숙제를 제일 먼저 했다. 어머니는 늘 숙제는 학교에 다니는 학생으로서 해야 하는 '책임감'이라고 말씀했다. J가 숙제할 때 어머니도 옆에 앉아서 모르는 것을 질문하면 가르쳐주는 등 숙제를 도와주며 책을 보거나 일했다고 했다. 그때의 습관은 현재의 성실함을 만들어줬다. 할 일부터 하는 습관을 키워줬고 성실한 책임감을 느끼게 했다. 또한 할 일을 하고 나면 충분히 즐기게 됐다. 그래서 지금도 중요한 일은 언제나 컨디션이 제일 좋을 때 바로 끝냈다. 그리고 나면 자신에게 보상처럼 가장 즐거운 일을 한다고 했다.

배우고 싶은 게 생기면 J의 어머니는 아이와 충분한 대화를 나누고 시작하도록 했다고 한다. 한번 시작한 일은 최소 6개월은 해야 했기 때문에 신중하게 결정했다. J가 6개월 정도 했는데도 하고 싶은 마음이 없다면 대화 후 아이의 의견을 존중해서 그만두게 했다. 이러한 습관을 갖춘 덕분에 J는 지금도 무언가를 시작하면 좋은 성과를 내지 못해도 마무리를 꼭 하게 된다고 했다. 시작이 있으면 끝이 있어야 한다는 것이다.

세상과 호흡하며 타인을 사랑하게 한다

여행으로 '다양한 시각과 경험'을 하는 것도 중요하다. J는 캠핑을 자주 다녔고 그 추억이 좋은 기억으로 남아 있다고 한다. 부모님과 함께 캠핑장에서 샌드위치를 만들고 아름다운 자연을 보고 불도 피우고 밤하늘을 보았던 기억, 마시멜로를 만들었던 기억, 곰을 만난 일, 처음으로 낚시를 했던 일, 바다에서 모래성을 만들던 일 등 추억이 한둘이 아니다. 여행지에서 예상치 못했던 많은 일을 겪었던 것은 자신에게 다양한 시각을 줬다고 했다. 여행지를 갈 때마다 찾아갔던 뮤지엄, 다양한 에피소드, 맛있는 음식 등 그 모든 게 자신의 삶에 녹아 현재의 자신을 만들었다고 했다.

예술 활동 등 '문화 즐기기'도 빼놓을 수 없다. 그는 자신의 하버드 친구 중 예술을 사랑하지 않는 아이는 본 적이 없다고 했다. 직접 예술 활동을 하는 아이도 있고 그렇지 않은 아이도 있지만, 모두 각자의 방식으로 문화를 즐기고 있었다고 했다. 친구들과 모여서 그림을 보러 가고 연주회도 가고 뮤지컬 공연도 본다고 했다. 각자 좋아하는 분야가 조금씩 다르기 때문에 서로 소개해주고 이야기를 나누며 다른 사람의 취향을 엿보며 새로운 세계를 경험하게 된다고 했다.

그 일은 매우 즐거운 일이었다. 그의 부모님은 어릴 때부터 전시회, 과학관, 미술 관람과 음악회나 뮤지컬 관람 등 다양한 문화생활을 경험하게 해줬기 때문에 이런 취미가 생긴 것 같다고 했다. 그러면서 그는 "보다가 재미없으면 그냥 쓱 나와요. 취향이니까요."라고 웃으며 말했다. 그의 부모님도 어릴 때부터 재미없는데 억지로 끝까지 보게 하지는 않았다. 하지만 꾸준히 데리고 다녔다고 했다.

J는 운동을 좋아한다. 그는 농구, 축구, 미식축구, 야구 달리기, 테니스 등 모든 운동을 좋아한다. 그중에 농구를 오래 했다. 지금 하버드에서도 스트레스를 받는 날에는 친구와 한판 게임을 뛰고 온다고 했다. 여름에는 친구들과 모여서 수영장에서 수영 시합도 하고 공을 가지고 논다고 했다. 그 모든 것은 어린 시절부터 해왔던 것들이라고 했다.

J는 '사회에 도움이 되는 사람'의 가치를 잘 안다. 하버드 역시 사회와 약자에 관심을 가진 학생을 찾는다고 했다. J에게 이 훈련을 어떻게 받았냐고 질문했더니 어릴 때부터 집안에서 기여를 할 수 있게 부모님의 가르침이 있었다고 했다. 작은 집안일, 학교, 그리고 교회에서 자신은 계속 남들이 하기 싫거나 손해 되는 일들을

헌신하며 했다고 한다. 고등학교에서는 학교 임원으로 4년 동안 일했다. 그 일은 결국 다른 사람을 섬기는 일이다. 공부할 시간을 쪼개서 다른 이들을 위해 하는 봉사다. 그리고 남는 시간을 효율적으로 활용해 공부하고 성과를 낸 점을 하버드가 높이 평가한 것 같다고 했다.

미국은 봉사 활동이 의무다. 하지만 의무가 어느덧 자연스러운 습관으로 자리 잡는다. 이 능력은 학습을 통해 노력하면 배울 수 있는 능력이다. 그리고 이것은 어릴 때부터 가정에서 돈을 들이지 않고 쌓을 수 있는 능력이다.

'나에게 친절하고 남에게도 친절'한 것도 중요하다. J의 부모님은 항상 친절히 하라고 가르쳤다. 그런데 그 친절이 내가 알고 있는 것과는 조금 달랐다. 첫 번째, 나 자신에게 친절해야 한다. 내가 원치 않고 부당하다고 생각되거나 화가 나는 일에 대해서는 정확히 의사 표현을 해야 한다. 다만 그 표현을 할 때 과격해서는 안 된다. 화를 내는 방법을 잘 배워야 한다. 그것이 사회, 자기 자신, 그리고 상대방을 건강하게 발전시키는 일이라고 했다.

화가 날 때는 정확히 왜 화가 나는지 그래서 어떻게 행동할 건지가 중요하다. 그는 학교에서나 친구 관계에서 혹은 집에서 화가 나거나 속상할 때 건강하게 표현하는 법을 계속 훈련했다. 그걸 잘 표현하지 못해 사회에 사건 사고와 문제가 많이 생긴다고 생각한다. 내 화를 잘 다스리고 나를 사랑해야 타인도 사랑할 줄 안다고 했다.

그를 통해 나를 사랑하고 화를 다스리는 몇 가지 팁을 얻을 수 있었다. 먼저 대화다. 부모, 멘토, 친한 친구 등 속 시원하게 털어놓을 믿을 만한 존재에게 털어놓았다. 그러고 나면 쌓여 있던 울분이 해소되고 마음이 평온해진다고 했다. 중요한 것은 믿을 만한 존재여야 했다. 그리고 감사 일기를 포함해 일기장에 감정을 쓰는 것도 좋다. 매번 대화할 수는 없으니 그럴 때는 일기장에 감정을 쏟아냈다. 일기장은 그의 감정의 쓰레기통이 되어주었다고 했다.

운동도 화를 다스리고 자신을 사랑하게 하는 좋은 방법이다. 그는 "지금도 속상하고 화가 나거나 스트레스가 쌓이면 혼자 농구공을 튀기고 와요. 땀 흘리고 샤워하고 나면 한결 기분이 나아지거든요."라고 했다. 농구를 할 수 없을 때는 전력 질주로 달린다고 했다. 달리기는 언제 어디서나 할 수 있는 너무 좋은 운동이라고 했다.

피아노와 같은 악기 연주도 좋다. 그는 어릴 때 오래도록 배운 피아노를 연주하고 나면 이상하게 기분이 풀린다고 했다. 우울한 날에도 화가 나는 날에도 한 번씩 연주한다고 했다. 음악은 위로라고 했다.

화가 났을 때는 심호흡을 크게 하며 감정을 다스렸다. 깊게 숨을 들이마시고 내뱉는 것을 짧게라도 하고 나면 감정이 한결 수그러든다고 했다. 너무 화가 나거나 감정이 사그라지지 않을 때는 일단 그 자리를 잠시 피한다고 했다. 그럼 큰 실수를 피할 수 있다고 했다. 화장실도 좋으니 너무 화가 나면 잠시 자리를 피하라고 했다.

4
다양한 경험으로 가능성을 키운다

언젠가 아이와 함께 샌프란시스코에 있는 '캘리포니아 과학 아카데미California Academy of Science'를 방문했다. 각 나라의 다양한 부모들이 다양한 나이대의 아이들을 데리고 이곳을 찾았다. 주차장 자리는 꽉꽉 찼다. 그만큼 많은 사람이 아이를 위해 찾아온 것이다. 자녀에게 다양한 경험을 해주고 싶은 부모의 마음이다. 내 아이에게 과학이 재미있고 친근하게 다가가길 바라는 사랑의 마음이다. 더불어 좋은 자극을 받아 호기심이 생겨 공부도 잘하면 좋겠다는 마음도 있을 것이다. 자녀가 잘되기를 바라고 좋은 경험을 하기를 바라는 마음은 모두 같을 것이다.

내 아이들은 미국에서 학교에 다니며 정규 교육 과정을 밟고 있다. 미국 입시와 무관하지 않은 삶을 살아가고 있다. 그러다 보니 이곳에서 입시를 치르고 명문대를 들어간 아이들의 모습이 예사롭지 않게 보이기 시작했다. 대견하고 신기하다. 물론 그 과정은 치열하다. 많은 게 내 맘대로 되지 않아 때로는 고통이 동반되는 힘든 일도 있었을 것이다. 나를 비롯한 많은 부모는 아이가 어릴 때는 막연하게 '공부를 잘하겠지. 좋은 대학에 가겠지.'라고 생각한다. '내 아이 천재 아니야?'라는 생각도 한 번씩 하게 된다. 물론 당연히 모든 아이는 하나하나 보석이고 똑똑하다. 하지만 현실의 입시라는 세계에 들어오면 명문대는 아무나 가는 쉬운 일이 아님을 알게 된다. 단지 머리만 좋으면 되는 일이 아니기 때문이다. 인내와 도전은 마라톤과 같은 장거리 경주다. 순간순간 때마다 고비를 만나게 되기도 한다.

'어떻게 저렇게 열심히 살 수 있을까?' 명문대에 입학한 아이들의 이야기를 듣다 보면 입이 다물어지지 않을 때가 있다. 어른인 나도 매일 성실하게 사는 게 쉽지 않다. 그런데 아이들은 해낸다. 명문대를 들어간 그 자체보다 쉽지 않은 긴 과정을 포기하지 않고 밟아온 아이의 성실함에 놀란다. 무수한 실패에도 다시 일어나 도전하는 모습에서는 진심으로 존경의 마음이 생긴다.

자기주도학습은 그냥 가만히 두었는데 생기는 경우는 드물다. 다 큰 성인인 어른도 쉽지 않은 일이다. 당연히 아이들 또한 그냥 하루아침에 갑자기 된 것은 아니다. 자기주도학습을 할 수 있는 환경 조성, 아이의 성향과 관심사에 귀기울이기, 관찰하기, 아이의 마음을 헤아리기, 고민하기 등 부모의 다양한 노력과 시간이 들어갔다. 마침 대학입시를 치르며 자기주도학습의 최고의 모습을 보여준 F의 이야기를 들어보았다.

  F는 올해 대학입시를 치른 아이라 생생한 입시 이야기를 들을 수 있었다. 매번 입시 후 결과가 나오면 명문대를 들어가는 일이 쉽지 않은 일이 됐다고 언론은 보도한다. 특히 실리콘밸리에서의 입시 경쟁은 더 치열하다. 잘하는 아이들이 너무 많기 때문이다. 이번 입시 역시 쉽지 않았다고 한다. 그런 힘든 과정 중에서도 프린스턴, UCLA, UC버클리 등을 비롯해 여러 명문대에 합격한 아이다.

  이번 입시의 큰 특이점으로는 아이비리그에는 합격했으나 UCLA에는 합격하지 못한 경우도 많다는 것이다. 그만큼 미국 입시는 학교마다 아이마다 다르다. 그래서 어렵다. '내 아이가 이렇게 해서 명문대에 들어갔다. 그러니 너도 이렇게 해.'라고 할 수 없다. 그게 합격을 보장하지 않기 때문이다.

  미국에서 고등학교를 졸업하자마자 소위 말하는 명문대학에 가는 일은 정말 기적처럼 대단한 일이다. "명문대만 의미 있고 최고다."라고 말하려는 게 아니다. 아이가 기울였던 그 노력의 시간을 칭찬하는 말이다. 그 끈기와 도전을 존중하고 치하하는 것이다. 미국의 입시는 단지 공부만 잘해서 되는 일이 아니다. 공부면 공부, 단체생활, 리더십, 다양한 특기, 꾸준함, 봉사 활동 등에서 탁월한 모습을 보여야 합격의 가능성이 커진다. 그래서 더 어렵다.

  인공지능 시대와 함께하는 미래에는 대학에서 아이들을 뽑는 기준은 어떻게 될까? 우리는 부모로서 한번 진지하게 생각해봐야 한다. 대학이 전부가 아님을 안다. 그리고 대학이 전부는 아니지만 때에 맞게 열심히 최선을 다해 사는 삶의 태도도 중요하다는 것도 안다. 하루아침에 그냥 이루어지는 것은 아무것도 없다. 성실한 태도로 자신의 삶을 꾸려간 아이들은 어떠한 환경과 상황에서도 자신의 빛을 뿜어낸다. 부모의 강요로 학원에 가고 공부하고 대학을 가고 전공을 정하는 일은 이제 의미 없는 시대가 돼 가고 있다. 아이가 주체가 되어 자신의 인생을 살아갈 수 있는 자립적인 아이로 자라게 해야 한다. 우리 부모는 아이가 스스로 생각하고 고민하고 결정하고 시간을 들여 최선을 다해보는 삶의 태도를 아이에게 가르쳐야 한다. F의 이야기를 통해 그 비결을 함께 알아보도록 하자.

운동과 독서로 다양한 세상을 경험하다

역시 운동이 빠지지 않는다. 고등학생이 축구를 공부만큼 했다. 고3이 학교의 축구팀 소속으로 매번 경기를 뛰고 연습했다. 최소 하루 3시간은 투자해야 하는 일이다. 초등학교 저학년부터 지금까지 꾸준히 한 것이다. 아이는 공부를 잘했기 때문에 대체로 남에게 싫은 소리를 들으며 살 일이 없었다. 하지만 축구를 하며 다른 세계를 경험하게 됐다. 보통 운동은 체격이 좋은 다른 나라 아이들보다 아시아인이 뒤처질 수밖에 없다. 아이는 태어나 처음으로 못한다는 소리와 싫은 소리를 들으며 뒤로 밀려나는 경험을 한 것이다. 잘하고 싶은 마음은 큰데 마음처럼 되지 않아 우는 날도 많았다.

아이의 엄마가 대단하다는 생각이 들었다. 나는 그녀의 엄마에게 물었다. 공부만 해도 모자랄 시간에 고등학생이 대학에 가는 데 도움이 될 만큼 축구를 잘하지 않는데도 어떻게 꾸준히 시킬 수 있었냐고 말이다. 그녀의 엄마는 어차피 시간이 많다고 맨날 아이가 앉아서 공부만 하지 않는다고 대답했다. 정말 딱 맞는 말이라고 생각했다. 몸으로 뛰고 움직여야 스트레스 해소도 되고 진짜 공부를 해야 할 때 책상에 앉을 수 있다고 했다. 집중해야 할 때 집중하게 도와주는 효과가 있다는 것이다. 한국에서 오랜 시간 선생님을 한 엄마는 경험으로 알게 된 것이다. 그 원리가 진짜 공부에 큰 도움이 된다는 사실을 말이다.

사실 공부의 기본기는 체력이다. F가 어릴 때부터 꾸준히 했던 축구는 기초체력을 탄탄하게 만들어줬다. 축구는 90분을 뛰어서 골을 넣는 경기다. 그만큼 뛰려면 달리기도 기본적으로 잘해야 한다. 오랜 시간 뛰어야 하는 만큼 자신의 체력과 컨디션 조절 능력이 길러진다. 공부는 결국 체력전이다. 피곤하지 않은 좋은 컨디션으로 책상에 앉아 집중할 때 공부도 잘할 수 있다. 많은 공부는 쉬이 지치지 않아야 계속할 수 있다.

축구는 F에게 다양한 세상을 경험토록 했다. 축구를 정리할 때 펑펑 울었다. 그녀는 포기하지 않고 끝까지 한 자신에 대한 자부심과 그동안 겪었던 일들에 대한 다양한 감정이 교차해 눈물이 쏟아진 것이다. 이렇듯 운동은 희로애락을 경험할 수 있다. 인생의 축소판이다. F는 그만두지 않고 끝까지 하길 너무 잘했다고 고백했다. 다양한 세계의 아이들을 경험하며 사회를 봤다. 이것은 학교에서 공부하며 배울 수 없는 배움이었다.

F는 축구를 통해 스트레스도 풀 수 있었다. 사람은 살아가며 누

구나 스트레스를 받으며 살 수밖에 없다. 스트레스를 관리할 줄 아는 능력은 너무 중요하다. 스트레스를 몸으로 푸는 것은 너무 좋은 방법이다. 아이가 모든 시간을 공부만 하고 살 수 없다. 집중을 하려고 해도, 세상에는 유혹거리가 너무 많다. 작은 핸드폰 안의 인터넷 세상, 친구, 이성 친구, 학업, 그리고 선생님과의 관계 등 수없이 많은 것이 있다. 아이러니하게 호르몬이 왕성한 사춘기 시절에 세상으로 나가기 위한 기본기를 다져야 한다. 즉 생각도 많고 혼란의 시기에 최선을 다하는 삶을 살아야 하는 것이다. 그러니 아이들이 얼마나 힘들까? 사춘기 때는 시간이 있고 체력이 받쳐줘도 공부만 집중하기 쉽지 않다. 그래서 F의 엄마는 운동으로 온 힘을 빼고 집에 가서 피곤해 쓰러져 자는 것이 좋다고 생각했다고 한다.

이곳에도 입시 컨설턴트가 비싼 금액을 받으며 아이들의 입시를 도와준다. 그녀의 엄마는 입시 정보가 입시 컨설턴트만 가지고 있는 특별한 자료가 아니라고 했다. 세상에 공개된 자료라 누구나 볼 수 있다고 했다. 다만 익숙하지 않은 부모와 아이가 제대로 잘 찾아보고 판단하는 게 쉬운 일은 아니라는 것이다. 대학마다 다 다른 입시제도를 제대로 파악해야 하기에 만만치 않은 일이다. 하지만 못하는 일도 아니라고 했다. 아이가 주도적으로 찾고 부모가 도와주면서 함께하면 할 수 있다.

A는 입시 컨설턴트 없이 입시를 준비하고 시험을 치렀다. 에세이도 스스로 해결했다. 참고로 이곳도 에세이와 관련하여 고액 컨설팅도 많이 받는다. 미국 입시, 특히 명문대 입시에서 에세이는 매우 중요한 부분이다. 그녀는 사교육의 도움 없이 명문대 여러 곳

에 합격하는 좋은 결과를 얻었다. 이 학생은 어떻게 글 쓰는 능력이 탁월했을까? 무슨 비결이 있는 걸까? 무엇보다 책을 좋아한다는 것이다. 내가 명문대생을 인터뷰하며 느낀 점은 단 한 명도 빠지지 않고 책을 좋아했다는 것이다. 책을 좋아한다고 모두 공부를 잘하는 것은 아니다. 하지만 공부를 잘하는 친구 대부분은 책을 좋아하거나 최소한 가까이했다. 미국은 입시나 학업에서 에세이가 매우 중요하기 때문일 수도 있다.

A는 책을 어떻게 좋아하게 됐냐는 물음에 한참을 생각했다. 책을 언제 어떻게 좋아하게 됐는지도 모르게 스며들었다고 했다. 그런데 생각해보면 집에 다른 재미있는 게 없었다고 한다. 게임도 TV도 장난감도 집에 없었다. 그래서 책을 집어 들었다고 했다. 책을 보다 보니 스토리에 빠지게 됐고 자신도 모르게 끄적이게 됐다고 한다. 책을 읽다 보면 어느 순간 쓰고 싶어지게 된다. 그게 독서의 큰 이익이고 매력이다. 역시 독서의 중요성은 뻔한 이야기 같지만 뻔하지 않은 이야기다. 현재를 살아가는 아이들은 너무 많은 자극적인 세상에서 살아가고 있다. 심심해야 책을 찾는 진실을 잊지 말아야 한다.

학교에서 친구와 '함께 가기'도 글쓰기에 중요하다. A는 학교 친구가 내 경쟁 상대라고 생각하기보다 함께 가는 법을 알았다. 서로 돕고 함께 성장하는 것이다. 그녀는 에세이를 친구들과 서로 돌려보며 피드백해주었다. 피드백은 사람을 성장시키는 가장 빠르고 좋은 방법이다. 아이와 비슷한 수준의 친구들이 서로의 글을 읽어보고 정확히 피드백해준다. 그것도 한 명이 아니라 여러 명이 해준다. 다른 친구의 글도 읽고 피드백하다 보니 스스로 중요 포인트가 무엇인지 알게 되고 잘 읽히는 글과 좋은 글이 무엇인지 자연스럽게 알게 되는 것이다.

다양한 이력을 쌓는 게 명문대 합격 비결이다

그녀의 명문대 합격의 또 다른 비결은 다양한 이력이다. 공부만 잘해서는 명문대 입학할 수 없다. 공부를 잘하는 것은 기본이다. 미국은 열심히 꾸준히 한 이력을 매우 중요하게 생각한다. 그런데 한 분야가 아니라 다양한 분야에서 꾸준히 성실하게 한 이력을 보여준다면 더없이 좋아한다. 미국은 한 가지 특출나게 잘하는 아이들도 좋아하지만 다양한 분야에서 성실하게 한 모습을 보여주는 것 또한 선호한다. 그렇다면 그녀가 갖춘 축구와 글쓰기 실력 말고도 다양한 이력은 뭐가 있을까?

A는 리더십이 뛰어나다. 학교 신문사 편집장까지 한 친구다. 신문사 편집장은 하루아침에 되는 게 아니다. 미국에서는 신문사의 편집장이라는 리더십을 매우 높게 평가한다. 글 쓰는 능력뿐만 아니라 리더십도 필요하기 때문이다.

신문사 편집장이 되기 전 기자가 돼 쓰기 훈련을 선배나 동료에게 피드백을 받으며 배운다. 완성한 글은 학교신문으로 발행한다. 이 과정의 반복으로 자연스럽게 잘 읽고 잘 쓰는 사람이 된다. 많은 돈을 주고 배우는 글쓰기 수업보다도 훨씬 더 빠른 효과와 큰 성장을 하게 한다. A는 그 경력이 차곡차곡 쌓여 신문사의 편집장 자리에도 올랐다. 신문사의 편집장 자리는 인기투표로 되는 게 아니다. 글쓰기의 실력, 리더십, 그리고 좋은 성품 등 다양한 점이 어우러져야 될 수 있다. 그렇기 때문에 대학은 신문사 편집장이라는 자리에서 일한 그녀의 이력을 매우 높이 평가한 것이다.

A는 디베이트 클럽의 대표도 했다. "디베이트는 공부의 꽃이다."라는 말이 있다. 디베이트를 잘하려면 잘 읽고 잘 들어야 한다. 또한 요약하여 쓰고 전달력 있게 말해야 한다. 정보도 잘 찾아야 하고 빠른 시간에 이해하고 판단해야 한다. 디베이트를 잘하려면 어느 것 하나도 부족하면 안 된다. 이 능력은 사회에 나가서 그 무엇과도 바꿀 수 없는 좋은 능력이 된다. 꼭 대학이 아니더라도 학교생활에서 공부와 관계, 발표하기, 그리고 사회에 나가서도 귀중한 자산이 된다. 어쩌면 사회에 나가서 가장 필요한 능력 중 하나일 것이다.

예술도 그녀의 성장에 한몫했다. 먼저 악기를 연주할 줄 알았다. 그녀는 중학교 때 학교에서 만들어진 콰르텟팀에 소속돼 있었다. 그리고 학교 오케스트라도 했다. 하나 정도 다룰 줄 아는 악기가 있다는 것은 삶을 풍요롭게 한다. 그녀가 바이올린으로 상을 받고 높은 그룹의 팀에서 활동하지는 않았다. 그럼에도 바이올린 이력은 좋은 경력과 더불어 좋은 취미와 협주를 통한 협업을 경험하게 해줬다. 중학교 오케스트라 선생님이 콰르텟을 만들어줬다. 그 팀은 고등학생 때까지 종종 한 팀이 돼 결혼식 축하나 공연 같은 아르바이트도 하고 봉사 활동도 하는 통로가 됐다.

그녀는 음악뿐만 아니라 연극팀에서도 활동했다. 연극 한 편을 무대에 올리려면 얼마나 많은 사람이 많은 시간을 들여 맞추고 또 연습해야 하는지 직접 해보지 않아도 짐작할 수 있는 일이다. 그녀는 어릴 때부터 연극을 했다. 수많은 오디션을 봤다. 그 과정 중에 도전과 실패를 계속 반복했다. 그녀가 주인공만 도맡아서 했을까? 아니다. 그냥 사람 1, 뒷배경 1과 같은 멋진 주인공은 아니었지만 그녀는 연극을 하며 행복했다.

그녀의 엄마는 그녀가 얼마나 많은 시간을 연극을 하며 보냈는지 모른다고 했다. 보통 오후 4시부터 밤 9시까지 연습했다고 한다. 재능도 없는데 이토록 시간을 투자한 것에 대해 그 시간이 헛된 것이었는지 물었다. 그녀의 엄마는 아니라고 했다. 연극은 디베이트를 할 때 사람 앞에서 자신 있고 또렷하게 말하는 데 도움을 줬으며 암기력에도 도움이 됐다고 했다. 그리고 면접을 볼 때나 사람들을 설득할 때 전달력 있는 목소리 톤으로 말하는 능력과 떨지 않고 말할 수 있는 능력 등을 키울 수 있었다.

그녀는 연극을 통해 세상에 쉽게 되는 일이 없음을 알게 됐다. 각자 다른 사람들이 하나가 돼 서로 맞추며 연극을 무대에 올리는 일은 대학입시에도 도움이 되지만 대학에 가서 팀워크로 과제를 할 때, 세상에 나가 직장에서 협업을 할 때도 도움이 될 것이라고 자신 있게 대답했다. 많은 사람이 함께 맞춰야 하는 연극이라는 무대를 오랫동안 지켜온 그녀의 이력을 긍정적으로 평가했다. 무엇보다 그녀는 연극 무대 위에서 행복했다고 한다. 친구와 늦은 시간까지 연습하고 극을 무대에 올렸을 때 그 기분은 꽤 큰 성취감을 맛보게 해줬다.

내가 제삼자로 한 발짝 뒤에서 바라본 그녀는 뭐든 도전하기를 좋아했다. 끈기가 있고 잘하고 싶은 욕망, 즉 욕심이 있는 아이였다. 그리고 한번 시작한 일은 쉽게 그만두지 않는 아이였다. 내가 알고 있는 아이의 이력은 이 정도다. 아마 내가 모르거나 나에게 다 말하지 않은 많은 일들도 있을 테다. 봉사 활동도 다양하게 많이 했다. 그리고 많은 활동을 단지 몇 번에 그치거나 1~2년 하고 끝낸 게 아니다. 어린 시절부터 고등학생 마지막까지 대부분 최선을 다해서 한 일이다. 그리고 좋은 결과든 아니든 그 과정을 즐겼다. 우리는 결과만 보고 그녀를 명문대에 합격한 영재라고 생각한다. 그 무수한 시간과 고난의 시간은 마치 없었던 것으로 생각하고 하루아침에 뚝딱 만들어낸 결과만으로 여긴다. 이렇듯 이곳에서 자라는 아이들의 경험치는 그저 공부만 하는 한국과 매우 다르다. 우리는 이것이 앞으로 어떤 다른 결과를 만들어낼지 진지하게 생각해봐야 한다.

그녀는 모든 액티비티와 공부가 싫은데 부모님의 강요로 억지로 입시를 위해 했을까? 아니다. 모두 본인이 원하고 좋아하는 일을 찾은 것이다. 그것이 가장 큰 핵심이다. 그렇다면 그만두고 싶을 만큼 힘든 일은 없었을까? 무수히 많았다고 한다. 하지만 끝까지 할 수 있었던 이유 또한 자신이 좋아하는 일을 했기 때문이라고 했다.

아이가 자신이 좋아하는 걸 찾을 수 있도록 어릴 때부터 다양한 경험을 하도록 돕자. 어릴 때 많이 넘어지고 실패해보게 장을 만들어주자. 그 과정에서 아이는 배운다. 항상 꽃길만 있을 수는 없다. 그걸 알아야 아이가 넘어졌을 때 쉽게 털고 일어난다. 우리는 넘어지지 않는 것이 아니라 넘어졌을 때 일어나 다시 앞으로 걸어 나갈 수 있도록 도와줘야 한다. 실리콘밸리의 엔지니어 부모는 아이의 리더십을 키우기 위해 다양한 일에 도전하고 책임감을 갖게 하는 훈련을 시킨 것이다. 그리고 함께하는 팀 운동, 연극, 오케스트라 등을 통해 리더의 자질을 갖추는 훈련을 했다.

5
끝까지 해내는 그릿의 힘을 기른다

"100번의 노 뒤에 1번의 예스가 온다."

어른이든 아이든 누구에게나 실패는 아프다. 실리콘밸리 이곳에는 성공만 있을까? 긴 여정의 끝에 명문 UCLA에 입학시킨 C의 엄마 이야기에 귀를 기울여본다.

"인생은 꽃길만 있는 게 아니잖아요. 그래서 C에게 있는 그대로의 세상, 실패해도 괜찮은 세상을 보여주는 게 부모로서 너무 중요해요. 나는 긴 여정을 돌아왔지만 돌아보니 정말 아쉽고 후회가 돼요. 지나고 보면 다 별거 아닌데 첫 아이라 더 착오가 많았던 것 같아요."

힘겨운 시간을 지나고 그래도 좋은 날이 와 웃는 엄마의 모습에서 부모의 길이 다시 한번 쉽지 않고 어려운 길임을 알게 됐다. 내 자식이 꽃길만 걷기를, 힘들지 않기를, 상처받지 않기를 바라는 마음은 모든 부모의 한결같은 마음일 것이다.

  C는 SAT를 만점 맞고도 원하는 대학에 입학하지 못했다. 그해 부모도 C도 모두 힘들었다. 부모 모두 첫 아이에게 거는 기대감은 특별했다. 그리고 그 기대가 헛된 기대가 아니란 걸 증명하듯 잘해 왔다. 그런데도 입시는 알 수가 없다. 마음처럼 되지 않았다. 결과를 받아들이기까지 C도 부모도 힘들었다. C는 고심 끝에 커뮤니티 칼리지에 가기로 했다. 그리고 2년의 세월을 보내고 드디어 원하는 명문대로 트랜스퍼에 성공한 것이다. 명문대로 트랜스퍼하는 일은 정말 어려운 일이다. 그는 결국 해냈다. 좌절하지 않았고 다시 일어나 방법을 찾고 도전했다. 그리고 끝까지 물고 늘어지며 원하는 목표를 이루어 냈다.

도전하고 실패해도 끝까지 해내는 힘을 길러라

  C의 엄마에게 자녀교육과 입시에서 가장 중요한 게 무엇인지 물었다. 현대 사회는 좌절할 게 너무 많은 환경이다. 세상에는 똑똑한 아이들이 너무 많다. 모든 게 경쟁과 비교다. 그런데도 그 상황에서도 딛고 일어서 끝까지 해내는 힘. 포기하지 않고 될 때까지 하는 힘이라고 했다. 특히 실리콘밸리는 그 힘 없이 버티기 힘들다고 했다. 미국은 그래도 날고 기는 아이들만 인정하고 환영하는 시스템이 아니라 기회의 나라라고 했다.

『그릿』의 저자 앤절라 더크워스가 말하는 성공한 사람의 특징은 좋은 사회 지능, 외모, 신체, 아이큐가 아니라고 말한다. 바로 '그릿'이라고 한다. 그럼 그릿은 정확히 무엇일까? 그릿은 목표를 향해 오래 나아갈 수 있는 열정과 끈기다. 그릿은 해가 뜨든 지든 꿈과 미래를 물고 늘어지는 거라고 한다. 일주일, 한 달이 아니라 몇 년에 걸쳐서 꿈을 실현시키기 위해 진짜 열심히 노력하는 거다. 그릿은 단거리가 아니라 마라톤처럼 인생을 사는 것이다. 즉 노력을 멈추지 않고 끝까지 하는 거라고 할 수 있다.

그렇다면 그릿은 어떻게 발달시킬 수 있을까? 첫째, 내 아이가 좋아하는 일을 찾아준다. 아이가 진짜 좋아하는 것이 무엇인지 찾을 수 있도록 도와줘야 한다. 쉽고 간단하게 관심사를 찾아가는 방법을 공유한다. 자극을 받으면 직접 하고 싶어지는 욕구가 생긴다. 그럼 집에서 간단하게 해보면 된다. 그러면서 관심사를 발견한다. 집에서 혼자서 또는 부모와 함께 해보다가 더 깊게 배우고 싶어지면 전문가나 학원을 찾는 것도 좋은 방법이다. 다음과 같은 방법을 추천한다. 대부분 활동은 앱과 온라인 플랫폼으로도 가능하다.

- 미술관 가기, 앱이나 동영상을 보면서 큐브 맞추기, 종이접기
- 음악 듣기(유튜브에 좋은 연주가 많다.)
- 유튜브로 디베이트 보기, 직접 관람하거나 유튜브로 뮤지컬 보기
- 여행 다니기, 다양한 뮤지엄 가기, 다양한 스포츠 관람하기(TV와 유튜브 보기로 대체할 수 있다.)

- 유튜브로 그림 그리기 보기, 아이패드로 그림 그리기 등
- 다양한 책 읽기, 다양한 다큐멘터리 보기

둘째, 특별 활동을 많이 하도록 한다. 음악, 운동, 미술을 통해 근면성을 학습한다. 예체능에는 아이의 관심, 연습, 목적, 희망을 기르도록 설계돼 있기 때문이다. 또한 그릿을 키워줄 뿐만 아니라 스트레스 해소와 행복감과도 연관이 있다. 어릴 때만 잠깐 예체능을 시키지 말고 꾸준히 평생 가지고 갈 취미를 만들어주자.

셋째, 열정을 불어넣어 주자. 시작한 일은 쉽게 그만두지 않고 끝까지 해내는 기쁨을 경험하게 해야 한다. 고심 끝에 시작했는데 금세 그만두려고 한다면 "이왕 시작했으니 딱 한 달만(석 달만, 2주만 등) 열심히 해보자. 그 후에도 원치 않으면 그때 다시 이야기하자."라고 권해보자. 이것이야말로 아직 어린아이가 잘 훈련할 수 있도록 부모가 도와줘야 하는 것이다. 힘들고 실패도 했지만 포기하지 않고 다시 일어나 도전한 그 경험은 잊지 못할 성취감을 느끼게 해줄 것이다. 성취감을 맛본 아이는 그 일에 열정을 가지게 된다. 인생의 태도가 달라질 것이다. 그리고 아이 자신에 대한 믿음이 생긴다. 그러면 아이는 뭐든 할 수 있다.

그릿의 기본적인 자질인 열정을 키워라

그릿에 관해 이야기를 나누다 보니 실리콘밸리의 학생 지나가

생각났다. 지나는 열정의 리더십을 가진 아이였다. 지나의 열정이 꽃피운 시기는 고등학교 시절이다. 지나는 미션으로 아프리카의 가난한 나라를 다녀왔다. 그곳에서 아이들을 계속 돕고 싶다던 선배 언니의 말을 마음에 새기고 자신도 아프리카의 아이들을 돕기로 결심하고 일을 시작했다.

그녀의 추진력은 불도저 같았다. 선생님을 찾는 일도 단체의 시드머니를 만드는 일도 도와줄 후원 어른을 찾는 일도 쉽지 않아 힘들었다. 하지만 지나는 절대 포기하지 않았다. 그리고 마침내 비영리 단체를 만들었다. 도와줄 어른을 섭외하고 각종 서류 및 절차를 밟았다. 비영리 단체를 만들기 위한 정책은 복잡하고 어려운 일이다. 비영리 단체 설립 자금을 만들기 위해 자동차 밴에 자신의 책을 가득 실어 파는 일부터 시작했다. 자신의 고등학교에서도 이 클럽을 만들었다.

지나는 포기하지 않고 끝까지 해냈다. 반드시 이 일을 성공시켜 가난한 나라의 아이를 도와야겠다고 생각했기 때문이다. 그녀는 클럽을 통해 아프리카에 학교를 세웠다. 어른 후원자까지 모집하는 기부 단체를 만든 것이다. 한 고등학생의 '열정'은 어른의 마음을 움직였다. 그리고 마침내 아이들에게 도움을 주게 됐다. 아프리카에 학교를 세워 교육을 제공하고 배고파 굶는 일이 없게 만들었다. 이런 멋진 아이를 대학에서 당연히 뽑지 않을까? 자신의 재능을 통해 어려운 사람을 돕고 좋은 영향력을 미치는 봉사 정신과 리더십은 미국 대학에서 중요하게 생각하는 부분 중 하나다. 이런 아이를 많이 만들어내는 일이 미국 대학의 목표다.

지나는 버클리대학교에 가서도 같은 단체를 만들어 얼마 전 친구들과 봉사 활동을 다녀왔다. 그러더니 2024년 3월에도 버클리 친구들과 함께 또 아이들을 만나러 떠났다. 아마 지나는 평생 열정 리더십으로 어려운 아이들을 도우며 자기만 잘사는 게 아니라 어렵고 힘든 사람을 돕는 건강한 시민으로 살아갈 것이다. 이 원동력과 마음가짐은 어디에서 나온 걸까? 지나 부모 역시 자신들이 가진 걸 나누고 돕는 분들이다. 아이들에게 행동으로 가르치는 부모다. 지나는 그릇의 기본적인 자질인 열정이 넘친다. 자신이 의미 있다고 생각하고 좋아하는 일이라면 반드시 될 때까지 불도저라는 별명대로 포기를 모르고 밀어붙인다.

실리콘밸리의 두 아이를 보며 내 아이가 이렇듯 열정 가득한 그릇이 넘치는 아이가 됐으면 좋겠다고 생각했다. 오늘도 실리콘밸리에서 치열한 삶을 사는 아이들의 이야기를 통해 그릇이 세상을 살아가고 공부하는 데 중요함을 다시 한번 알게 됐다.

6
인공지능을 창의적으로 활용하게 한다

"저는 컴퓨터가 인간처럼 생각하는 것을 걱정하지는 않습니다. 오히려 사람들이 컴퓨터처럼 생각하는 것이 더 걱정됩니다. 어떤 연민이나 동정도 없이 그로 인한 결과에 대한 우려도 없이 말이죠."

팀 쿡이 지난 2017년 MIT 졸업식 연설에서 인공지능에 대해 한 말이다.

챗GPT의 탄생으로 자신의 관심 분야나 새로운 학문을 공부할 때 전 세계의 전문가나 선생님에게 배울 수 있다. 유튜브에 있는 수많은 강의를 들으면 된다. 그런데 영어를 못하면 예전에는 들을 수 없었다. 하지만 지금은 스크립트를 챗GPT에 번역시키고 핵심 내용을 깔끔하게 정리해달라고 하면 된다. 모르는 문장이나 이론에 대해 자세히 설명해달라고 하면 정말 그렇게 해준다. 자료를 찾을 때도 구글에 치면 영어로 나온 수많은 정보가 나오는데 챗GPT에게 번역을 부탁하거나 요약을 부탁하면 잘해준다. 개인 선생님이 밀착해서 24시간 내 옆에 있는 것이다.

이제는 이러한 시대다. 과연 우리 아이들을 어떻게 교육해야 하는지 깊이 생각해봐야 한다. 2023년 전 세계를 뒤흔든 챗GPT에 대해 알아보자. 지금 실리콘밸리의 많은 아이는 챗GPT와 친구처럼 이야기하고 논다. 어느 날 가르치는 학생 중 한 명이 신나게 아이패드를 열심히 보고 있길래 뭐 하나 봤다. 챗GPT와 이야기를 나누고 있었다. 내용을 보니 창조론과 진화론에 관한 토의를 하고 있었다. 이런 시대가 됐다. 우리는 아이를 어떻게 키워야 할까?

깊은 사유와 기술 학습을 다 해야 한다

2022년 11월 30일 공개한 대화 전문 인공지능 챗봇으로 챗은 채팅의 줄임말이다. 챗GPT는 대화창에 텍스트를 입력하면 내화를 함께 나누는 서비스다. 공개 5일 만에 이용자가 100만 명을 돌파하며 돌풍을 일으켰다. 챗GPT가 세상의 판도를 바꿀 것이라며 전 세계의 관심이 집중됐다.

그 시기 내가 사는 캘리포니아는 기상이변으로 눈이 오는 지역도 있었다. 많은 비와 강한 바람이 불었고 자주 정전이 됐다. 8년을 살면서 겪지 못했던 일들이었다. 문명이 발달하면 할수록 지구는 아파한다. 챗GPT는 사용자가 검색할 때마다 데이터를 처리하고 결과를 제공하기 위해 서버와 데이터 센터에서 많은 전력을 소비하며 탄소배출을 높인다. 그리고 그것은 지구를 아프게 하는 일에 일조한다. 여러 부분에서 돌이킬 수 없는 고민과 생각거리를 안겨준 챗GPT다. 엄마로서 다음 세대인 내 아이가 살아야 할 세상은 어떻게 될까? 앞으로 어떤 가치관과 생각을 가지며 살아야 할까? 많은 고민이 됐다. 기존의 방식과는 분명 다른 삶이 될 것이다. 실리콘밸리의 부모이자 엔지니어, 심리학자, 그리고 대학교수에게 챗GPT에 관해 이야기를 나눠봤다.

미래에 일어날 일을 정확하게 예측할 수 있는 사람은 없다. 이곳에서 이야기를 나눈 엔지니어, 교수, 심리학 박사 중에도 누군가는 일자리가 사라지며 앞으로의 미래가 인공지능에 조종받을까 걱정하는 등 좀 더 비관적으로 보는 그룹과 챗GPT를 잘 활용하면 오히려 더 일의 능률과 여가를 확보해서 좋은 결과를 낼 수 있도록 하여 미래에 경쟁력을 갖추게 해줄 거라고 낙관적으로 보는 그룹으로 나누어졌다.

인공지능에 낙관적인 사람들은 인공지능을 개인비서로 활용하고 자신은 창의적이고 직관적인 일에 집중하면 된다고 말한다. 이렇게 해야 인공지능과의 협업에 시너지 효과가 생긴다고 말이다. 아이들에게도 지금부터 인공지능을 적극적으로 활용하게 도와줘야 한다고 했다. 무엇이 정답일지 어떤 세상이 될지는 모르지만 현재 우리가 할 수 있는 일을 해야 한다. 인공지능을 활용하는 기술적인 것과 깊고 창의적인 생각 그리고 좋은 질문법을 개발하는 두 가지의 교육이 함께 가야 한다는 사실이다.

2023년 5월 15일부터 챗GPT의 유료 사용자에게 플러그인 서비스를 오픈했다. 플러그인은 챗GPT에 다른 앱 서비스를 연동하는 기능이다. 즉 특정 웹사이트를 연결한 뒤 해당 사이트의 데이터를 가지고 정보를 검색해 이용할 수 있게 한 기능이다. 최신 정보의 반영과 정확성이 높아졌다. 이 기능으로 울프램 앱을 사용하면 수학적 오류를 줄여준다. 이처럼 인공지능의 기술은 급속도로 발전하고 정확해져 가고 있다. 이번 대화에서 한 엔지니어는 이렇게 말했다. 결국 세상은 변화하고 있고 교육도 변해야 한다면서 인공지능을 어려서부터 잘 활용하고 학습에 이용한 사람과 그렇지 않은 사람의 격차는 벌어질 가능성이 있다고 말했다.

엔지니어의 말을 듣고 나니 더욱 고민이 많아졌다. 인간과 기술의 융합이야말로 가장 중요한 기술일 것이다. 이 능력을 개발하기 위해서는 아이들에게 인문학과 예술 그리고 깊은 사유와 기술적 학습이라는 두 마리 토끼를 함께 잡아야 한다는 생각이 들었다. 우리는 시대의 흐름에 따라 인공지능과 함께 살아가게 될 것이다. 그러나 진지하게 한 번쯤은 절대 간과할 수 없는 챗GPT의 단점과 부작용 윤리성에 대해 고민하고 생각해볼 문제이다. 답이 없어 더 어려운 문제인 것 같다.

그렇다면 인공지능의 영향을 가장 많이 받을 직업은 무엇일까? 전문가들과 나눈 이야기를 정리해보면 우선 데이터 분석가는 분석 능력이 아주 뛰어난 소수만 살아남을 것이다. 인공지능이 대부분 해주기 때문이다. 사실 이 분야는 인공지능이 제일 잘하는 일 중 하나다. 그리고 리서치 어시스턴트나 티칭 어시스턴트 등 대부분의 어시스턴트들이 사라질 가능성이 크다. 지금도 이미 시험의 객관식 문제는 컴퓨터가 채점한다. 다음으로 행정을 처리하는 직업, 글 쓰는 사람, 언어적 업무가 높은 일들이 인공지능으로 대체될 가능성이 크다. 또 고임금의 지식 노동자 직군, 예컨대 회계사와 번역가, 법률가, 의사, 엔지니어 등도 영향을 크게 받을 직종으로 예상된다고 했다.

기술에 대한 성찰과 통찰이 필요하다

인공지능 시대일수록 좋은 질문, 즉 열린 질문을 할 줄 알아야 한다. 어떻게 질문하느냐에 따라 챗GPT 대답의 질이 달라진다. 질문의 능력을 키우는 방법은 결국 많이 읽고 깊이 사유하고 토론하는 문화에서 나올 수 있다. 구체적으로 질문할 때 좋은 답변을 얻을 가능성이 크다.

아이의 의견을 자주 구하는 것도 중요하다. 항상 "네 생각은 무엇이니?"라고 묻는다. 어릴 때부터 존중하며 아이의 의견을 묻는 것은 주체적인 사고 능력을 키워준다. 그리고 "네 주장을 뒷받침하는 증거가 뭐니?"라고 물으며 정보에 대한 분별력을 강조한다. 현대 사회는 정보가 너무 많아서 정작 필요한 정보, 제대로 된 정보를 찾기가 힘들다. 어떤 정보가 진실이고 가짜인지 구분하는 능력이 필요하다. 얼마나 논리적이고 사실적인 정보인지 알아야 한다. 우리는 앞으로 어떤 것을 믿어야 하나 고민하게 될 것이다. 분별 능력이야말로 이 세상을 살아갈 때 매우 중요한 것인지도 모른다.

좋은 질문을 하고 생각을 묻는 것 등은 결국 자기만의 고유한 길을 가라는 것과 같다. "너는 무엇을 하고 싶니?" "너는 무엇을 할 때 에너지가 생기니?"라고 묻는 이유다. 모두가 가는 똑같은 길을 따라가는 것이 아니라 자기만의 생각을 명확히 가진 개성이 있어야 한다. 나만의 특별함이 필요하다. 나만의 특별함이 외골수를 뜻하지는 않는다. 다른 사람의 생각도 존중할 수 있어야 한다. 그래서 다양한 시간을 이용해 토론하는 습관을 갖추는 게 좋다. 상대방이 나와 다른 생각을 가진 것을 알고 인정할 줄도 알아야 한다. 이 능력은 토론 문화를 통해 배울 수 있다. 모여서 생각하고 고민하는 시간이 필요하다.

마지막으로 자신이 하는 것에 대한 성찰을 할 수 있어야 한다. "그것이 누구에게 도움이 될까? 그것으로 인해 피해를 보는 사람은 누굴까?"와 같은 질문을 스스로에게 던질 수 있어야 한다. 도덕성과 인간성 등 윤리, 철학, 종교가 무엇보다 중요해진 시대다. 실리콘밸리 부모들은 아이가 원하는 바에 대해서나 사회 이슈에 대해 위의 질문을 자주 던진다.

기술이 상상을 초월할 정도의 속도로 발달하고 있다. 그러나 그 기술을 포함한 인류의 문명에 대해 생각할 줄 알아야 한다. 팀 쿡은 2017년 MIT 졸업식 연설에서 "인류를 이롭게 한다."가 자신의 목표라고 했다. 어떻게 기술이 인류를 이롭게 할지가 인생에서 가장 크고 중요한 질문이라면서 말이다. 그도 인공지능은 우리 삶의 거의 모든 부분에서 긍정적인 역할을 하면서도 잠재적인 부작용을 가지고 있다고 우려했다. 그의 말대로 우리 안전을 위협하고 프라이버시를 위협하고 가짜 뉴스를 만들어낸다.

팀 쿡은 "스티브 잡스가 말했듯 단순 기술만으로는 충분하지 않다. 기술이 인문학과 결합할 때 비로소 우리 심장은 뛰기 시작한다."라고 했다. 그는 "우리가 하는 일의 중심에 사람을 둘 때 엄청난 영향력이 생겨날 수 있다. 여러분의 가치가 녹아 있는 기술이야말로 인류의 진보를 가능케 한다."라고 강조했다.

인공지능을 비롯한 첨단기술의 요람인 실리콘밸리의 부모들과 팀 쿡은 단지 기술만 강조하지 않는다. 기술을 어떻게 어떤 목적으로 사용할 수 있는지 성찰하는 역량과 디지털 세상의 본질을 바라보는 통찰을 길러야 한다고 말한다.

2부

실리콘밸리는 상위 1% 영재를 만든다

5장

독서력으로 학습력을 키운다

1
공부의 기본은 책 읽고 토론하기로 갖춘다

M은 UC버클리와 UCLA를 동시 합격했고 UC버클리를 선택했다. 달리기를 사랑하고 생물학과 의학을 공부한 M의 어머니를 만나 인터뷰했다. 먼저 어떤 엄마인지 물었다. 그랬더니 "극성 엄마였어요."라고 말하며 웃었다. 내가 아는 분 중 가장 겸손하고 온화한 성품을 가지고 계신 분이다. 그런 분의 첫 마디에 깜짝 놀랐다. 극성과는 정말 어울리지 않는 분이다.

"나는 '큰애는 잘 키워야지.'라는 마음으로 가득했어요. 그래서 의사를 만나러 갈 때도 질문을 빼곡하게 노트에 적어 갔어요. 정확히 기억은 나지 않지만, 말도 안 되는 질문까지 적어 갔던 것 같아요."

그랬던 그녀에게 의사가 일침을 날렸다.

"너 보호막에다 애를 키울래?"

그녀는 그때 깨달았어야 했는데 뭐든 자신의 마음대로 사랑을 주었다고 했다. 그래서 큰애는 사춘기를 심하게 앓았다. 그런 첫째의 시행착오로 둘째와는 관계가 좋았다고 했다. 둘째와의 좋은 관계를 이야기하며 "그냥 얻어지는 게 세상에는 없죠?"라고 했다. 첫 아이의 경험으로 아이들이 각자 성격이 다르다는 것을 이해하게 된 것이다. 내 잣대로 남의 자식을 판단하지 않게 됐다. 있는 그대로의 모습 그대로 아이를 바라보게 됐다고 했다. 그녀는 감사한 일이지 않냐고 했다. 아이가 잘되고 못 되는 일이 100% 부모 때문이 아니다. 요즘 엄마들이 그 마음에서 자유함을 가지고 살아가길 바란다고 했다. 아이의 모든 결과가 엄마 탓이 아니라는 말에 큰 위로를 받는 기분이 들었다.

엄마와 함께 책을 읽고 토론한다

M은 혼자 공부하면 외로움을 타는 아이였다. 공부도 혼자 하면 외롭다고 엄마가 늘 옆에 있어 주길 원했다. 근데 이것도 아이마다 성향이 다르다고 조심스럽게 말했다. 내 아이에게는 좋은 효과가 있지만 다른 아이에게는 역효과가 있을 수 있다고 했다. 어떤 아이는 '감시'를 받는다고 생각하기 때문이다. 육아는 그렇기 때문에 정답이 없는 것이라고 했다. 아이의 성향, 기질, 그리고 원하는 방향을 잘 알아야 한다. 그래서 그 아이만의 방법에 맞게 적용해야 한다는 것이다. 가장 중요한 핵심은 '아이가 이 가정 안에서 무엇을

풀어놓듯 어떤 모습을 보여주든 안전한 곳이다.'라는 확신을 주는 게 중요하다고 했다. M의 엄마는 "좋은 부모와 자식의 관계가 사실은 육아의 전부이지 않을까요?"라고 덧붙였다.

M의 엄마는 아이에게 단 한 번도 과외를 시켜본 적이 없었다고 했다. 시키고 싶었지만 시킬 수 없었다. 사교육은 하지 말아야지 하는 거창한 철학이 있어서 그런 건 아니라고 했다. 그 시기가 경제적으로 가장 어려운 시기라 돈이 없어서 시킬 수가 없었다고 했다. 가끔 '아이에게 좋은 선생님을 만나게 해줬다면 더 좋은 결과가 있지 않았을까?'라는 생각도 했다고 한다. 그런 미안한 마음을 표현하자 딸이 말했다. "엄마, 내가 터득해야 할 학습 방법이야. 과외 받아서 잠깐 높은 점수는 받을 수 있지만 내 것이 아니야. 과외를 받든 안 받든 결과적으로 내가 터득해야 내 것이 되는 거야. 그러니 괜찮아 내가 잘할 수 있어."

M의 엄마는 딸의 이 멋진 위로에 미안함과 고마움이 동시에 들었다. M은 이 시절 스스로 터득한 학습 법과 공부로 많은 과외와 봉사 활동을 할 수 있게 됐다고 했다. M은 고등학교 때 가장 높은 레벨의 영어 수업을 들었다. 수업은 어렵고 까다롭기로 유명했다. 선생님의 숙제 방식은 책 한 권을 읽고 그 책에서 좋은 문장을 골라 주제를 선정하는 것이다. 책의 주제를 한 문장으로 만드는 게 첫 번째 숙제다. 대부분 글을 쓰기도 전에 주제 선정에서 거절당한다. 새롭게 주제 문장을 가지고 가면 "더 깊이 생각해. 더 깊은 걸로."라고 말하니 계속 다시 원점으로 돌아와 숙제를 했다.

M의 엄마는 힘들어하던 딸을 위해 함께 숙제로 내준 책을 같이

읽고 브레인스토밍처럼 이야기를 많이 했다. "엄마 생각은 어때? 엄마는 왜 그렇게 생각해? 나는 그렇게 생각 안 해봤는데."라며 오랜 시간 서로 책을 읽고 나눈 것이다. 그 과정에서 번뜩이는 깊은 주제 문장을 만들게 된 것이다.

M은 자신만의 생각에 갇히지 않았다. 엄마의 생각이 자신과 다른 이유는 무엇이고 왜 엄마가 그렇게 생각했는지 깊이 사유하면서 자신만의 생각을 정리한 것이다. 그러다 보니 깊은 통찰력이 생기게 됐다. M은 엄마와 토론해야 하니 충분히 책을 이해해야 했고 정리해서 자기 생각을 정확하게 전달해야 했다. 이해되게 설명하고 엄마의 반박 질문을 위해 깊은 생각을 하게 된 것이다. 이 훈련을 통해 글을 읽을 때도 쓸 때도 깊은 사고를 기반으로 할 수 있게 됐다. 그 결과 에세이에 자신의 모든 라이프스토리를 잘 녹여냈다. 당연히 좋은 에세이는 대학에서 높게 평가됐다. 그리고 그렇게 깊게 책을 읽고 토론하는 훈련은 모든 공부에 큰 도움이 됐다. 결과는 명문대에 동시 합격이라는 기쁨을 안겨줬다.

이느 날 M이 기타로 노래하며 연주하는 모습을 본 적이 있다. 너무 독특한 음색과 멋진 기타 실력이었다. 그런데 그 기타도 고등학생 때 스스로 혼자 배웠다고 했다. 필요하면 방법을 찾아 배운다. 자기주도학습이 잘 자리잡혀 있기 때문이다.

지금의 행복을 충분히 누리도록 한다

M의 엄마는 지금 한창 아이를 키우는 엄마들에게 전해주고 싶은 말이 있었다. 지금 글자 하나 읽는 모습을 보며 뒤처지는 것 같은 기분이 들어도 그것은 큰 문제가 아니라고 했다. 그러니 그 문제를 해결하겠다고 아이와 너무 힘겨루기하지 말라고 당부했다. 지금의 아름다움과 사랑스러움을 즐겨야 한다고 했다.

또 현재의 즐거움을 희생해서 알지도 못하는 미래의 행복을 사려고 하지 말아야 한다고 했다. "지금 행복하지 않은데 어느 날 갑자기 행복할 수 있을까요?" 행복도 연습이 필요하고 경험해야 알게 된다고 강조했다. 어찌 될지 모르는 미래, 즉 좋은 대학과 좋은 점수 때문에 아이와의 소중한 순간을 놓치지 말고 현재에 집중해야 한다고 했다. 현재는 지나고 나면 오지 않는 시간이다. 아이와 현재의 즐거움을 누리며 살기를 바란다고 당부했다.

그리고 아이마다 다른 사랑의 언어를 파악하고 그에 맞는 사랑의 언어를 주라고 덧붙였다. 어떤 아이에게는 장난감 자동차를 선물해주는 게 사랑의 언어이고 또 어떤 아이에게는 맛있는 밥을 사주는 게 사랑의 언어다. 무엇보다 아이를 잘 알기 위해서는 세심하게 관찰해야 한다고 했다.

어릴 때는 지도하는 과정이 필요하다. 하지만 클수록 나이에 맞게 아이를 존중해야 한다. 잔소리는 백해무익이니 스텝인Step in, 스텝백Step back을 잘해야 한다고 했다. 부모는 아이가 결정하면 존중하고 도와줘야 한다. 그리고 열렬한 응원자가 돼야 한다고 했다. 힘든 순간에는 부모에게 찾아와 쉴 수 있는 넉넉한 품이 돼야 한다고 말했다. 이것이 치열한 경쟁사회에 부모만이 해줄 수 있는 가장 큰 선물이고 무기라고 했다.

"내 자식의 최선의 부모는 우리다. 그 믿음을 가지고 아이를 키워보세요."

너무 어린 나이부터 학원이나 과외와 같은 남의 손에 맡기기보다 부족해도 부모가 옆에서 같이 있어 주고 함께 공부해보라고 권유했다. 아이가 과외나 학원을 필요로 하고 좋아하면 그때 해도 늦지 않다고 했다. 부모가 옆에서 같이 함께하다 보면 스스로 공부하는 자기주도학습 능력이 생기게 돼 나중에 학원에 가거나 고학년이 될수록 더 큰 효과를 보게 될 것이라고 했다.

2
실리콘밸리 부모는 독서 습관을 만들어준다

 모든 아이는 태어나면 책을 좋아한다. 더 자세히 말하면 스토리를 좋아한다. 아이에게 책, 즉 스토리는 세상과 자신을 연결하는 가장 흥미로운 매개체다. 그런 시기에 미디어에 노출되면 아이들은 당연히 강렬한 미디어에 중독될 가능성이 크다. 미디어의 노출은 득보다 해가 많다. 미디어가 아니라 책과 조금 더 가까워질 수 있으면 얼마나 좋을까?

심심한 시간을 책으로 채우게 한다

 지금까지 실리콘밸리에 10년을 살며 만나고 가르친 독서 영재들의 특별한 비법을 공개해보도록 하겠다.

첫째, 미디어 노출을 제한해 충분히 심심한 시간을 확보한다. 실리콘밸리의 독서 영재 대부분은 어릴 때 집에서 게임이나 텔레비전 핸드폰을 할 수 없거나 매우 제한적이었다. 노출한다 해도 그 집만의 절대 원칙이 있었다. 그 원칙은 반드시 지켰다. 명문대를 입학한 아이들을 인터뷰할 때 꼭 물었다. 어떻게 책을 좋아하게 됐는지 말이다. 대부분 심심하거나 할 게 없어서 책을 보게 됐다고 했다.

둘째, 부모가 책을 읽어준다. 실리콘밸리 부모들은 책 읽어주기에 많은 공을 들인다. 그냥 읽어주는 것만으로 끝이 아니다. 읽으면서 대화를 많이 한다. 주인공이나 다른 아이의 마음은 어땠을지 대화한다. 읽어주는 양육자가 먼저 자신의 이야기를 꺼내며 마음을 나눈다. 결말에 대해서도 "엄마는 이 결말이 이렇게 끝나서 좋다. 근데 엄마가 만약 이 결말을 바꿀 수 있다면 이렇게 바꿨을 것 같아. 너는 어때?"라고 묻는다. 그렇다고 아이에게 매번 "너는 어때?"라고 묻지 않는다. 아이가 자연스럽게 엄마의 이야기를 듣다 보면 자신의 마음을 말하고 싶어진다.

공부하고 가르치는 시간이 아니기 때문에 너무 체크하듯이 묻지 않는다. 그저 책이 매개체가 돼 대화하는 시간이다. 실리콘밸리 영재의 놀라운 차이점은 아이들이 글을 읽어도 부모가 직접 아이에게 책을 규칙적으로 읽어주는 경우가 많다. 중학생인 아이에게도 하루에 1번 또는 1주일에 한 번 예쁜 그림책을 읽어준다. 책을 읽어주며 나누는 그 대화 속에 아이들과의 친밀함과 책을 사랑하는 마음마저 키워준다.

셋째, 어디를 가든 책을 챙겨 다닌다. 아이가 지루한 시간에 핸드폰을 주는 게 아니라 자연스럽게 책을 펼치도록 어디를 가든 읽고 싶은 책 몇 권을 챙겨 간다. 그러면 아이는 기다리는 시간이나 지루한 시간에 책을 보며 지루한 줄 모르고 기다린다. 맛집에 줄을 서서 1~2시간 기다리는 일도 힘들어하지 않고 책을 보며 기다린다. 이 습관은 아이가 자라서도 어디를 가든 책을 들고 다니게 하고 심심하고 여유가 생기면 책을 읽게 하는 좋은 취미를 만들어준다.

넷째, 부모가 먼저 책을 읽는다. 아이 책이든 어른 책이든 상관하지 않고 부모가 먼저 책 읽는 모습을 보여준다. 그리고 부모가 먼저 자신이 읽고 있는 책이 어떤 책인지 소개도 한다. 그런 모습을 통해 아이 자신도 책을 친구나 부모에게 자연스럽게 소개하는 모습을 배운다. 책을 읽는 게 집안의 문화가 된다.

다섯째, 만화책을 제한한다. 만화책의 장점이 있을 수도 있지만 이곳 실리콘밸리의 부모들은 제한한다. 예를 들면 평일에는 일반 책을 읽고 주말에만 만화책을 읽도록 허용한다거나 학습 배경지식을 위해서만 읽게 한다거나 아니면 아예 그 어떤 만화책도 읽지 못하게 하는 경우도 있다. 만화책만 너무 읽게 되면 긴 글의 책을 읽기 부담스러워하고 힘들어하는 게 일반적이다. 습관을 위해서 특히 어린 나이에는 만화책을 더 많이 제한한다.

실리콘밸리에서는 가장 중요하게 여기는 교육 중 하나는 독서다. 숙제도 거의 없는 학교나 선생님도 무조건 책 읽기는 매일 숙제로 내준다. 초등학교에서는 정말 읽기가 교육의 반 이상이라고 해도 과언이 아닐 만큼 책을 읽는 훈련을 매우 중요하게 여긴다. 종종 많은 부모님이 이 틈을 타서 훈계와 교육을 시도하기도 한다. 절대 안 되는 일이다. 이 시간은 훈계와 교육의 시간이 아니다. 인간 대 인간으로 인격적인 대화의 시간임을 명시해야 한다. 책을 읽는 흥미와 즐거움을 절대 아이에게서 빼앗아 가면 안 된다. 이런 시간이 쌓이면 책을 사랑하는 아이가 된다. 어휘력은 물론이고 이해력과 창의력까지 얻게 된다.

세상의 대부분은 텍스트로 이루어져 있다. 우리가 맨날 읽는 문자, SNS, 학교의 교과서, 이메일 등 많은 것이 텍스트다. 오늘날 문해력은 큰 이슈가 될 만큼 중요한 화두다. 많은 청소년의 부모가 공통으로 하는 말이 있다. "우리 아이가 예전에는 많은 책을 읽고 좋아했는데 지금은 핸드폰만 해요." 미디어는 어른도 절제가 쉽지 않다. 미디어의 강렬하고 짧고 쉬운 영상들만 접하다 보면 부작용은 생길 수밖에 없다. 긴 문장을 이해하는 게 어려워지고 멀리하게 된다. 그러므로 핸드폰이나 미디어를 접촉할 때는 반드시 아이와의 합의를 통한 룰이 있어야 한다. 잊지 말자. 요한 하리는 저서 『도둑맞은 집중력』에서 전문가도 핸드폰과 게임 앞에서는 무너진다고 말했다. 아이는 어떨까? 당연하게 스스로 절제하는 게 쉽지 않다. 우리 부모는 그걸 잘 절제할 수 있도록 도와야 한다.

3
10분 디베이트로 두뇌를 발전시킨다

 노벨상을 받은 퀴리 부인과 한국인 최초로 필즈상을 받은 허준이 교수. 두 분 사이에 무슨 상관관계가 있을까?
 두 분 모두 위대한 상을 받은 분이자 인류에 큰 공헌을 하신 분이다. 허준이 교수의 인터뷰를 읽은 적이 있다. 허준이 교수와 부인은 퀴리 부인이 딸에게 한 교육법을 자신의 자녀에게 적용했다고 했다.

어른의 좋은 대화를 듣게 하는 게 훈련이다

 퀴리 부인의 딸 이렌 졸리오 퀴리가 노벨상을 받았던 이유 중 하나로 꼽는 게 있다. 그것은 집에 좋은 사람을 불러 함께 자주 식사하고 토론 시간을 가진 일이다. 허준이 교수도 일하고 있는 프린스턴의 동료 교수님들 또한 친구를 초대해 식사하며 교제한다고 했다. 물론 동료 교수님은 필즈상을 받거나 노벨상을 받은 교수님이다. 이 근거를 대고 허준이 교수님 자신도 계속 사람을 초대하고 싶다고 부인을 설득했다고 한다. 그 방식은 성공해 현재 자신의 아이들에게도 이 교육법을 전하고 있다고 한다. 허준이 교수님조차도 자녀교육을 위해 훌륭한 사례를 벤치마킹한다. 우리도 잘 배우고 내 아이에게 가장 좋은 방법을 찾아 적용해보자.

퀴리 부인과 허준이 교수님의 교육법이 좋은 이유는 세 가지로 나눌 수 있다. 첫째, 좋은 사람들과 만나 식사를 나누고 교제할 때 방대한 지식과 관심사를 나누게 된다. 아이들은 자기들끼리 놀다가 자연스럽게 이 이야기를 듣게 된다. 둘째, 아이들은 듣지 않는 것 같지만 다 듣고 보고 배운다. 석학들이 모여 이론과 근거를 제시하며 토론한다. 질문하고 대답하고 반박하는 모습을 자연스럽게 보게 된다. 그리고 아이들도 듣다가 궁금하면 질문한다. 아이들의 호기심이 자극된다. 셋째, 평소에 접하지 않은 부모님 지인들의 전공 이야기, 문화와 예술 이야기, 삶의 이야기를 듣게 되면서 어휘력의 발달과 지식의 발달이 생긴다. 이것은 호기심으로 연결된다.

앞서 말했듯이 이곳은 교육열이 높은 곳이다. 명문대에서 중요하게 보는 디베이트의 능력을 위해 부모들 역시 디베이트 학원을 보내기도 하고 나름의 훈련을 시키기도 한다. 실리콘밸리 J의 딸은 중학생이다. 그녀는 특별한 디베이트 학원에 다닌 적이 없다. 그런데 학교 클럽에서 열린 작은 교내 대회에서 고학년 선배들을 제치고 1등을 했다. 첫 대회였다. 클럽을 도와주는 고등학생 언니 오빠도 6학년이 1등을 했다고 놀라며 칭찬했다. 이 작은 경험은 아이에게 자신감과 어려운 일에 도전하게 하는 원동력이 됐다.

물론 이 상은 작은 교내 대회의 상으로 큰 의미가 있지는 않다. 하지만 한 번도 경험해보지 않은 아이가 그 클럽 내에서 처음 치른 대회에서 작은 상을 받은 일은 그렇다고 또 별일이 아닌 건 아니다. 그 후 현재 J의 자녀는 디베이트 클럽에 있다. 매주 디베이트 훈련을 한다. 모의 훈련에서 꽤 디베이트를 잘하는 아이로 꼽히고 있다. 그리고 자주 1등을 한다. 그 비결이 과연 무엇일까?

10분 동안 듣고 보고 생각하게 한다

첫째, 뉴스와 함께하는 10분의 마법 같은 시간을 가진다. 「CNN 10」은 CNN에서 중고등학생을 위해 학기 중에만 방영되는 뉴스다. 10분이라는 짧은 시간 동안 사회적 이슈를 접할 수 있다. 「CNN 10」이 아니더라도 다른 뉴스들을 활용해 할 수 있다. J는 「CNN 10」 뉴스를 큰아이가 3학년부터 함께 시청했다. 식사를 어느 정도 하고 나면 함께 보았다고 한다.

J가 자녀와 함께 이 뉴스를 보기 시작한 계기가 있다. 자녀를 이미 대학에 보낸 지인에게 소개받았다. 그 지인분의 자녀는 스탠퍼드와 하버드를 입학한 아이들이었다. 그 비결을 묻는 말에 소개해

준 프로그램이었다. 부모가 원어민이 아닌 이상 아이들의 어휘는 부족할 수밖에 없다. 그래서 시사, 과학, 사회 등 평소 접하지 않은 이야기에 노출될 필요가 있다. 그는 뉴스가 제격이라고 생각했다고 한다. 그래서 아이비리그를 보낸 J 지인분의 자녀도 초등 3~4학년부터 뉴스를 보기 시작했다. 뉴스 프로그램을 추천하면서 덧붙인 말이 있다. 뉴스의 경우 정치적인 색깔도 드러나고 간혹 자극적인 내용이 있을 수도 있기에 부모가 꼭 함께 보며 서로 이야기를 나누라는 것이었다.

온 가족이 「CNN 10」 뉴스를 보며 서로의 이야기를 나눈다. 인위적이거나 규칙이 있지는 않다. 그냥 가볍게 한다. 예를 들면 지진이 난 나라의 이야기를 보고 나면 먼저 감정을 나눈다. "아, 어떡해. 너무 마음이 아프다."라고 하면서 말이다. 그러면 아이도 자신의 감정을 느낀다. 그리고 지진이 일어날 가능성의 지역은 어디가 있는지 지도를 펼치고 찾아본다. 지진은 왜 생기는 건지도 나눈다. 지진대 위에 사는 우리는 어떻게 대비하면 좋을지 이야기도 함께 한다. 그리고 "우리가 피해를 겪은 나라와 사람을 위해 도울 수 있는 일은 무엇일까?"라고 질문을 던진다. 그러면 저마다 한 가지씩 아이디어를 낸다. 그날은 가족이 돈을 모아 후원금을 내기로 했다. 아이들도 자신의 용돈을 냈다. 그리고 그들을 지키고 보호하고 위로해달라고 기도도 했다. 이것이 J 가정이 하는 토론의 시간이다.

아이들은 판을 만들어주면 끊임없이 자기의 생각을 말한다. 부모인 우리는 질문 하나와 내 생각을 말하는 한 번의 모습을 보여주면 된다. 어떤 날은 재미있는 자신의 에피소드를 이야기할 때도 있고 어떤 날은 서로의 의견이 다른 날도 있다. 자신의 아는 지식을 뽐내는 날도 있다. 그날그날에 따라 다른 주제로 다른 상황이 만들어진다. 이 능력은 꼭 좋은 대학을 위해서만 필요한 능력이 아니라고 했다. 결국 좋은 토론자가 갖추어야 할 첫 번째 능력은 다른 사람의 의견을 잘 들어야 하는 것이다. 잘 들어야만 내 의견을 상대방에게 더 잘 이해시키고 설득할 수 있다. 나와는 다른 생각을 가진 사람이 있다는 사실을 인정하고 그 다름에 대한 이해의 폭도 생긴다. 대학이나 회사 등에서 매우 중요한 능력이다. 더불어 이 시간을 통해 아이들의 생각을 알게 되고 친밀해진다. 교육과 관계 둘 다를 잡을 수 있는 좋은 비결이다.

꼭 밥상머리에서 뉴스를 보지 않아도 아이에게 한 가지씩 세상 돌아가는 이야기를 소개해보자. 그리고 생각할 수 있는 질문을 던져보자. 그리고 아이에게도 소개하고 싶은 이야기를 선정하고 질문지도 만들어보라고 하자. 그 시간은 세상 제일 좋은 아이와의 교감 그리고 교육의 시간이 될 것이다. 그러나 이때 우리가 주의할 점은 아이를 가르치려 하고 아이의 말이 틀렸다고 지적하면 안 된다. 아이의 생각과 이야기를 존중하자. 하나의 의견으로 받아들여 주자. 그래야 이 시간이 재미있고 자신이 존중받는 좋은 시간으로 기억되기 때문이다.

뉴스를 볼 때도 주의할 게 있다. 뉴스의 특성상 정치적 색깔이 치우쳐져 있기도 하고 그냥 사건 자체만으로도 자극적인 이야기가 많다. 지진, 총기사건 전쟁 등 말이다. 그러니 꼭 아이들과 부모가 함께 보면서 이야기를 나누어야 한다.

둘째, 10분 동안 실생활에서 논리적 사고를 키운다. 단지 10분만으로 실생활에서 논리적 사고를 키우는 좋은 방법이 있다. 먼저 3가지 작품 찾기다. 뮤지엄에 가서 하는 가장 좋아하는 작품 3개 찾아오기 미션을 주자. 3개의 작품을 찾은 후 아이에게 왜 이 3개의 작품이 마음에 드는지 설명을 부탁한다. 흥미를 일으키기 위한 장치다. 아이에게 묻기 전 부모가 먼저 설명해도 된다. 조금 더 게임의 형식을 좋아하는 아이에게는 10분의 제한된 시간 동안 가장 마음에 드는 작품을 찾아서 왜 가장 흥미로운지 3가지 이유를 들어 이야기하는 게임을 해보자. 아이들은 길지 않은 시간이고 흥미로운 작품을 찾으려고 열심히 보다 보면 정말 흥미가 생기기도 한다. 그리고 자신이 이 작품을 선택한 이유를 생각하고 말하다 보면 창의적이고 깊은 사고를 하게 된다.

그리고 3가지 말하기 게임이다. 긴 여행지를 갈 때도 차 안에서 하면 좋은 3가지 말하기 게임을 해보자. 실리콘밸리의 부모 중에는 7~8시간 동안 차로 가는 긴 여행에도 핸드폰 없이 간다. 가는 도중에 끝말잇기도 하고 오디오북도 듣는다. 이때 한국어와 영어를 번갈아 가며 듣는다. 노래도 함께 듣고 부른다. 그리고 대화의 시간과 토론의 시간도 갖는다. 차 안에서 나누는 주제는 그때마다 다르다. 예를 들어 "이 노래를 왜 골랐어? 어떤 부분이 마음에 들어?" "차는 왜 이렇게 빨리 달릴까?" "너는 여행지에서 가장 먹고 싶은 음식이 뭐야? 왜 그 음식이 먹고 싶어?" "네가 읽고 있는 책을 소개해줘." "왜 지루하지? 그렇다면 그 지루함을 해결할 방법은 뭐가 있을까?" "우리가 제한된 차 안에서 뭘 하면서 가면 재미있게 갈 수 있을까?" 등등 다양한 질문을 하고 대답을 들으며 대화를 나눈다.

그런 다음에 근거 3가지 대기다. 아이가 해야 할 일을 싫다고 하거나 뭔가를 하고 싶어 할 때 그에 맞는 타당한 근거를 3가지씩 말하기를 해보자. 자신의 알바비나 용돈을 정산하는 문제, 형제 자매 간의 차별, 운동하기 싫은 이유, 숙제를 지금 하기 싫은 이유, 왜 그 놀이가 재미있는지 등 다양한 주제로 할 수 있다.

마지막으로 기획서 쓰기다. 아이의 요구사항을 부모가 들어줘야 하는 타당한 이유 최소 3가지로 기획서를 쓰게 해보자. 어릴 때는 게임처럼 재미있어 한다. 재미도 있는데 논리성도 키워준다. 예를 들면 아이가 포켓몬 카드를 갖고 싶다고 한다. 그러면 왜 포켓몬 카드를 사줘야 하는지, 왜 그게 너에게 필요한지 등 세 가지 이유를 기획서로 써오라고 한다. 그러면 그걸 가지고 부모는 질문하고 아이가 대답한다. 타당하게 준비해오면 결제 승인을 내린다. 하지만 납득이 안 가고 받아들일 수 없으면 부모도 명확한 두세 가지 이유를 대며 거절한다.

셋째, 어린이 잡지, 시사, 문화, 과학잡지와 함께하는 10분을 마련한다. 잡지를 활용하는 비법은 우리 집에서도 하고 있지만 이번에 미국에서 여름 캠프를 할 때 매우 효과를 봤다. 여름 캠프에서 자신의 할 일을 다 하면 마음에 드는 잡지 하나를 선택해 둘러보도록 했다. 마음에 드는 내용이나 흥미로운 부분이 있으면 읽어보고 선생님에게 브리핑을 하게 한 뒤에 방 탈출을 하는 게임 형식으로 했다. 그저 "방 탈출 게임이야."라고 하면 아이들은 특별한 게 없어도 게임처럼 흥미롭게 생각한다.

짧은 시간 동안 방에서 탈출해야 한다는 게임 같은 상황에서 본인들이 평소에 읽지 않던 잡지를 읽고 방에서 탈출하기 위해 어떻게든 관심사를 찾는다. 그런데 정말 관심사를 발견하게 된다. 알지 못했던 놀라운 사실을 많이 알게 된다. 어떤 아이는 "전 전기차가 무조건 환경에 좋은 줄 알았는데 생각지 못한 단점이 있네요. 정말 고민되는 일이네요."라고 브리핑을 한 아이도 있었다. 그리고 어떠한 정보에 대해서는 "저는 이런 게 있는 줄 몰랐는데 깜짝 놀랐어요. 너무 흥미로워요. 저는 이것에 대해 집에 가서 더 자세히 찾아보고 싶어요."라고도 했다. 이렇듯 흥미를 끄는 환경과 기폭제만 만들어 주면 충분하다. 그러면 아이들은 알아서 잘한다.

이렇게 선생님에게 말하는 과정 중에 아이들은 논리적으로 자신의 생각을 말하는 훈련을 하게 된다. 이때 부모나 선생님이 적절한 추가 질문을 던진다면 깊은 사고의 세계로 빠지게 된다.

4
어릴 때부터 꼼꼼하게 글쓰기 훈련을 시킨다

아이가 실리콘밸리 초등학교에서 1년 배운 글쓰기 비법만으로 중학교 6학년 때 지역 대회에서 중학교(6~8학년) 전체 3등을 해서 상금을 받았다. 영어도 못 하는 엄마 밑에서 글쓰기 수업 한번 따로 받지 않고 어떻게 높은 어휘력을 가지게 됐을까? 처음 나간 대회에서 언니들과 오빠들을 제치고 중학교 전체에서 3등을 할 수 있었을까? 그 비결은 실리콘밸리에서 만난 한 선생님 덕분이다.

아이 스스로 생각하게 하고 질문을 던진다

오래전 짧게 써놓은 육아일기를 뒤적거려보았다. 그 시절 나는 아이의 쓰기 숙제 때문에 매우 고통스러웠다. 부모인 우리는 미국 교육을 받아본 적이 없었다. 당연히 미국식 글쓰기 방법에 대해 전혀 알지 못했다. 그저 하루하루 학교에서 오는 공지 사항을 읽고 이해하기도 벅찼다. 그 시절 아이의 선생님은 매일 같이 새로운 옷을 입고 오고 머리부터 발끝까지 색깔을 맞춰서 옷차림을 갖추고 왔다. 매우 단정했다. 머리 한 올의 흐트러짐도 없었다. 그분의 모든 성격이 글쓰기 숙제에도 고스란히 반영됐다. 그에 반해 나의 딸은 머리도 제대로 빗지 않고 산발을 한 채 학교에 갔다. 그만큼 엄마인 나도 아이도 꼼꼼함과는 거리가 멀었다. 영어도 못 하고 단정함과는 거리가 먼 엄마는 1년 동안 매일 울고 싶을 만큼 힘들었다. 아이는 그 당시 파닉스도 따로 공부하지 않아 영어를 읽는 것도 버거워하는 중이었다. 그때 힘들어하던 나를 지켜본 많은 지인이 산 증인이다.

그때의 일기를 보며 회상해보면 다음과 같다. 그동안 영어를 못 한다는 이유로 숙제를 했는지 안 했는지 체크만 해줬다. 그러다 선생님의 숙제 가이드라인을 받게 됐다. 그래서 글쓰기 숙제를 본격적으로 봐주기 시작했다. 그리고 다음 날부터 선생님의 피드백이 달라졌다. 매우 잘했다는 피드백과 함께 인도와 중국 아이들이 가득한 이곳에서 형용사를 적절하게 잘 활용하고 글을 아주 잘 쓴 친구로 유일하게 뽑혔다. 선생님이 같은 반 친구들에게 예시글로 읽어주기도 했다. 나는 영어 때문에 늘 자신감이 없었는데 선생님의 피드백 덕분에 똑똑하고 멋진 중국과 인도 엄마들에게 꿀리지 않는 기분을 느낄 수 있었다. 이때 내가 아이의 글쓰기를 봐준 것은 특별한 것이 없었다.

　먼저 아이 스스로 자신의 글을 소리 내어 읽고 선생님이 주신 글쓰기 디렉션을 소리 내어 읽게 했다. 그 디렉션에 맞게 글을 썼는지 스스로 확인하는 것이다. 그런 다음 몇 개의 단어를 선정해 다른 단어로 바꾸게 했다. '그때의 감정은 어땠을까?' 등 선생님의 디렉션에 맞출 수 있게 여러 가지 꼬리에 꼬리를 무는 질문을 던졌다.

　그때 나는 미국 교육은 숙제를 부모가 봐주는 게 아니라고 생각했다. 못하면 못한 채로 할 수 있는 만큼만 해서 가면 된다고 생각했다. 그러나 딸아이의 선생님은 부모가 아이들의 글을 읽고 선생님의 기준에 맞게 제대로 썼는지 확인해주라고 했다. 아이의 숙제가 내 숙제가 된 기분이 들었다. 그렇게 나는 1년을 허덕이며 보냈다. 주위의 다른 엄마들은 아이의 선생님을 놀라워하면서도 부러워했다. 한국 엄마가 미국 아이의 글쓰기 기초를 잡아주기가 쉽지 않은데 선생님이 어릴 때 교육해주니 얼마나 좋으냐고 이야기했다.

　돌이켜보니 아이의 글쓰기 능력은 그 시절의 디테일하고 꼼꼼한 훈련 덕분이다. 아이는 그 덕분에 글쓰기를 어렵지 않게 생각한다. 그래서 늘 글쓰기의 시작이 쉽다. 그리고 좋아하고 재미있어 한다. 매 학년 글을 잘 쓰는 아이가 되었고 늘 좋은 점수를 받았다.

많이 쓰고 많이 고치는 게 비결이다

　당시 선생님이 가르쳐준 글쓰기 비법은 6가지였다.

첫째, 브레인스토밍 훈련이다. 주제 단어를 가운데에 놓고 그 주제 단어와 관련해 떠오르는 모든 단어와 짧은 문장을 적는다.

둘째, 글의 구조를 잡는다. 브레인스토밍에 나온 단어나 짧은 문장을 가지고 글의 구조를 잡는 훈련을 했다. 서론, 본론, 결론의 순서대로 글을 쓸 수 있게 단어나 문장을 찾아 준비했다. 도표화하고 어떤 식으로 풀어나갈지 단어와 문장을 순서대로 정리했다. 이 훈련은 논리적 글쓰기에 매우 큰 도움이 된다. 글의 구조를 잡으면 글쓰기가 쉬워진다.

셋째, 초고 작성이다. 브레인스토밍에서 나온 아이디어를 가지고 구조를 짜서 초고를 작성한다. 그다음 초고로 부모에게 첨삭을 받는 과정이 시작된다. 그 첨삭의 과정이 바로 부모가 개입하는 순간이다. 글쓰기 숙제에는 매주 선생님이 주제를 준다. 예를 들면 가족, 가을, 크리스마스, 친구, 좋아하는 음식, 행복할 때, 슬플 때 등 다양한 주제를 준다. 선생님이 주신 기준에 맞게 부모가 확인하고 체크한다. 이때 문법에 맞게 썼는지, 줄 바꿈을 제대로 했는지, 쉼표와 마침표를 찍기 등의 부호를 적절히 썼는지 확인한다. 그리고 비유법이나 형용사를 활용해 글을 썼는지 확인한다. 새로운 단어를 활용해 글을 썼는지도 살펴본다. 띄어쓰기도 확인한다. 검지를 사이에 대고 그만큼의 간격을 두고 글을 썼는지 본다.

미국 교육을 받아본 적도 없고 영어라면 무서워서 뒤로 도망가는 나에게 영어 글쓰기를 지도하라니 정말 울고 싶은 날들이 매주 찾아왔다. 그렇게 초고를 첨삭해준다. 그러고 나면 그 초고 수정 사항을 반영해 마지막 글을 새 종이에 다시 쓴다. 숙제 제출은 브레인스토밍, 글 구조 잡기, 첫 번째 글, 마지막 완성 글 네 가지 모두 제출한다. 이 과정은 일주일마다 반복됐다. 선생님은 그 글을 가지고 다시 평가하고 수정한 다음 한마디 코멘트와 함께 아이에게 돌려준다.

넷째, 독서 훈련이다. 결국 글을 잘 쓰려면 많이 읽어야 한다. 물론 책을 읽는다고 모두 글을 잘 쓰는 것은 아니다. 그러나 독서는 다양한 어휘, 좋은 글의 특징, 문장 구조, 매력적인 문장, 작가의 독특한 문체 등을 자연스럽게 습득하게 한다. 그리고 생각하고 사고하는 능력도 함께 기를 수 있다. 글쓰기는 사고력과 언어능력 발달에 큰 도움이 된다.

글쓰기 훈련의 기본은 먼저 좋은 글을 많이 읽는 것이다. 그래서 이곳 실리콘밸리의 학교는 다른 숙제는 없어도 매일 20분 이상 책 읽기 숙제는 초등학교 내내 항상 있었다. 매 학년 선생님이 달라도 읽기 숙제는 초등 5년 동안 항상 있었다.

독서를 매우 중요하게 여기는 미국은 아주 어릴 때부터 도서관에 스토리타임 시간이 있다. 모두 무료다. 각 도시의 도서관마다 책을 즐겁게 접하게 하기 위해 다양한 프로그램이 있다. 각 나라의 말로 운영하는 스토리타임도 있다. 코로나19 때 중단됐지만. 나도 한국어 스토리타임을 공공도서관에서 운영했다. 아이들이 강아지에게 책을 읽어주는 스토리타임 시간도 있다. 그리고 학교와 공공도서관 사서와 함께하는 북클럽과 부모들 또는 고등학생의 자원봉사로 진행하는 북클럽도 많이 운영된다.

독서를 할 때 엄마의 역할이 있다. 책을 읽고 아이와 이야기를 나눈다. 그 과정을 통해 아이는 사고력을 키운다. 사고력이 높아야 좋은 글이 나온다. 친구들과 함께 부모가 서로 돌아가며 하는 북클럽을 운영하는 것도 매우 좋다.

다섯째, 많이 쓰기다. "많이 쓰는 사람을 이길 수 없어요. 많이 써 봐야 잘 쓰게 됩니다."라고 선생님이 말했다. 글쓰기는 하루아침에 잘 쓸 수 없다. 어릴 때 짧든 길든 잘 쓰든 못 쓰든 편하게 쓰는 일에 익숙해지는 습관을 만들어주는 게 중요하다. 쓰는 행위를 부담스럽지 않게 해줘야 한다. 일단 어떻게든 쓰는 게 중요하다. 글쓰기의 기술은 고학년이 되어서 배우면 된다. 어느 날 갑자기 글쓰기를 시키면 막막해 글쓰기가 힘들게 느껴진다. 지금부터 해보자. 쉽게 글쓰기를 생각하도록 말이다.

많이 쓰는 훈련을 할 때도 엄마의 역할이 중요하다. 우선 아이가 자신의 감정을 남기는 감정 일기를 쓰도록 한다. 한두 문장이면 충분하다. 이때 감정 관련 단어를 제공해주면 더 쉽게 쓸 수 있다. 그리고 책을 읽고 한 문장에서 세 문장까지의 짧은 글쓰기를 할 수 있도록 한다. 또 감사 일기를 쓰는 습관을 갖추게 하는 것도 좋다. 오늘의 감사한 일 한두 개 정도를 쓰면 된다.

쉬운 글쓰기로 성취감을 맛보고 습관이 자리잡힌 아이는 얼마든지 긴 글도 쓰게 된다. 처음부터 쓰기 힘들다면 아이에게 먼저 말로 해보라고 하자. 그다음 그걸 그대로 쓰라고 하면 된다. 쓰는 것보다 말로 하면 아이들이 훨씬 쉽게 할 수 있다. 이 방법을 그대로 여름 캠프를 할 때 적용해 큰 효과를 봤다. 특히 글쓰기를 어려워하는 아이에게 좋은 결과를 볼 수 있었다.

여섯째, 좋은 피드백 받기와 소리내어 읽기다. 실리콘밸리의 선생님은 아이의 글쓰기 능력을 위해 부모의 피드백을 원했다. 미국은 글쓰기의 능력이 매우 중요하다. 초중고 시절은 물론이고 대학에 갈 때도, 대학을 다닐 때도, 졸업하고 사회에서 일할 때도 이 능력은 많은 곳에서 요구된다. 누군가의 피드백은 글쓰기 실력을 향상하는 일에 큰 도움이 된다.

자신의 글을 소리 내어 읽어봄으로써 자신의 글이 귀로 들릴 때, 눈으로 볼 때, 손으로 쓸 때는 몰랐던 어색함을 발견하게 된다. 처음부터 잘 쓰는 글은 없다. 대문호 헤밍웨이도 초고는 '걸레'라고 했다. 그리고 400번을 고쳐 그의 글을 완성했다. 처음부터 멋진 글을 쓰는 것을 기대하지 말자. 그 부담감을 내려놓고 편하게 쓰고 고치고 또 고치게 하면 된다. 고치다 보면 글은 좋아진다.

6장

공부를 잘하게 하는 특별한 문화가 있다

1
공부와 함께 반드시 운동을 병행한다

운동을 잘한다고 모두 명문대를 가지는 않는다. 하지만 명문대생 대다수가 최소 한 가지 이상의 운동을 한다. 실리콘밸리는 하루에 한 번 매일 체육 시간이 있다. 고등학교도 마찬가지다. 그리고 많은 아이가 수업 후 활동으로 운동을 한다. 학교팀 운동도 있고 외부에서 따로 배우기도 한다. 어릴 때부터 운동에 많은 시간을 투자한다.

이곳의 아이들은 어릴 때 다양한 운동을 접해본다. 계절에 따라 시즌이 있는 야구, 농구, 축구를 번갈아 가며 계속한다. 그러다 보니 사계절 내내 팀 스포츠를 한다. 그리고 개인적으로 수영은 대부분 필수로 배운다. 그렇게 다양한 운동을 경험하고 아이들은 중학교부터 하나씩 자신이 메인으로 할 운동을 정한다. 그리고 그렇게 시작한 운동은 대학을 위한 커리어로 사용되기도 하지만 아이들에게 더할 나위 없는 취미가 된다. 삼삼오오 모여 농구대가 있는 곳이면 농구를 하고 주변의 공원에서 축구와 풋볼 등 몸을 쓰며 함께 뒹굴고 논다. 고등학생이 말이다. 아이스 스케이팅 링크로 친구들과 놀러 가기도 한다. 이곳은 운동을 배우는 가격이 절대 가볍지 않다. 그래서 가볍게 시작하기는 부담이 있지만 운동은 아이들의 스트레스 해소와 삶을 더 풍요롭게 하는 중요한 요소가 된다. 무엇보다 학년이 올라가면 갈수록 체력이 중요하다. 공부는 체력이 반이다. 운동은 정신과 육체의 건강을 위해 해야 할 필수과목이다.

나도 내 아이에게 딱 맞는 운동이 있다면 오래 시켜주고 싶었다. 여러 운동을 해봤던 아이는 중학생이 된 지금 달리기를 시작했다. 나는 달리기가 꽤 낭만적이라고 생각한다. 그렇게 된 이유는 개인적으로 너무 좋아하는 작가 하루키의 『달리기를 말할 때 내가 하고 싶은 이야기』라는 책 때문이다. 나는 그 책을 몇 번이나 읽었는지 모른다. 1년에 한 번씩은 꼭 다시 읽으려고 하는 책이다. 하루키의 문체도 스토리를 풀어내는 힘도 좋지만 무엇보다 그의 성실하고 깔끔한 인생관이 좋다.

책에서 그의 인생관을 보았다. 그는 글쓰기는 마라톤과 같다고 했다. 끝이 보이지 않고 고비가 찾아오지만 포기하지 않고 꾸준히 하다 보면 마침내 끝이 나기 때문이다. 그는 글 쓰는 삶을 위해 삶 자체도 단순하게 산다. 참 멋지다. 실리콘밸리의 아이도, 명문대 아이도, 하루키도 운동을 통해 인생을 배우고 행복을 얻는다.

실리콘밸리의 동네에서는 쉽게 아이들이 떼를 지어 달리는 모습을 볼 수 있다. 같은 학교 달리기팀 아이들이 매일 같이 모여서 연습하는 모습이다. 운동을 잘하면 명문대에 합격할 확률도 높아진다. 그만큼 운동의 가치를 높게 생각하는 나라다. 명문대에 들어가지 않는다 해도 운동은 스트레스 해소, 체력, 그리고 공부 능력 상승까지 좋은 점이 많다. 운동 시즌이 되면 아이들은 주말마다 시합으로 바쁘다. 그리고 매일같이 함께 모여 연습한다. 그 과정에서 팀워크를 배운다. 그리고 친구들과 함께하며 즐거워한다. 때로는 실패도 성공도 배운다. 그리고 좋은 결과가 나왔을 때 짜릿한 즐거움도 배운다.

운동을 좋아하는 우리 집 둘째는 친구 또는 아빠와 밖에 나가 운동을 많이 한다. 운동을 하고 돌아오는 날은 유독 가만히 앉아 책을 보거나, 갑자기 피아노를 열심히 치거나, 숙제를 차분하게 앉아서 한다. 시키지 않았는데도 말이다. 몸을 쓰고 오면 대체로 차분해진다.

신기하게도 실리콘밸리에서 서머스쿨을 운영할 때 내 아들과 비슷한 모습을 한 학생을 발견했다. 운동 후 책 읽기, 운동 후 수학 문제 풀기로 수업을 만들었다. 그러자 아이들은 높은 집중력을 보이며 공부했다. 당시 효과는 놀라웠다. 아이들은 수업이 끝났다고 했는데도 자신의 목표치를 다 하고 가고 싶다고 했다. 수학 문제를 붙들고 씨름하는 모습이 놀라웠다. 무엇보다 부모님이 평소와 달리 열심히 하는 자녀 모습에 감동했다.

운동과 공부는 분명한 관계가 있다

운동과 공부가 관계가 있다는 과학적 근거가 있다. 1995년 캘리포니아대학교 칼 코트만 교수는 우리가 운동할 때 신경세포에서 생산되는 단백질인 뇌유래 신경영양인자BDNF가 증가한다는 것을 밝혀냈다. 뇌 과학이 발달하면서 이 유전인자가 갖춘 엄청난 능력을 발견했다. 쉽게 말해 뇌의 가소성에 핵심적인 역할을 한다. 즉 우리의 학습과 기억에 중요한 토대를 마련해 주는 것이다. 이 물질은 운동할 때 생성된다. 전력 질주를 3분만 했음에도 불구하고 뇌유래 신경영양인자BDNF 분비가 상승해 기억력이 좋아졌다는 결과가 나왔다. 많은 연구 결과에서 꾸준히 걷기와 달리기는 학습에 도움을 준다고 한다.

캐나다의 시티파크 고등학교는 학습 장애를 위한 대안 학교다, 절반 이상의 학생에게 주의력결핍과잉행동장애ADHD가 있다. 이 학교는 학생들이 수업 듣기 전 20분 정도 러닝머신, 자전거 타기 등 운동을 했다. 5개월이 지나자 전체 학생의 독해력, 작문 능력, 수학 점수 등이 크게 상승했다.

그렇다면 운동을 언제 해야 좋을까? 그리고 얼마나 해야 공부에 도움이 될까? 바로 공부하기 직전이다. 운동 중에는 인지능력의 최상위 역할을 하는 전두엽에 혈류량이 많지 않아 집중도가 있는 공부가 잘 안 된다. 하지만 운동을 끝내면 그 즉시 전전두엽에 혈류량이 많아지면서 학습을 위한 최상의 상태에 돌입하게 된다. 운동과 학습에 관한 최고의 권위자인 존 테이터는 일주일에 4~5회, 30분씩 운동을 하는 것이 가장 좋다고 조언한다. 내 아들도, 서머캠프 아이들도 운동 후 차분하게 집중하며 공부한 것이 우연이 아니었다. 과학적 근거가 있는 사실이었다.

미국은 고등학생이 되면 갑자기 엄청난 공부량과 액티비티로 인해 시간이 모자란다. 한국이 고등학교 때 공부에 온 시간을 투자해서 좋은 점수를 맞으면 좋은 대학에 갈 수 있는 구조라면 미국은 공부도 잘해야 하고 운동이나 다른 액티비티도 잘해야 한다. 그러니 고등학생이 되면 바쁘고 시간이 모자란다. 이때 가장 필요한 것은 엉덩이를 의자에 붙이고 있을 수 있는 체력과 정신력이다. 이 두 가지 모두 운동을 통해 길러질 수 있다.

실리콘밸리에 사라토가라는 부촌 동네가 있다. 그 동네의 한 아이는 바이올린도 하고 달리기도 한다. 바이올린 시험도 있고 공부도 해야 하고 늘 시간이 모자라다. 그런데 어느 날 배구를 하고 싶다고 했다. 학교 체육 시간에 해보고 재미를 경험한 것이다. 그래서 팀에 들어가고 싶다고 했다. 부모는 '과연 이 배구를 하는 게 맞는 일일까?'라며 고민했다. '아이가 너무 힘들어 번아웃이 오면 어떻게 하지?' 부모는 시키지도 않은 걱정을 한가득 안고 고민했다. 그럼에도 원하는 아이를 말릴 수가 없어 시켜주었다.

피로에 지쳐 돌아올 줄 알았던 아이는 행복한 얼굴로 "엄마 너무 재미있어. 배구를 하고 온 날도, 달리기하고 온 날도 오히려 하고 나면 힘이 나."라고 고백했다고 한다. 다른 한 아이는 1시간 30분의 테니스를 하는 시간이 마치 5분같이 금방 지나갈 만큼 재미있었다고 고백하기도 했다고 말했다.

운동은 더 피곤하고 힘들어지고 공부하는 시간을 뺏는 일이 아니다. 더 힘을 나게 하는 일이다. 마음과 몸이 건강해질 수밖에 없다. 실리콘밸리와 한국 교육의 극명한 차이 중 하나는 운동이다. 갑자기 모든 사람이 바뀌고 교육제도가 쉽게 바뀌진 않을 것이다. 그럼에도 선진국에서 세계를 이끄는 리더들도 하는 운동! 공부도 잘하는 데 도움이 되는 과학적 증거도 있는 운동! 그리고 아이가 행복하고 재미있는 운동! 이 책을 읽는 여러분이 사랑하는 아이를 위해 꼭 꾸준히 할 수 있도록 도와주면 좋겠다.

달리기로 스트레스를 풀고 체력을 기르다

지나는 UC버클리 학생이다. 도시 연구와 보존 및 자원 연구를 병행하는 전공을 하고 있다. 버클리에서는 학생회에 참가했고 동아리를 만들었고 두 개의 인턴십을 하고 두 개의 연구 직책을 맡았다. 지나는 도시 계획에 관심이 있으며 특히 지속가능성과 건축에 관심이 많다. 더 깊은 공부를 위해 대학원에 진학을 준비하고 있다.

"자식을 키우는 데 답이 없어요."

지나의 엄마는 이제 겨우 아이를 대학에 보냈는데 인터뷰할 자격이 되는지 모르겠다고 했다. 아직도 아이가 줄줄이 있고 좋은 대학 갔다고 자식 교육의 성공이 아닌데 인터뷰를 해도 되냐고 재차 물었다. 아이 넷을 키우는 엄마에게서 나오는 겸손함이었다. 감히 자식을 상대로 성공했다고 단언할 수 없는 조심스러움을 느낄 수 있었다.

"저는 아이가 천재인 줄 알았어요."

대학생이 된 딸의 어린 날을 생각하며 수줍게 웃었다. 그 얼굴에는 지나를 천재로 생각했던 멋쩍음과 딸의 어린 시절에 대한 그리움이 함께 있었다. 어떤 점을 보고 아이를 천재로 느꼈는지 궁금했다. 그녀는 글을 가르친 적도 없는데 24개월이 채 되지 않은 지나가 책을 줄줄 읽었던 일, 피아노 선생님이 피아노 천재라며 아이를 잘 가르쳐보자고 한 일을 추억에 젖어 이야기해줬다.

지나의 엄마는 천재를 낳았다고 확신했고 그 후로 천재 만들기 프로젝트에 돌입했다. 동생들이 계속 태어났음에도 큰아이의 천재성을 위해 각종 액티비티를 시켰다. 어린 동생 셋을 줄줄이 달고 열혈 엄마가 됐다. 어린 지나는 빡빡한 스케줄과 연습량을 따라가기에 버거웠다. 「체르니 50번」까지 배운 선무당 엄마는 아이가 천재가 아닌 현실을 조금씩 깨달았다. 지나가 글을 읽을 수 있었던 것은 할머니가 자신 몰래 TV를 보여줘 파닉스를 배웠기 때문이다. 아이를 객관적으로 보지 못했고 고통을 외면했다. 지나의 행복한 유년 시절을 자신의 욕심으로 빼앗은 것 같아 시간이 지나면 지날수록 미안한 마음이 크다고 했다. 지나에게 투자한 시간, 돈, 자신의 열정만큼 결과물을 뽑으려고 했고 그 시간만큼 고통받았다.

어느 날 남편이 엄마가 아이랑 악기 연습하며 매일 싸우고 소리치는 험한 분위기가 힘들다며 집에 들어오고 싶지 않다고 호소했다. 그 순간 정신이 번뜩 들었다. 마침 교회에서 열리는 부모 교육

세미나가 있어 참석하게 됐고 그곳에서 정확한 피드백을 받게 됐다. 좋은 부모란 어떤 것인지 배우게 된 것이다. 아이를 마음대로 주물러도 되는 존재가 아님을 깨달았다고 했다. 그저 우리 집에 찾아온 귀한 손님처럼 잘 대접하면 되는 것이라는 가르침을 얻은 것이다.

그녀는 속으로 '귀한 손님이 너무 오래 내 집에 머무는 감이 있지만 쫓아낼 수 없으니 어떻게 해야 할까?'라고 잠시 생각했다고 한다. 첫째를 통해 많은 시행착오를 겪은 후 나머지 자녀에게는 욕심을 내려놓게 됐다. 그런데도 여전히 육아는 쉽지 않다고 했다. 부모는 끝까지 배우고 또 배워야 한다. 한 번 배우면 다 안다고 생각한다. 하지만 아이들이 공부하는 것처럼 부모도 계속 배우고 적용해야 한다. 나에게 맞는 공부법을 찾듯 나만의 육아법을 찾는 게 중요함을 다시 한번 느꼈다.

이 가정의 특별한 전통이 있어 소개하고자 한다. 아이가 넷인 지나 가족은 벌을 받아야 할 일이 있으면 달리기하는 전통이 있다. 덕분에 체력이 점점 더 좋아졌다. 이제는 벌이라고 느낄 수 없을 만큼의 강철 체력을 가지게 됐다. 더 좋은 효과는 땀이 나면 기분까지 좋아지게 된다는 것이다. 스트레스 해소와 체력 두 마리 토끼를 잡게 됐다.

공부만 해도 시간이 부족한 시니어가(우리나라 고3) 학교 대표 발리볼 선수로 활동했다. 12명 중 10명이 덩치 좋은 백인이고 2명만 아시아인이었다. 원정경기를 위해 미국의 각지를 돌아다녔다. 보통 체력으로 감당하기 쉽지 않은 일정이었다. 그런데도 4년 동안 그 자리를 지키며 운동을 할 수 있었던 이유는 꾸준한 달리기였다.

지금도 지나는 대학에서 발리볼을 할 만큼 즐거워하고 좋아한다. 운동을 통해 자신의 한계와 장점 단점을 파악하는 객관적 훈련도 키웠다. 공부는 체력이 뒷받침돼야 한다. 오랜 시간 했던 운동을 통해 강철 체력을 갖게 됐고 스트레스 해소에도 도움을 받았다. 빡빡하게 몰려드는 공부와 각종 액티비티 속에서도 쉽게 지치지 않는 기초체력과 스트레스 해소는 달리기 덕분이다. 벌이 아니라 '복'이 된 것이다. 이제부터 아이에게 잔소리 대신 달리기를 시켜야겠다.

"아이마다 주어진 재능이 반드시 있다고 생각해요. 그 재능은 모두 달라요. 부모가 아무리 잘나고 많은 걸 시켜도 아이가 원치 않으면 아무 소용이 없어요. 옆집 엄마의 말 듣고 저처럼 선무당이 사람 잡는 엄마 되지 말고 몸도 마음도 건강한 아이로 키워야 해요."

네 명의 아이를 키우고 있는 지나 엄마는 확신에 찬 고백을 했다. 억척스러운 엄마가 되는 게 아니라 몸과 마음을 건강하게 키울 수 있도록 도와주는 엄마가 됐으면 하는 바람을 전했다.

2
일상에서 꾸준히 음악과 미술을 즐긴다

"그들은 빙하에 갇혔다. 그들의 유일한 행운은 섀클턴이라는 대장이 있었다는 것이었다. 그는 모두에게 잘 맞는 일을 배분했고 누구 하나 소외되지 않게 관리했다. 그리고 무엇보다 문화예술의 중요성을 알았던 사람이다."

영국의 탐험가 섀클턴은 27명의 대원과 함께 세계 최초로 남극 대륙 횡단을 떠났다. 하지만 목적지를 150킬로미터 앞에 두고 얼어붙은 배에 갇혀버린다. 섀클턴은 배를 버리고 전원 살려서 돌아가기로 목표를 바꾼다. 생존을 위해 배와 많은 짐을 버리고 몇 가지만 챙겼다. 그중 하나가 연주할 수 있는 악기와 사진기다. 왜 그는 생존에 중요하지 않은 물건들을 챙긴 걸까? 지치고 힘들 때 일기를 쓰고 사진을 찍고 악기를 연주하며 좋은 날이 올 거라는 희망을 품기 위함이다. 그리고 전원 살아서 돌아왔다. 그 시간을 버티게 해준 것은 예술이다. 예술에는 힘이 있다.

공부 말고도 꾸준히 잘하는 걸 평가한다

미국 실리콘밸리 교육은 고등학교까지 선택 수업이지만 매일 음악 수업이 있다. 오케스트라와 밴드 그리고 합창까지 자신에게 맞는 악기나 목소리로 음악 수업을 한다. 실리콘밸리는 왜 열정적으로 음악, 운동, 예술 등 공부 외에도 열심히 하는 걸까? 대학입시에서 나만의 특별 활동, 즉 공부 말고도 꾸준히 잘하는 걸 높게 평가하기 때문이다. 나만의 특별한 점은 공부만이 아니다. 운동, 음악, 코딩, 그림, 글쓰기, 리더십, 연기 등 다양하다. 다양함 속에도 실리콘밸리의 부모들은 단연 예술을 많이 시킨다. 예술을 시킨다는 개념은 뭘까? 꼭 악기를 하고 그림을 그려야만 예술을 하는 걸까?

예술을 조기교육 받은 B가 있다. B의 고등학교 생활은 엄청난 학업량과 많은 액티비티로 시간이 부족했다. 치열한 경쟁 속에서 스트레스와 중압감도 컸다. 그런데 아이는 행복하다. 왜 그럴까? B의 아빠는 치열한 실리콘밸리에서 스타트업으로 시작해 지금은 세계 각국으로 뻗어나가고 있는 기업의 CEO다. B의 엄마는 교육계에 몸담고 있으며 실리콘밸리의 대치동이라 불리는 고등학교에서 학부모 연합회 회장까지 했다. B의 엄마와 아빠는 아이가 어릴 때부터 음악회, 미술관, 그리고 박물관에 자주 데려갔다. 현재 대학생이 된 아이는 학교가 쉬는 날, 머리를 식히고 싶은 날 미술관이나 박물관에 간다. 그리고 심포니 오케스트라 연주회장에 찾아가 연주를 들으며 힐링한다. 재즈를 사랑하는 아빠의 영향으로 재즈도 좋아하게 된 B는 여행 테마를 재즈로 기획해 다니기도 한다. 취미 한번 고상하지 않은가? 스트레스를 예술로 푸는 아이다.

어린 시절 받은 예술 조기교육이 좋은 취미가 돼버린 것이다. 그렇다면 예술은 학창 시절 B에게 어떤 영향을 미쳤을까? B는 어린 시절 피아노 선생님이던 엄마에게 피아노를 잠깐 배우다 서로 힘들어 그만두었다. 중학교에 가서는 플룻을 잠깐 배우다 그만뒀다. 다양한 악기를 잠깐 접했고 흥미를 크게 느끼지 못했다. 그렇다고 이 시간이 의미 없었던 건 아니다. 자신의 취향을 찾아가는 과정이었기 때문이다. 나와 맞는지 안 맞는지 해보지 않았다면 몰랐을 것이다.

고등학교 때는 합창팀에 들어갔다. 비로소 자신과 잘 맞는 음악을 찾았다. 노래는 그녀에게 입시 스트레스가 많은 고등학교 시절에 큰 즐거움과 행복감을 주었다. 지금도 대학에서 집에 오면 고등학교 합창 선생님을 만나러 갈 만큼 좋은 기억이다. B의 부모는 탐험가 섀클턴처럼 예술의 중요성을 알고 이끌어줬다. 그들은 예술을 사랑하는 법을 가르치는 일은 어려운 일이 아니라고 했다. 음악회, 미술관, 그리고 박물관에 함께 가서 그저 느끼고 오면 된다.

한국뿐만 아니라 실리콘밸리도 입시 스트레스가 많다. 그래서 꼭 아이의 스트레스 해소와 행복을 높여줄 방법을 찾아야 한다. 건강한 취미 중 하나는 예술이 될 수 있다. 아이들은 어릴 때 그림을 그리거나 제멋대로의 음악 연주에 빠지면 정신을 놓고 고도의 집중력을 발휘한다. 즐겁고 행복한 얼굴로 말이다. 부모가 무엇을 해주지 않아도 알아서 신명 나게 한판 잘 노는 상황에 이른다. 자신을 표현하는 게 바로 예술이다. 누군가는 그림을 직접 그리고 누군가는 악기를 연주하며 자신을 표현한다. 또 다른 누군가는 작가의 그림을 감상하며 또는 대중가요를 포함한 음악가의 연주를 들으며 작품과 융합하고 감정을 해소한다. 어릴 때부터 위기 상황에서도 건강하게 스트레스를 풀 수 있는 좋은 취미생활을 만들어주자. 예술은 스트레스 해소와 '창조성'까지 선물로 줄 것이다.

일상에서 음악과 미술을 한껏 즐긴다

실리콘밸리 영재들은 음악을 어떻게 즐기고 활동을 할까? 실리콘밸리의 음악가들 몇 명을 만나 이야기를 나눠봤다. 이곳 부모들은 음악을 행복의 기준으로 바라보며 경험하게 한다. '행복한happy'과 '불행한unhappy'의 기준이 명확하다. 즐겁지 않은데 억지로 시키지 않는다. 아이를 객관적으로 잘 관찰하면 음악 활동을 좋아하는지 아닌지 객관적으로 보인다. 내 아이의 마음과 말에 귀기울이자.

아이에게 맞는 악기를 찾아주는 것도 부모가 기준이 돼서는 안 된다. 기준은 아이가 좋아하는 소리다. 그리고 현악기는 음감이 없으면 힘들 수 있다. 음감이 없는 아이라면 관악기나 타악기가 잘 맞을 확률이 높다. 타악기는 스트레스 해소에도 매우 좋다. 노래를 집에서 가르칠 수도 있다. 노래를 잘하면 악기도 잘하게 될 가능성이 크다. 어릴 때부터 좋은 노래를 들려주고 불러보는 환경을 만들어주자.

피아노를 먼저 배우게 하는 게 좋다. 악보를 보는 게 편해지면 쉽게 다른 악기를 배울 수 있다. 물론 피아노 배우기는 추천일 뿐이지 필수는 아니다. 그리고 서로 다른 악기를 배우게 하자. 한집의 형제, 자매, 남매는 나이 차가 적을수록 다른 악기를 추천한다. 과도한 경쟁이나 비교하지 않기 위해서다. 음악을 하는 것은 고통이 따르는 활동이다. 그러나 무엇이든 성장하려면 고통이 따른다. 악기도 마찬가지다. 고통이 있어도 좋아하면 견딘다. 좋아하지 않는데 계속하라고 하면 심각한 아픔이 된다. 견딜 만한 고통과 진짜 고통을 구별하는 게 엄마의 몫이다. 물론 악기를 연주할 수 없어도 전혀 문제없다. 그러나 아이의 인생에서 음악을 즐기는 행복을 만들어주자. 음악을 즐기는 방법은 직접 연주도 있지만 자신의 취향을 찾아 듣고 느끼는 것도 있다.

이곳은 음악 못지않게 미술과 관련한 활동도 많이 한다. 그런데 미술학원은 꼭 보내야 할까? 어릴 때는 집에서 아이가 미술 행위 자체로 즐거울 수 있게 놔둬도 좋다. "병아리를 노란색으로 칠해야지 왜 분홍색으로 칠했어?" 등의 섣부른 조언은 하지 않는 게 좋다. 미술적으로 재능을 타고난 아이라면 학원을 보내지 않거나 잘 알아보고 선택해야 한다. 창의성과 여러 가지 표현력이 자칫 왜곡될 수 있기 때문이다. 섣불리 학원에 가서 정형화될 수도 있다. 그러나 아이가 행위를 하고 싶은데 어떻게 해야 할지 모를 때는 잘 알아보고 맞는 학원을 보내자. 미술을 즐길 수 있는 기술을 배우고 재미있는 시간을 보내는 것도 좋은 방법이다.

　미술교육은 공부에 도움이 된다. 미국의 경우 초등학교 때부터 고등학교 졸업까지 프로젝트 숙제도 많다. 전 과목에서 미술적 감각과 표현력을 요구하는 숙제가 많다. 역사 수업에서는 역사적 인물을 그림으로 그려오기나 지도 색칠하기 같은 숙제가 있다. 언어, 과학, 수학도 마찬가지다. 과제를 미술적으로 잘 표현하느냐에 따라 점수도 달라지는 부분이 많다.

　실리콘밸리의 많은 엄마가 일상에서 아이와 예술을 즐긴다. 우선 미술관이나 박물관 등 뮤지엄과 음악회를 어릴 때부터 자주 다닌다. 이때 전시회나 연주회에 가기 전에는 지켜야 할 예절에 관해 분명하게 이야기해준다. 만약 아이가 지루해하고 힘들어하면 혼내지 말고 밖으로 나오자. 아이가 크고 습관이 될 때까지 무료나 저렴한 전시회와 음악회로 경험을 쌓자. 아이가 지루해하는 기미가 보이면 작품 사진 촬영을 아이에게 요청해보자. 흥미롭게 오래 미술관에 있을 수 있다. 또 작품을 따라 하면 아이가 신나 한다. 기념품 가게에서 엽서를 사주는 것도 효과가 있다. 미술관에 대한 좋은 이미지를 갖게 된다. 게다가 엽서를 고르며 취향까지 생긴다.

　뮤지엄에서는 오디오 가이드를 활용하는 것도 좋은 교육 방법이다. 그리고 나만의 그림 해석 이야기를 들려주자. 아빠와 엄마만의 '빵빵' 터지는 그림 해석 이야기에 웃겨 쓰러진다. 유치하고 격이 떨어져도 아이들도 따라서 자신만의 그림 해석 이야기를 만들어낸다. 그림의 배경 스토리도 들려주자. 스토리텔링은 언제나 누구에게나 흥미롭다.

3
놀이와 여행은 꼭 필요한 조기교육이다

편해문 작가는 저서 『아이들은 놀이가 밥이다』에서 "놀이는 머리 좋아지라고 하는 것이 아니라 즐거움과 행복을 미래가 아니라 오늘 당장 만나기 위해 하는 것이다."라고 했다. 나는 이 책을 아기 2세 정도부터 매년 한 번씩 읽었다. 부모라면 당연히 아이가 행복하길 바란다. 부모는 공부를 잘하면 행복한 길이 더 쉽게 열릴 것으로 생각한다. 그래서 아이에게 그토록 공부를 시키고 좋은 대학과 좋은 직업을 갖길 바란다.

아이는 놀아야 한다. 그리고 쉼을 즐길 줄 알아야 한다. 학업과 휴식의 균형을 알아야 한다. 그래서 실리콘밸리의 영재 아이들은 꼭 이 균형을 잡기 위해 애쓰고 있다. 이곳의 많은 대기업도 그 환경을 만들어주기 위해 수고하고 있다.

실리콘밸리 아이들은 집안일을 놀이로 안다

　실리콘밸리의 아이들은 부모와 함께 집안일을 하는 것도 놀이로 안다. 어릴 때부터 부모와 집에서 많은 집안일을 한다. 청소기 돌리기, 설거지하기, 아침 준비, 도시락 싸가기는 기본이다. 하버드대에 합격한 한 아이도 집안일이 놀이였다. 그 아이의 가장 큰 스트레스 해소와 취미가 베이킹과 요리였다. 주말이면 이 취미로 자선 활동에도, 주변 친구들에게도, 부모님의 친구들에게도, 선생님에게도 선물을 한다. 아이 엄마의 말에 의하면 필요한 재료를 사다 주는 게 그냥 식당에서 사 먹는 것보다 돈도 많이 들고 사건 사고도 많았다고 했다. 아이는 그 경험이 자기에게 매우 큰 자산이 됐다고 고백했다. 그것만으로도 부모로서 행복하다고 했다. 미국의 명문대는 어떤 취미를 가지고 시간을 어떻게 보내는지를 매우 중요하게 생각한다.

　아이가 부모를 위해 드립커피와 라떼를 만들어주는 것도 즐거운 놀이가 된다. 7세부터 집에서 커피 내리기를 한다. 부모님의 손님이 찾아오면 커피를 내려주고 팁도 받는다. 김치도 담고 화장실 청소도 한다. 이러한 모든 과정은 아이들에게 즐거움이 된다. 칼질도 하고 오븐의 온도도 맞추고 계량컵과 계량스푼을 이용하며 다양한 자극을 경험한다. 레시피를 읽고 적당량의 수치를 재고 썻는 등 이 모든 행위가 더할 나위 없는 공부이고 행복이다. 어릴 때부터 하던 소꿉놀이를 실제로 하는 것이다. 얼마나 재미있겠는가?

부모와 함께 물건을 조립하고 집 안 수리, 쓰레기통 치우기, 잔디 깎기, 잔디에 물 주기, 잡초 뽑기 등과 같은 일도 놀이다. 물건 조립이나 심지어 마루 시공과 같은 일을 아이가 위험하다고 부모 혼자 하지 않는다. 언제 어디서나 아이가 참여할 수 있게 한다. 주의 사항과 안전 규칙을 잘 지키면서 말이다. 그 연습을 통해 아이는 보는 눈, 힘의 조절, 안전 규칙 등을 배우게 된다. 소근육 발달은 덤이다. 거기에 설명서를 보며 읽기와 이해력도 함께 높아진다. 이곳의 아이들은 부모가 하는 일에 어릴 때부터 동참하며 많은 스킬을 배우고 부모와 친밀감도 키운다. 독립심과 더불어 자신이 부모님을 돕는다는 자부심도 함께 생긴다.

부모와 함께 운동하는 것도 중요한 놀이 행위다. 이곳에서 아이들의 운동은 필수 같다. 아주 어릴 때부터 부모들은 아이에게 운동을 경험하게 한다. 정말 다양한 운동이 많다. 수영은 기본이다. 부모와 아이가 함께 주말이면 골프도 치고 승마도 하고 테니스도 치고 피클볼도 많이 한다. 집 앞마다 농구대가 설치돼 있는 것을 쉽게 볼 수 있다. 동네마다 공원도 많다. 공원에는 넓은 잔디, 놀이터, 농구대, 야구장, 테니스장, 피클볼장 등 쉽게 만날 수 있다. 아이들은 각 스포츠의 팀에 들어가고 부모들은 그 팀의 자원봉사 코치와 감독도 많이 한다. 자신의 전공과 상관없이 코치와 감독을 한다.

미국은 워낙 부모들도 어려서부터 운동을 많이 하기 때문에 가능하다. 지금도 중학생인 아이의 학교도 팀 코치를 원한다고 지원하라는 메일이 온다. 부모와 함께 운동하는 즐거움이 아이에게 얼마나 좋을까? 우리 옆집의 고등학교 교장 선생님은 주말마다 아이들과 집 앞에서 농구, 공던지기, 풋볼 등 많은 스포츠를 함께한다. 땀을 흘리며 함께 어우러져 게임을 한다. 웃기도 하고 좌절도 하고 승리의 쾌감도 맛본다. 신나고 재미있는 놀이다.

보드게임도 아이와 함께 즐길 수 있는 놀이다. 실리콘밸리의 커피숍에는 보드게임이 비치된 곳도 종종 본다. 각자 자신의 보드게임을 가지고 커피숍에 가서 함께하기도 한다. 여행지에서도 줄을 기다리며 보드게임을 하거나 핸드폰에 단어를 띄우고 그걸 몸으로 맞추는 게임을 하는 모습도 자주 볼 수 있다. 온 가족이 어우러져 온몸으로 표현한다. 호탕하고 익살스럽게 웃는 모습은 보는 것만으로도 기분이 좋아진다. 실리콘밸리의 한 가정은 보드게임이 끝나지 않아 사진 찍어놓고 잔다. 다음날 사진의 모습 그대로 복원해 게임을 이어서 하기도 한다. 보드게임을 통해 어려서부터 게임의 규칙과 이기고 지는 법을 배운다. 재미와 유익함을 가져다주는 놀이다. 하지만 유의점은 아이를 공부시키기 위해 해서는 안 된다. 즐거움을 위해 가족이 함께하는 시간이 돼야 한다.

바깥 놀이와 산책도 좋은 놀이다. 날씨가 좋은 캘리포니아여서 그럴 수도 있지만 이곳의 부모들은 어릴 때부터 아이들과 바깥 놀이를 꼭 한다. 그 바깥 놀이에는 놀이터, 공원, 동네 산책, 자전거 타기, 보드 타기 등 꼭 하루에 한 번 이상은 바깥에서 아이들과 함께 시간을 보낸다. 기어 다니는 아이들도 놀이터에 나와서 논다. 놀이터 바닥을 정말 기어 다닌다. 바깥 놀이는 눈이 오면 눈이 오는 대로, 비가 오면 비가 오는 대로 위험하지 않은 범위 내에서 늘 할 수 있다. 그때마다 주는 풍경, 느낌, 냄새, 소리가 다르다. 바깥 놀이야말로 오감을 함께 발달시킬 수 있다. 사춘기 아이와도 함께 바깥 놀이를 습관적으로 매일 하면 그 시간 동안 대화하며 친밀도가 높아질 수 있다.

아이가 주도하는 놀이를 하는 것도 중요하다. 빈둥대는 시간이 주어지면 심심한 아이는 놀이를 만들어낸다. 이를 통해 역할 놀이도 하고 전통 놀이도 하고 다양한 놀이를 시도하게 된다. 엄마나 아빠를 눕혀놓고 이불에 김밥이라고 마는 놀이, 패션쇼를 하면서 놀던 놀이, 가수 놀이, 종이접기 놀이, 댄스 타임 등 수없이 많은 다양한 놀이를 만들어낸다. 이곳에서 섬머스쿨을 운영하면서 보았다. 아이들은 자유시간에 삼삼오오 알아서 놀이를 만들어 함께 논다. 마피아 게임도 하고 보드게임도 하고 줄넘기와 공놀이, 잡기 놀이, 그림을 그리기 등을 하며 논다. 심심하면 창의적인 놀이를 만들어낸다. 아이들은 매우 창의적인데 요즘은 너무 많은 미디어가 아이들이 몸으로 놀 시간을 빼앗아 간다.

아이가 계획하고 주도하는 여행을 떠난다

많은 가족이 여행을 떠난다. 우리가 생각하는 여행은 대부분 부모가 계획하고 일정을 잡아 떠나는 것이다. 그런데 이곳은 좀 다르다. 아이가 주도하는 여행 계획에 따라 떠난다. 아이가 주도하는 여행은 어떻게 이뤄질까?

먼저 자료를 찾고 계획하는 것으로 시작한다. 어느 날 아이가 학교에서 선생님이 소개해준 뮤지엄으로 여행을 가고 싶다고 했다. 그곳은 로스앤젤레스다. 가고자 하는 뮤지엄은 차로 6~7시간 걸리는 곳이었다. 이곳에서 우리가 쉽게 갈 수 있으니 가자고 했다. 그리고 아이가 프로그램을 짰다. 입장료도 알아보고 갔을 때 함께 하면 좋을 다른 프로그램도 찾아보았다. 아이는 방문할 뮤지엄에 관련된 책들도 찾아 읽어보았다.

여행지가 선정되고 나면 아이들은 관련 자료를 인터넷에서도 찾지만 도서관과 서점에 가서 그곳에 관련된 책을 찾아본다. 찾으면서 흥미로운 점도 발견하게 되고 정보도 알게 된다. 그 과정에서 필요한 자료와 포기해야 할 것도 알게 된다. 여행의 짐을 싸는 일도 모두 각자의 몫이다. 필요한 목록을 적고 하나씩 지워가며 자신의 짐을 싼다. 여행 기간에 따라 짐의 양과 필요한 것들이 조금씩 달라진다. 캘리포니아는 바다가 많기 때문에 수영복과 슬리퍼도 따로 잘 챙긴다. 자신의 애착 인형도 야무지게 잘 챙긴다(현재는 챗 GPT가 좋은 여행계획을 짜주는 비서 역할을 한다. 잘 활용하자).

아이가 주도하는 여행이라고 하지만 온전히 아이 위주로만 여행 계획을 짜지 않는다. 즉 아이가 원하는 여행만을 하지 않는다. 부모도 아이도 서로를 이해하고 배려하는 여행이다. 하루는 아이를 위한 여행이 됐다면 다른 하루는 부모가 원하는 코스도 아이에게 소개해주고 함께한다. 때로는 지겹기도 하지만 지겨운 곳을 가면서 아이는 자기와 다른 사람의 취향도 알게 된다. 자신이 좋아하고 싫어하는 게 무엇인지도 알게 된다. 때로는 예상치 못한 즐거움도 알게 된다. 여행에서 계획대로 되지 않고 새로운 일들이 생기는 것도 알게 된다. 그게 인생임을 여행을 통해 경험하게 된다.

여행을 다니면서 음식점을 선정하고 메뉴를 고를 때도 서로의 취향을 존중한다. 음식점이나 메뉴 선택권을 아이에게도 준다. 존중을 받게 되는 기분과 선택을 연습하며 자신의 취향을 알아가게 된다. 이 연습이 어릴 때부터 된 아이는 자신이 진짜 좋아하고 잘하는 일을 찾아가게 마련이다. 어느 날 하루아침에 나 자신을 알기는 어렵다. 부모가 좋아하는 음식점, 아이가 좋아하는 음식점을 서로 제안하며 번갈아 가며 방문한다.

여행하는 동안 부모와 아이가 함께 여행지에서 읽을 책을 준비하는 것도 중요하다. 여행지에서는 기다림의 시간이 늘 발생한다. 그리고 저녁에 숙소에 와서도 짬 나는 시간이 생긴다. 그때 책은 더할 나위 없는 친구가 된다. 자신이 여행지에서 읽을 책을 직접 고르고 그걸 읽는다. 자신의 취향이 고스란히 담긴 책이다. 충만한 즐거움을 준다. 여행에서 오는 여유가 아이에게 치유와 행복의 시간이 되는 것이다. 그 과정에 사고를 좀 더 유연하게 깊게 하게 된다. 여행지에는 항상 떠나봐야 알게 되는 것들이 있다.

놀거리를 챙기는 것도 잊지 말아야 한다. 보드게임, 스도쿠, 퍼즐, 종이접기를 위한 색종이, 낱말 맞추기 등 쉽게 할 수 있는 것들 위주로 챙겨서 함께 호텔이나 식당에서 기다릴 때 한다. 아이가 직접 여행지를 선택하고 계획하고 준비하고 챙기는 일들을 하면 저절로 자기주도 습관을 갖추게 된다. 집에서 문제집을 풀면서, 학원에만 앉아 있어서 생기는 능력이 아니다. 즐거운 일을 하면서 나오는 것이다. 아이들과 여행지에서 좋은 추억을 가슴에 새기게 해주

자. 좋은 기분을 남겨주자. 힘들 때 하나씩 꺼내서 살아갈 힘을 느끼게 해주자. 세세한 기억은 잊을지 몰라도 아이들은 그 순간의 감정을 오래도록 기억할 것이다.

사람에게는 때가 있는 것들이 있다. 어린아이는 넘치게 놀아야 한다. 멀지 않아도 낯선 곳을 경험하는 여행도 중요하다. 아이들의 뇌와 창의성은 무한하다. 그 능력을 폭발하게 하는 것은 놀이와 여행이다. 절대 아이들에게 포기하게 하지 말자. 무엇보다 이 시간은 아이와 부모가 친밀해지는 최고의 방법이다.

건강한 놀이와 여행이라는 취미가 아이에게 습관으로 문화로 자리 잡으면 어떨까? 해맑은 우리 아이들도 자라서 어른이 되고 인생의 힘든 순간이 찾아올 것이다. 그 순간에 부모와 함께 떠났던 오래 묵은 추억들을 하나씩 꺼내며 새로운 에너지를 얻을 것이다. 그리고 성인이 되어 훌쩍 떠나 에너지를 얻고 오게 될 것이다. 건강한 놀이 취미가 있다면 힘든 순간에도 거뜬하게 이겨낼 수 있다.

4

공부 외 기부와 봉사 활동을 가르친다

이웃에는 아이가 가게 될 고등학교의 교장 선생님이 살고 있다. 좋은 분으로 유명하다. 그분의 자녀가 초등학교에 다닐 때였다. 비가 며칠째 많이 오는 어떤 날이었다. 학교 수업을 마친 아이는 우산도 없이 집으로 가고 있었다. 그런데 비바람에 쓰러진 이웃들의 쓰레기통을 친구와 함께 일일이 다 일으켜주고 가는 것이 아닌가! 정말 놀라웠다. 당연히 우리 집 쓰레기통도 일으켜주고 갔다. 난 이 광경을 아들이 돌아오길 기다리며 창문 너머로 보게 됐다(미국은 쓰레기통을 1주일에 한 번 집 앞에 내놓으면 쓰레기차들이 와서 쓰레기만 가져간다).

평소에도 그 아이의 아버지인 교장 선생님이 남을 돕고 또 도와야 한다고 가르친다는 것을 익히 잘 알고 있었다. 교장 선생님은 교장으로 있던 학교에서 직접 쓰레기도 줍는 분이었다. 다른 옆집의 자녀는 앞집의 할머니 쓰레기통도 내다 주고 자신의 집 주변 거미줄도 치우고 강아지 산책도 시킨다. 실리콘밸리의 특별한 부모는 이렇듯 기부와 남을 돕는 일에 특별한 신경을 써서 교육한다.

기부와 봉사의 등수를 매긴다

딸이 유치원에 입학하고 얼마 지나지 않았을 때다. 아이의 유치원에서 기부금을 내라고 통지표가 날아왔다. 기부금에 따라 차등하게 선물을 준다. 그 선물의 품목까지 무엇인지 친절하게 적혀 있었다. 제일 높게 책정된 금액 이상을 내면 아이스크림, 피자, 가방도 주겠다는 것이다. 미국이 한국보다 기부를 많이 하는 줄은 알았지만 이렇게 대놓고 기부하라고 요구하고 그 기부금에 따라 다른 상을 줄 거라고는 꿈에도 몰랐다.

드디어 기부금에 대한 상을 주는 날이 됐다. 최상의 기부 금액이 100달러 이상이었다. 그리 크지 않은 금액이었고 회사에서도 매칭을 해준다. 우리가 100달러 내면 회사도 100달러를 같이 내주는 프로그램이다. 그래서 100달러를 기부했다. 그리고 기부금 모집 마지막 날 상을 준다고 했고 나는 아이를 데리러 학교에 갔다. 아이가 나오기를 기다리는데 아이스크림을 먹는 아이들이 삼삼오오 보였다. 그 사이 어딘가에 내 아이가 있을 것으로 생각하고 열심히 찾았다. 하지만 아이는 한참 지나도 보이지 않았다. 조금 걱정이 됐다. 혹시 나랑 엇갈렸거나 혼자 어디서 헤매고 있지는 않은지 걱정스러웠다. 그렇게 홀로 온갖 상상을 하고 있는데 강당 안에서 아이가 웃으며 피자를 들고 나왔다.

아이는 피자가 너무 맛있다며 신이 났다. 학교 수업을 마치고 나오면 늘 출출한 시간이라 배가 고프다고 했는데 그날은 푸짐하게 세 조각이나 먹어서 배가 부르다고 했다. 이야기를 들어보니 아이는 제일 많이 낸 기부자 목록에 포함이 됐던 것이다. 그래서 더운 날 실내에서 편하게 피자도 먹고 아이스크림도 먹었다고 했다. 그럼 아이스크림만 먹는 아이들은 피자 안 준 거냐 물으니 진짜로 안 줬다고 했다. 피자까지 먹을 수 있는 아이만 강당 안으로 들어갔다고 했다. 나머지는 밖에서 먹었다고 했다.

그날은 매우 더운 날이었다. 집으로 돌아오는 길에 적잖게 충격을 받았다. 기부금을 낸 숫자로 아이들을 차별했다니. 그 어린아이들이 피자를 먹고 싶었을 텐데 누구는 주고 누구는 안 줬다는 게 내 상식과 정서로는 이해하기가 조금 어려웠다. 그러나 그게 미국이다. 철저하게 기부를 많이 한 사람과 그렇지 않은 사람에 대한 차등을 두는 나라이다. 사실 미국은 기부 입학이라는 말이 있을 정도니 할 말이 없긴 하다.

그 후로 아이는 학교를 계속 다녔고 전학도 다녔지만 학교마다 기부금을 독려하는 방식은 조금씩 달랐다. 어떤 학교는 반별로 기부금이 현재 얼마나 모였으며 어떤 반이 제일 많고 적은지 현황표를 만들어서 전체 메일을 보내준다. 이곳은 성적표로 아이들 등수를 매기는 일은 없지만 기부금으로 등수를 매긴다. 그리고 아이들에게 친구들이 보는 앞에서 오늘은 누가 얼마 이상의 기부금을 했으니 상을 주겠다면서 선물을 준다. 그러면 아이는 집에 와서 자기도 그 상 받고 싶으니 기부금 많이 하라고 부모를 닦달한다.

아이는 워낙 어릴 때부터 그런 문화에 자라서 기부하는 일은 이렇게 상 받을 일이고 멋진 일이라는 인식이 강하게 사로잡혀 있다. 틈만 나면 기부하겠다고 한다. 집에서 개인적으로 하는 기부도 많다. 비단 우리뿐만 아니라 이곳의 아이들은 기부를 많이 한다. 그렇게 자란 아이들은 커서도 기부에 대한 문화가 자연스럽게 스며든다.

이곳에서 두 자녀를 모두 아이비리그에 보낸 부모는 미국 교육이 강제로 기부와 봉사 활동을 시킨다고 했다. 그 교육이 무서운 게 아이에게 당연한 일로 여기게 한다는 것이라고 했다. 그래서 부자들이 그렇게 기부를 많이 할 수 있고 그렇게 했을 때 세금 혜택 같은 여러 가지 혜택을 받기도 한다고 했다. 그리고 미국의 색다른 기부 문화는 아이들, 아이들의 부모, 친구, 친척에게도 기부금을 원한다. 돈을 내달라고 메시지나 이메일을 보내게 한다. 그 기부에 관련된 영상을 학교에서 제작해서 주면 자신의 SNS와 지인 그리고 친척들에게 이메일과 문자로 전달해서 홍보한다. 반별 대항에서 제일 기부를 많이 한 반은 영화를 보러 가거나 피자 파티를 하기도 한다. 백인들이 많은 동네는 내가 상상한 이상으로 엄청난 기부금을 낸다. 그렇게 공교육이 운영된다. 그렇다면 사립은 돈을 내고 다니는 곳이니 기부금이 없을까? 거기도 만만치 않다.

가끔 학교 이름으로 휠체어를 기부하기도 한다. 그럴 때는 아이들은 집 앞에서, 학교 앞에서 허접한 레몬에이드와 쿠키를 판매하고 그 수익금을 모아 기부한다. 얼마 모이지도 않을 것 같고 화려하지도 않은 판매대를 만든 아이들을 보면 기특하기도 하고 미국의 힘이 어쩌면 이런 곳에서 나오나 싶기도 하다. 기부금을 자연스럽게 내게 하고 그런 좋은 일을 위해 직접 발로 뛰어 돈을 모으는 일 말이다. 그것이 의무 때문이든 장난감 때문이든 좋은 일에 기부하는 문화를 자연스럽게 만들어준다.

  기부와 관련한 또 다른 독특한 문화도 있다. 대부분의 학교에 달리기로 기부하는 제도가 있다. 이 제도에는 두 가지의 장점이 있다. 첫째, 아이들의 체력 증진이다. 둘째, 내 몸이 열심히 한 만큼 다른 사람을 위하거나 좋은 일에 동참할 수 있다. 한 바퀴 돌 때마다 얼마를 내겠다고 작정 금액을 정한다. 아이가 많이 달리면 달릴수록 부모가 기부금을 많이 내게 돼 있다. 바퀴당 대략 최대의 금액은 정해져 있다.

  이런 기부 문화는 자연스럽게 대학까지 이어진다. 아이들은 다른 사람을 어떻게 도왔고 그걸로 어떤 영향력을 미쳤는지에 대해 자세한 에세이를 쓸 수 있다. 학교에서 강제로 가르치는 문화다. 그래서 우리가 아는 유명한 부자들이 많이 벌기도 하지만 많이 기부도 한다. 이곳의 분위기는 기부와 봉사가 꼭 착해서가 아니라 그냥 몸에 밴 습관처럼 자연스럽게 인식되어 있다. 주변의 명문대를 들어간 학생을 보면 멀리 열악한 국가에 도움을 주기 위해 방학마다 봉사 활동을 떠난다. 그럴 때 그 여행을 위한 경비와 국가에 필요한 물품 등을 마련하기 위해 모금을 위한 판매를 한다. 쿠키, 음료수, 커피 등 품목이 다양하다. 때로는 자신이 가지고 있는 물품 중 일부를 팔기도 한다. 그리고 기부를 위해 사 먹는 사람은 조금 비싼 가격이지만 좋은 일을 위해 열심히 사 먹고 대부분 그 책정된 가격보다 훨씬 많은 웃돈을 주고 산다.

어릴 때부터 직접 뛰며 기부금을 마련한 아이들은 나이가 들면 들수록 더욱 세련되어져 간다. 그런 모든 기술은 아이가 자라 사회생활을 할 때도 큰 도움이 된다. 고객의 니즈에 맞는 광고와 어떤 걸 판매하면 더 많이 팔리고 어떻게 해야 사람들 눈에 잘 띄게 될지를 알게 된다. 음식도 만들고 진행도 하다 보니 여러 가지 능력이 발휘되는 것이다. 이곳의 고등학생들은 봉사 활동을 위해 많은 시간을 투자하고 비영리 단체도 만든다. 우리가 예상하지 못한 어른도 하기 쉽지 않은 많은 일을 한다. 그리고 대학은 이런 점을 매우 높이 평가한다. 내가 아니라 다른 사람을 향한 그 마음, 열정, 노력을 말이다.

기부와 관련해서 유대인과 인도의 기부 이야기도 흥미롭다. 유대인의 부모가 하는 세 가지의 기도가 있다. 그중 첫 번째가 내 아이가 기부를 제일 많이 하게 해달라는 기도다. 그 기도는 사실 그만큼 돈을 많이 벌어서 다른 사람을 돕는 일도 많이 하게 해달라는 것이다. 그리고 실제로 그들은 많은 기부를 하고 어려운 사람을 돕는다. 그 이유는 신의 명령이기 때문이다. 유대인의 뛰어남은 전 세계적으로 유명하다. 그래서 그들의 교육법에 관한 책과 영상이 많다. 그것들을 보면 가정마다 어릴 때부터 아이들이 기부를 위해 저금통에 저금하고 부모와 함께 봉사 활동을 다니는 모습을 볼 수 있다.

이런 교육 덕분에 우리가 아는 부자 중에 유대인이 많나 보다.

인도의 기부 이야기도 특색이 있다. 인도에서도 가장 가난한 지역에서 IT 전문가 배출을 가장 많이 한 천재 마을이 이슈가 됐다. 무슨 일이 일어난 걸까? 한 엔지니어가 자신이 받은 지식의 혜택을 다시 자기의 동네에 돌려줘야겠다고 결심하고 자선단체를 만들었다. 특히 여성에 주목했다. 가난한 이 동네는 시집가면 출가외인이 되는 여자아이들을 교육시키는 것을 어려워했다. 워낙 돈이 없기에 더 이상 교육에 투자할 수가 없다. 그런데 이 단체가 부모들을 설득해 여자아이 교육에 힘썼다. 그 덕분에 교육의 혜택을 누리게 된다. 또한 자신이 받은 그 혜택을 다른 사람에게 돌려줘야 한다는 이념을 배운다. 그래서 자신들도 공부하며 자신들보다 어린 동생들을 가르친다. 그 결과 많은 아이가 IT 업계에 취업하는 놀라운 성과를 낸 것이다. 한 사람의 노력과 헌신이 만들어낸 결과다. 기부는 돈으로만 하는 게 아니다. 재능 기부도 높게 평가된다. 그리고 실제로 재능 기부도 많이 한다.

기부와 봉사는 뇌를 행복하게 한다

어릴 때부터 적은 돈이지만 기부하고 직접 기부금을 만들어내는 훈련은 아이들의 두뇌와 행복감을 높여준다. 그리고 때로는 아이들이 공부해야만 하는 건강한 목적을 주는 내적 동기를 일으키게 하기도 한다. 포기하고 싶을 때 포기하지 않고 누군가를 도와야 하니 다시 또 일어서는 아이로 만들어줄 것이다. 공부도 잘하고 멋있게 남을 돕는 노블레스 오블리주를 실천하는 아이로 키워 보면 어떨까?

사실 기부와 봉사가 뇌를 행복하게 한다. 2005년 미국 UCLA 이아코보니 교수팀은 기능자기공명영상fMRI을 이용한 연구를 통해 인간에게 거울신경이 존재한다고 보고했다. 그는 인간의 거울신경이 공감과 같은 사회적 행동의 가장 기본이 된다고 주장했다. 거울신경은 주로 전두엽 아래쪽 부위와 배측전운동영역ventral premotor cortex이 관련돼 있다. 어린이들이 자라면서 다른 사람의 행동을 보고 그 행동을 이해하게 되고 사회적 관계를 형성하는 것도 바로 이러한 거울신경이 있어 타인의 생각이나 의도를 알게 되기 때문이다.

거울신경은 사회화 과정에 관련하는 중요한 부위다. 기부하는 사람들은 기부할수록 점점 더 기부하고 싶어지고 기부할 때마다 상당한 쾌감을 느낀다고 한다. 연예인 션과 정혜영 부부는 "기부하면 할수록 우리가 행복하다."고 말한다. 기부는 정말 중독성이 있는 것일까? 흔히 기부를 받는 사람이 더 행복할 것으로 생각되지만 사실 기부를 하는 사람이 더 행복하다.

연구에 따르면 아무런 조건 없이 기부하면 뇌에서 보상과 관련된 부위인 중변연계mesolimbic system가 활성화된다. 이 부위는 보상과 관련돼 있어 즐거움이나 쾌감을 느끼는 뇌중추다. 기부를 하면 즐거움이나 쾌감을 느낀다는 뜻이다. 이 부위는 신경전달물질 가운데 도파민이 많은 부위로 중독과도 관련 있는 뇌 영역이다. 기부하면 할수록 더 기부하고 싶어지는 것은 도파민이 반복적으로 분비

돼 중독성이 생기는 것과 연관이 있을 것이다. 기부는 타인에 대해 공감해야 한다. 공감을 바탕으로 한 기부행위는 기부하는 사람을 즐겁게 만들 뿐만 아니라 기부를 계속하게 된다.

아마존 창업자 제프 베이조스의 전 부인 메켄지 베이조스가 전 재산의 절반 이상을 기부하겠다고 서약해 화제가 됐다. 미국의 자선단체 '기빙 플레지giving pledge'에 따르면 매켄지는 이같은 내용의 서약서에 서명했다. 2019년 1월 제프 베이조스와 이혼하면서 막대한 재산을 분할받은 매켄지의 현 재산은 약 370억 달러 정도로 추정된다. 매켄지는 서약서에서 "우리의 금고에는 시간, 관심, 지식, 인내, 창의성, 재능, 노력, 유머, 공감 등 남과 함께 나눌 수 있는 많은 자원이 들어 있다. 나는 삶이 내게 준 이같은 자산뿐만 아니라 필요 이상의 많은 돈도 가지고 있다."라며 "나는 사려 깊게 자선을 할 것이다. 시간, 노력, 주의가 필요하겠지만 더는 기다리지 않겠다. 그리고 금고가 빌 때까지 이를 계속 해나가겠다."고 각오를 밝혔다.

기빙 플레지는 투자의 전설 워런 버핏과 마이크로소프트 창업자 빌·멜린다 게이츠 부부가 지난 2010년 설립한 자선단체다. 미국 부호들에게 재산의 절반 이상을 기부하도록 권고하고 있다. 현재까지 23개국 204명의 부자가 기빙 플레지의 서약에 동참하고 있다. 빌 게이츠와 함께 마이크로소프트를 창업한 폴 앨런을 비롯해 데이비드 록펠러 등 전통의 부호들뿐만 아니라 테슬라 최고경영자인 일론 머스크, 페이스북 창업자 마크 저커버그와 프리실라 챈 부부 등 4차 산업혁명을 이끄는 부호들도 서약에 참여했다. 이처럼 국내에서 찾아보기 힘든 기부 서약이 계속되는 것은 미국 사회에 널리 확산된 기부 문화 때문이다. 언론보도에 따르면 영국 자선 지원 재단CAF이 발표한 '2018 세계 기부지수World Giving Index'를 보니 미국은 종합 점수 58%로 전년 대비 1계단 상승한 4위를 기록했다.

5
어떤 상황에서도 감사할 것을 찾아낸다

"모든 것에 감사하면 행복해요."

부드럽지만 인상적인 고백을 한 엄마를 만났다. 최상위권 대학에 입학한 자녀 B가 극심한 사춘기를 보냈다는 고백은 충격이었다. 그녀는 "참 감사해요. 더 머리가 크고 공부에 집중해야 할 고등학교 시절이 아니라 중학교 때 사춘기가 와서요."라고 고백했다. 그녀의 고백을 듣고 온몸에 전율이 돋았다. 감사할 이유가 있어 감사한 게 아니라 감사하기 때문에 감사한 삶이 된다는 걸 보여줬기 때문이다.

아마 그녀는 B가 고등학교 때 사춘기를 극심하게 보냈더라도 또 감사를 찾았을 것이다. 어떤 상황에서도 감사할 줄 아는 그녀니까. 그리고 비밀처럼 이제 B와 함께 감사 일기를 쓴다고 말했다. 그 말을 하며 진짜 행복한 웃음을 지으며 눈가가 촉촉했다. 그 힘든 시절을 보낸 후 10대 자녀가 자발적으로 엄마와 함께 감사 일기를 쓰다니 너무 낭만적이지 않은가? 엄마가 삶을 대하는 태도를 보고 배운 것이다.

감사 일기를 쓰며 묵묵히 기다린다

과연 그녀의 '감사'는 어떤 방식일까? 뭔가 특별한 게 있을까? 아이의 극심한 사춘기 시절은 매일 악다구니를 쓰고 싸우는 삶이었다고 한다. 매일 같이 학교에서 날아오는 이메일, 핸드폰과의 전쟁, 게임과의 전쟁 등 힘든 나날의 연속이었다. 바쁜 자기의 삶도 버거워 한계치에 도달했다. 끝이 보이지 않아 더 절망적이었다고 했다. "잘 살았다고 확신할 수는 없지만 크게 나쁜 짓을 하지 않고 살았는데 대체 왜 이런 걸까?"라고 신세한탄을 하며 모든 것을 포기하고 싶어졌다고 했다. 그때 지친 삶 가운데 지푸라기라도 잡고 싶은 심정으로 한 목사님의 설교를 들었다.

다른 말은 들리지 않는데 '감사'라는 말이 마음속에 들어왔다고 한다. 그래서 어떻게든 벗어나고 싶어 일단 해보자는 생각에 예쁜 감사 노트를 산 것이다. 그저 예쁜 노트를 샀을 뿐인데 기분이 좋아졌고 첫 장에 '예쁜 노트를 사서 감사해요.'라고 적었다. 그것이 4년 전 첫 감사 일기였다. 아이가 속을 뒤집어놓은 날도 조용히 방으로 들어가 감사 일기를 쓰며 심호흡하고 기도를 했다. 자신의 마음을 진정시켜 달라고 그리고 크느라 마음의 혼란을 겪는 B에게도 빨리 이 시간이 지나가기를 기도하며 한 자 한 자 눈물을 흘리며 감사일기를 쓴 것이다.

'아이가 아픈 마음을 속으로 쌓고 있는 게 아니라 힘들다고 저렇게 온몸으로 표현해줘서 감사하다.' '내가 이 순간 아이와 같은 모습으로 예전처럼 소리 지르며 싸우지 않아서 감사하다.' '이 상황에도 감사 일기를 쓸 수 있어서 감사하다.' 등 눈물 자국으로 젖은 꾸깃꾸깃한 감사 노트를 보여줬다. 데일 카네기의 『자기관리론』 책을 보면 걱정은 시간 낭비이자 백해무익이라 강조하며 걱정을 없애는 가장 좋은 방법으로 종교를 가지라고 한다. 그녀 또한 종교의 도움이 컸다고 고백했다. 감사할 이유가 없는 상황에서의 감사를 하는 것은 분명 쉽지 않은 일이다.

그녀는 감사할 이유를 찾기보다 그저 가지고 있는 모든 것에 감사하기로 했다. B는 엄마가 도움을 주려고 한 말임에도 부정적으로 받아들이고 화를 냈다고 했다. 그녀는 결심했다. 잔소리하지 않기로 말이다. 그리고 그날 그녀는 이런 결심을 하게 돼서 감사하다고 썼다.

나는 사춘기를 코앞에 두고 있는 자녀를 가진 엄마로서 호기심이 가득해 물어봤다.

"어떤 잔소리를 하지 말아야 할까요?"

"모든 잔소리를 다 싫어하지요."

특히 '숙제는 다 했니?' '밥 좀 더 줄까?' '날이 추운데 옷이 얇은데 안 춥니?'라는 아이 자신을 위한 말에도 싫어했다고 한다. 아이를 위한 말이지만 잔소리가 되기 쉬운 말이다.

그 쉽지 않은 시간을 버틴 엄마는 말로 다 할 수 없는 2년을 보내고 딸에게 편지를 받았다며 세상에 더없는 행복한 미소를 머금고 이야기했다.

"엄마가 나를 믿고 기다려주고 나에게 맞춰주려고 노력해줘서 고마워요. 잔소리하지 않아서 내가 엇나가지 않았고 내 자리를 지키게 됐어요. 정말 고마워요. 나도 엄마의 삶을 응원해요. 무엇보다 엄마가 내 엄마라는 사실이 너무 감사하고 자랑스러워요."

그녀는 이야기하며 눈가가 빨개지고 눈물이 흘렀다. 같은 엄마로서 그 마음이 조금은 알 것 같았다. 나도 함께 눈물이 났다. 그리고 그 힘든 시간을 묵묵히 지혜롭게 지나온 그녀가 정말 멋진 엄마이자 한 사람이라고 생각했다.

감사하는 시간을 규칙적으로 가진다

P는 늘 책을 좋아하고 성품이 온순하고 친절하다. 그리고 인기가 있으며 유머 감각이 넘치는 유쾌한 아이다. 과연 P에게는 어떤 비결이 있는지 궁금해 물었다. 엄마는 조심스러워 하며 잠시 고민하더니 "우리 집에는 '감사'하는 시간이 있어요."라고 했다. 아이가 어릴 때는 잠자리에 누워 감사한 일에 대해 3가지씩 나눴고 지금은 각자 감사 노트를 가지고 매일 자기 전 식탁에 모여 감사 일기를 쓴다고 했다.

P가 15세이니 벌써 최소 10년은 된 전통이다. 나도 모르게 감탄이 터져 나왔다. 잠자리 감사는 어떤 거죠? 그냥 누워서 감사한 걸 이야기해요. 가령 "오늘 초코우유를 형은 안 먹고 나만 먹어 감사해요."라는 것처럼 유치한 감사부터 시작했다고 했다.

감사란 남과의 비교와 남의 아픔에서 찾는 게 아니다. 아이도 습관이 되어 있지 않기 때문이다. 감사도 훈련이 필요하고 교육이 필요한 부분이다. 그래도 열심히 찾아낸 아이에게 훈계는 두지 않는 게 비결이라고 했다. 그래야 아이가 주저하지 않고 감사를 연습하는 테두리 안으로 들어온다고 했다.

그 오랜 시간 엄마와 감사를 나눈 아이 P를 떠올리니 유독 얼굴빛이 환하고 미소가 참 멋지다는 생각이 들었다. P의 인기와 좋은 성품은 감사에서 만들어졌던 것이다. 그녀는 감사의 가장 좋은 결과로 아이들이 불평불만을 늘어놓지 않고 어떤 상황에도 감사의 태도를 가진다고 했다. 요즘 아이들이 불평불만이 많은데 기적이라는 생각이 들었다.

가족은 소중한 존재이지만 화와 짜증을 쉽게 낼 수 있는 감정 소모의 근원이기도 하다. 그런데 이 감사 훈련은 현재에 집중하며 서로의 존재에 감사와 경외감을 느끼게 해준다. 오늘부터 아이들과 감사 노트를 만들어 감사 일기를 써보면 어떨까? 훗날 꼬깃꼬깃한 낡은 노트가 아이에게 큰 유산이 되어줄 것이다. 혹시 누가 알겠는가? 사춘기를 지날 때 큰 도움이 되는 마법이 될지 말이다. 감사의 태도는 아이의 삶에 가장 큰 선물이 될 것이다.

데일 카네기의 『자기관리론』을 보면 "주여, 저를 평온하게 하셔서 바꿀 수 없는 일은 받아들이게 하시고 바꿀 수 있는 일은 바꿀 용기를 주시고 이 둘을 구별할 수 있는 지혜를 주소서."라는 기도문이 있다. 이 기도문처럼 감사는 평온과 용기와 지혜를 가져다준다. 실제로 매일 5분이면 충분히 감사할 일을 되새길 수 있다. 잠자리 감사, 식사 시간에 나누는 감사, 온 가족이 모여 감사 일기를 쓰는 시간을 만들어보자.

6
공부 성공의 첫걸음은 내 아이 알기다

　한국에서 미국으로 잠시 주재원으로 나온 가정을 만난 적이 있다. 그 가정에는 중학교 1학년의 아이가 있었다. 그런데 오자마자 바로 영어 수업을 듣는데 수준 높은 영어반에 들어갔다고 굉장히 뿌듯해하며 이야기했다. 한국에서 자란 아이가 미국에 오자마자 원어민 부모 밑에서 평생 영어만 쓰고 살아온 아이보다 영어의 수준이 더 높다니 놀라웠다. 물론 영어를 쓸 줄 아는 것과 공부할 때 사용하는 영어는 조금 다를 수는 있다. 하지만 한국에서 오자마자 그런 실력을 갖추고 있다는 것에 놀랐다.
　내 아이는 영어가 모국어다. 하지만 집에서는 한국어로 대부분 대화한다. 엄마 아빠가 한국말만 하기 때문이다. 그리고 토요일마다 한글학교를 다니며 한국어를 공부하고 있다. 그럼에도 한국에 가서 시험을 본다면 수준 높은 수업은커녕 보통의 수업도 따라갈 수 없을 것이다. 그런데 어떻게 그 아이는 한국에서 살고 한국어를 하는 부모 밑에서 자랐는데도 영어를 그렇게 잘하게 됐을까? 신기하기도 하고 정말 궁금했다. 비결을 알고 싶었다. 아이의 엄마는 자신 있게 말했다.

"우리 애가 워낙 열심히 하고 뭐든 잘하고 싶어 하는데요. 영어를 얼마나 좋아하든지 정말 열심히 하더라고요. 어릴 때부터 영어 학원도 다니고 스스로 열심히 많이 했어요."

그러나 우연히 아이와 대화하다 엄마와 다른 이야기를 듣게 됐다. 아이는 엄마를 실망시킬까 봐 걱정된다고 했다. 엄마는 자신이 열심히 잘하는 걸 좋아하고 기뻐한다는 것이다. 그래서 많이 힘들지만 열심히 했다고 했다.

"저는 엄마의 기쁨이 돼야 해요. 그래서 열심히 해야 해요. 엄마는 제가 공부를 잘하면 특히 영어를 잘하면 매우 좋아해요."

아이의 공부 동기가 엄마의 기쁨이 되기 위해서다. 이렇듯 엄마는 아이를 모른다. 나는 25년 동안 다양한 아이들을 만났다. 비슷한 경우를 많이 봤다. 아이가 말하는 현실과 엄마의 현실이 너무나 다름을 말이다.

공부도 각자만의 스타일이 있다

미국에서 여름 캠프를 운영했다. 여름 캠프는 뭘까? 방학 동안 자신의 관심사를 배우고 실력을 키우는 활동을 하는 곳이다. 재미를 위한 곳도 있고 일하는 부모들을 위한 단순한 돌봄 정도 수준의 곳도 있는 등 다양하다. 고등학생의 경우는 특화된 프로그램도 많다. 돈을 내고 등록하는 곳이니 공립학교가 아니라 사립학교인 셈이다. 어떻게 보면 종합 학원이기도 하다. 터무니없이 비싼 가격에 비해 질은 떨어지는 캠프도 많다.

어느 날 지인분이 함께 여름 캠프를 만들어보자고 했다. 자녀 셋에 조카까지 미국과 한국의 유명한 캠프는 다 보내보신 분이다. 그 아이들은 이미 다 자라 미국과 한국의 명문대를 다니기도 하고 이미 졸업해 직장을 다니는 아이도 있다. 그분에게는 현재 중학생인 셋째 늦둥이가 있다. 그러나 막내는 어떤 캠프도 보내지 않고 있다고 했다. 다양하고 많은 곳을 보내고 내린 그분의 결론은 비싼 돈에 비해 프로그램이 부실하다는 것이었다. 그래서 알차고 저렴하게 만들어보자는 생각에 독자적인 여름 캠프를 시작하게 됐다.

아이들 대부분은 공부를 잘하고 싶고 인정받고 싶어 한다. 그리고 각자만의 개성과 성격이 있듯 공부도 각자만의 스타일이 조금씩 다르다는 것을 더 확실히 알게 됐다. 그리고 아이들에게 매일 반복되는 습관이 중요함을 알았다. 공부 습관, 독서 습관, 글쓰기 습관이 없던 아이나 까부는 아이도 이 시스템 안에 들어와 함께 하면서 놀랍게 변화가 일어난다.

캠프에 참여한 엄마들의 놀라운 피드백이 쏟아졌다. 집에서 책한 자 보지 않던 아이가 집에서 스스로 책을 찾아 읽기 시작했다는 것이다. 악기 연습을 시키지 않았음에도 함께하는 오케스트라 친구들에게 피해 주지 않기 위해 스스로 열심히 연습하는 모습을 보여줬다. 그리고 수학을 정말 싫어한다는 아이가 놀라운 집중력으로 스스로 분량을 정하고 공부한다. 여름 캠프 시간이 다 끝났는데도 집에 가지 않고 공부한다. 자신의 목표 분량을 마무리하고 가야 한다고 해서 집에 가지 못하고 기다려줬던 날이 많았다. 그리고 무엇보다 아이들은 재미있고 행복해했다. 그 비결이 뭘까? 바로 아이의 특성을 파악해 적용한 학습법이다. 또 실컷 몸을 움직이는 스포츠와 예술 활동을 했기 때문이다.

프로그램 구성은 아이를 키운 엄마의 입장에서, 또 많은 아이를 오래 가르쳐본 선생님의 입장에서 만들었다. 아이들이 자기주도학습과 즐거우면서 조금이라도 성장하는 데 목표를 두었다. 무엇보다 아이들이 어려운 이웃과 사회를 향하는 마음이 있길 원했다. 그래서 세상에 일어나는 다양한 이슈를 알고 기도하기와 감사하기가 있었다. 아이들의 감사 이야기에 큰 감동을 경험했다. "정말 좋은 여름 캠프에 오게 해줘서 감사해요. 어려운 이웃이 있다는 걸 알고 기도할 수 있게 해줘서 감사해요."라는 고백에는 가슴이 뭉클했다.

거기에 줄넘기, 음악과 미술, 책 읽기와 두세 문장의 짧은 글쓰기, 그리고 사이언스, 프로젝트 수업, 디베이트, 발표, 책을 읽고 새롭게 스토리 만들기, 협동심 기르기를 했다. 북클럽과 스포츠도 프로그램에 포함했다. 수학은 각자 분량을 정하고 스스로 공부했다. 공부하다 모르는 문제가 있으면 친구, 언니, 오빠, 형, 누나, 선생님에게 도움을 요청하거나 함께 문제를 해결했다.

여름 캠프 프로그램을 운영하며 더 확신했다. 내 아이를 알아가는 데 힘쓰고 또 힘써야 함을 말이다. 생각보다 많은 부모가 자기의 아이를 잘 파악하지 못하고 있다. 아이가 무엇을 잘하는지 그리고 어떤 것에 열정이 있는지 말이다. 때로는 아이의 마음과는 전혀 반대인 걸로 파악하고 있기도 했다. 그리고 아이들의 열정을 어떻게 끌어내야 하는지도 잘 모른다.

지금의 시대는 예전과 다르다. 빠르게 변화하고 있다. 우리 아이들이 살아갈 시대는 더 다를 것이다. 인공지능의 발달로 인해 많은 일자리가 대체될 것이고 이미 대체되어 가고 있다. 많은 분야에서 대부분 자동화가 이루어져 가고 있다. 이곳 샌프란시스코는 무인택시가 운영되기도 한다. 기술은 계속 발전할 것이다. 그러나 우리 부모들은 여전히 자신이 경험한 범위 내에서 자신만의 방법과 생각을 강요하는 경우가 많다. 마치 엄마와 아빠가 미래를 알고 있는 것처럼 말이다.

많은 부모는 아이가 공부만 잘하면 성공과 행복이 보장된다고 생각한다. 그로 인해 아이들과 친밀한 시간을 만들고 대화를 충분히 하지 못한다. 이 시간이 없이는 내 아이를 알아갈 수 없다. 육아는 내 분신을 만들어내는 것이 아니다. 독립된 한 사람을 양육하는 것이다. 자신의 길을 잘 갈 수 있도록 도와야 한다. 그러나 현실은 아이를 대신해 아이의 꿈을 만들어주고 그에 맞는 학원을 보내고 점수를 얻어 대학을 보내고 직업을 갖게 한다. 과연 맞는 걸까?

육아는 마라톤이다. 처음부터 잘하는 아이는 없다. 시간을 들이고 공을 들이면 어느 날 쌓이고 쌓여서 그 결과가 폭발해서 나온다. 부모인 우리가 할 일은 내 아이를 잘 알아가는 데 힘 써야 한다.

그것이 내 아이가 맘과 몸이 건강해지는 비결이다.

청소년 전문가인 친구와 인터뷰했다. 전문가인 친구는 말했다. 많은 아이를 상담하며 느낀 공통점은 아이들이 고민되고 어렵고 힘들 때 부모를 찾을 수가 없다는 것이다. 그 이유는 다음과 같다.

먼저 친밀함이 없다. 관계를 만들 시간이 없기 때문이다. 부모도 바쁘고 아이도 바쁘다. 사춘기가 되어 그때 깨닫고 관계를 만들려고 하면 너무 어렵다. 그리고 아이들은 부모님이 자신에게 실망할까 봐 두려워한다.

그렇다면 어떻게 하면 아이들과 친밀해지고 내 아이를 잘 알아갈 수 있을까? 전문가의 도움과 이곳 실리콘밸리에서 성공적으로 아이를 키워낸 선배 엄마에게 들은 공통점을 발견해 정리해봤다.

감정과 마음을 나누며 대화하자

우선 잠자리 대화로 친밀한 관계를 만들자. 평소 아이와 어떤 대화를 하는가? 숙제했니? 씻었니? 시험은 몇 점 받았니? 학원은 갔니? 밥 먹어라, 씻어라, 자라 등의 해야 할 일을 체크하는 말이거나 명령어가 대부분이다. 아이들은 학원도 가야 하고 숙제도 많고 할 일도 많다. 당연히 충분한 대화의 시간이 부족하다.

어릴 때부터 자기 전에 아이와 감정을 나누는 대화의 습관을 지니면 좋다. 오늘의 행복, 오늘의 걱정, 오늘의 슬펐던 일, 오늘의 성취감, 오늘의 아쉬웠던 점 등 아이들과 잠자리에서 평온한 시간에 솔

직한 대화를 나눠보자. 아이의 마음을 알아가는 데 큰 도움이 된다.

　엄마가 먼저 감정과 마음을 나누다 보면 아이들은 자연스럽게 자신의 감정을 표현할 수 있다. 그리고 부모와 자신의 감정을 나누는 게 습관이 되면 사춘기가 되어서도 자연스레 나눌 수 있게 된다. 그리고 혼자만의 동굴로 들어간다 해도 크게 부모와 사이가 나빠지지 않는다. 이때 유의점은 대화와 공감의 시간이지 가르치는 시간이 아님을 명심하자.

　둘째, 자주 안아주고 사랑한다고 말하자. 아이가 어릴 때는 자주 안아주지만 커갈수록 스킨십이 사라진다. 아이와 시간이 날 때마다 스킨십을 하자. 아이와의 스킨십은 아이의 정서에 큰 도움이 된다. 아무리 바빠도 포옹 한 번 할 정도의 시간과 여유는 누구에게나 있지 않을까? 아침에 일어났을 때, 학교에서 돌아왔을 때, 잠자리에 들 때 최소 하루에 3번은 아이를 안아주며 사랑한다고 말해보자. 잠깐의 시간이 복리가 되어 훗날 돌아올 것이라고 전문가는 말했다.

　셋째, 책을 읽어주고 마음을 나눈다. 이 과정은 대화의 장이 되는 매개체가 된다. 아이가 글을 읽기 시작하면 책을 읽어주는 것에서 독립시키는 경우가 많다. 하루에 한 권이라도 아니면 주말에 한 권이라도 아이에게 책을 읽어주며 대화의 시간을 가져보자. 책은 좋은 대화의 매개체가 되어준다.

　넷째, 다양한 경험과 추억을 만들자. 새로운 경험은 새로운 인사이트를 낳는다. 아이와 좋은 추억을 많이 만들어야 부모와 친밀해진다. 그래야 그 추억으로 아이와 대화도 나누고 아이가 마음을 닫지 않게 된다. 공부나 잔소리 말고 아이가 사랑받는다는 것을 알도록 좋은 추억을 함께 만들자. 추억을 만드는 방법에는 여행, 산책, 놀이 등이 있다.

다섯째, 심심할 수 있는 여유시간을 만들어주자. 아이는 심심할 때 자신이 하고 싶은 것을 찾게 된다. 심심해야 생각도 한다. 그런데 그런 시간이 없다. 너무 많은 학업에 시달린다. 많은 시간을 핸드폰과 게임에 빠져서 살아간다. 지루하고 심심할 때 창의적인 생각도 나온다.

여섯째, 엄마인 나 자신에게 집중하자. 내가 좋아하는 게 뭔지 엄마인 나 자신부터 찾아보자. 나에게 좀 더 집중하고 나를 아껴주자. 아이 생각에만 갇혀 있으면 아이를 객관적으로 볼 수가 없다. 아이 생각을 줄이고 나를 찾고 내가 좋아하는 일에 집중해보자. 그럴 때 아이를 조금 더 객관적으로 볼 수 있게 된다.

일곱째, 자유와 훈계의 균형을 갖추도록 한다. 진정한 자유는 바른 규칙 안에서 만들어진다. 지침과 한계점이 정확히 있어야 한다. 아이에게 자유를 주라고 하면 많은 부모가 한계와 규칙도 없이 아이가 원하는 대로 다 하게 해줘야 한다고 착각한다. 아이는 배우고 또 배워야 하는 시기다. 공부도 배워야 하지만 아이는 사람과 더불어 살아가는 법, 나를 알아가는 법, 실패하고 일어서는 법 등 배울 게 다양하다. 나 자신과 타인에게 해가 되는 일에 한해서는 확실한 훈계를 어릴 때부터 해야 한다. 나이가 들어서 갑자기 배울 수 있는 일이 아니다. 어릴 때부터 될 때까지 해야 하는 일이다.

여덟째, 아이에게 선택권을 주자. 작은 것에서부터 아이에게 선택권을 줘야 한다. 선택하는 연습을 해야 한다. 그 선택을 하는 연습을 통해 아이는 자신이 좋아하는 일, 싫어하는 일, 잘하는 일, 못하는 일, 열망, 옳은 일과 그른 일을 구분하게 된다. 식당에서 메뉴를 선택히는 일, 입고 싶은 옷과 신발을 선택하는 일 등 작은 것에서부터 선택권을 주자. 크게 문제가 되지 않는 범위 내에서 선택하는 자유와 기쁨을 주자. 이 연습이 훗날 중요할 때 제대로 된 선택을 하게 해준다. 자신의 선택에 책임이 있음을 알게 해주자.

7장

어떻게 글로벌 상위 1%로 성장하는가

1
아이에게 가르쳐달라고 해보자

창밖으로 햇살이 비치고 하늘은 유난히 푸르다. 큰 나무는 초록빛의 싱그러움을 뽐낸다. 바람에 흔들려 살랑거리는 나뭇가지는 바라만 봐도 기분이 좋다. 새소리마저 환상적이던 그림 같은 날 책상이 아니라 차가운 거실 바닥에 누워 둘째가 숙제인 수학 문제를 푼다. 그 모습이 조금 귀여웠다. 개구쟁이가 수학 문제 앞에서 작은 입을 앙다문 채 눈빛은 세상 진지한 모습으로 집중하고 있다.

살짝 찡그린 이마를 보니 문제가 안 풀리나 보다. 기어이 "엄마, 이거 어떻게 푸는 거야?"라고 묻는다. 문제를 보니 단순 풀이의 수준이 아니다. 영어 말이 가득 쓰여 있는 서술형 문제다. 영어가 쉽지 않은 엄마는 머리를 쓰고 싶지 않아 아이에게 다정하게 말했다. "○○이가 읽어줘."라고 하자 아이는 엄마의 영어 실력을 잘 아는

지라 싫은 소리 없이 문장을 천천히 읽어 내려간다. 다 읽고 나더니 "아, 알겠다!" 외치더니 문제를 풀었다. 아직 저학년인 아이에게는 스스로 소리 내어 읽는 것만으로도 이해하고 풀 수 있는 문제가 대부분이다.

아이가 엄마를 가르치게 한다

한국에서 첫아이를 키우던 시절 아는 것도 없고 정보력도 부족한 엄마라 걱정이 많았다. 그래서 선배 엄마에게 하소연한 적이 있다. 지금 생각해보면 그때 아이는 세 살에 불과했다. 무슨 걱정을 그리했나 모르겠다.

그분은 두 자녀를 훌륭히 키워낸 영어 선생님이었다. 그때 그분이 많이 아는 부모도 좋지만 조금 빈구석이 있는 부모의 아이가 잘 자란다며 조금 모자란 척하며 키우라고 했다. 그게 아이에게 더 큰 도움이 된다고 용기를 주며 알려준 '영업기밀'이다. 그것을 내 아이에게 어릴 때부터 지금까지 적용하며 큰 효과를 봤다.

공부 능력을 최고로 발휘할 수 있는 좋은 방법의 하나는 다른 사람에게 설명하거나 가르치는 것이다. 누군가를 가르치려면 그 내용을 100% 알아야 상대방에게 정확하게 전달하고 이해시킬 수 있기 때문이다. 하지만 아이에게 적용하기는 쉽지 않다. "오늘 배운 거 엄마에게 설명해봐."라고 하는 순간 아이는 부모의 잔소리로 생각하는 경우가 많다. 엄마가 나를 더 공부시키려고 숙제를 준다고 생각하기 때문이다. 하지만 엄마를 도와줘야 하는 일이라면 신이 난다. 자신이 알고 있는 걸 뽐내야 하는 것과 자신이 배우고 익혀야 할 존재로 느끼는 것은 하늘과 땅 차이다.

나는 아이가 어릴 때부터 미국에서 살다 보니 일부러 그런 척하지 않아도 모르는 게 너무나 많았다. 아이에게 영어 문장이 어떤 의미인지 정확히 이해를 못 하겠다며 설명을 요구하는 날이 하루 이틀이 아니었다. 아이는 신나서 설명해주었다. 요즘은 너무 많이 물어봐서인지 귀찮아하기도 한다. 뭐든 적당한 게 좋다. 아이는 엄마의 이해를 돕기 위해 더욱 쉬운 말을 생각해냈다. 엄마가 충분히 이해하지 못해 추가 질문을 하면 그 질문에 맞는 대답을 하며 개념을 더 자세하고 정확하게 이해하기 시작했다.

대부분의 아이는 어른이 어떤 단어를 가리키며 "이게 무슨 뜻이지? 뭔지 알아?"라고 물어보면 자신의 지식을 확인하는 테스트의 느낌을 받는다. 그러면 괜히 기분이 나쁘다. 하지만 모르는 엄마를 위해 내가 알려줘야 하는 개념으로 이해하면 아이는 적극적인 모습으로 공부에 돌입하게 된다. 그리고 내가 엄마를 가르쳐줬다는 뿌듯함과 도왔다는 기분은 잊지 못할 긍정적인 감정으로 남게 된다.

공부 능력을 폭발시키는 질문을 하자

비단 이해력만 좋아지는 게 아니다. 아이는 상대방을 이해시켜야 하므로 말하는 능력도 길러진다. 상대방의 수준에 맞는 단어 선택은 어휘력을 높인다. 기승전결의 논리적 말하기 방식은 자연스럽게 발표력을 향상시킨다. 그리고 쉽게 설명하려다 보면 비유법을 자연스레 사용하게 된다. 비유법은 글쓰기의 꽃이다.

너무 놀랍지 않은가? 오늘부터 아이를 내 선생님으로 모셔보자. 긴 시간이 필요하지 않다. 15분 정도면 충분하다. 집에 칠판이 있다면 칠판을 사용하자. 더 신나고 효과적이다. 재미있으면 공부 능력이 폭발하게 된다. 물론 결과가 당장 눈앞에 보이지 않을 수 있다. 육아는 장기전이다. 천천히 조금씩 계속 성장하는 아이의 모습을 경험하게 될 것이다.

또 하나의 좋은 점은 메타인지 능력이 자연스럽게 발달한다. 메타인지란 무엇인가? 쉽게 말해 바로 자신을 객관적으로 알게 되는 것이다. 제삼자에게 가르치다 보면 자신이 아는 것과 모르는 걸 구별하게 된다. 가르치기 전에는 알 수 없다. 내 입으로 설명하기 전에는 다 안다고 착각하게 된다.

"엄마가 이게 뭔지 잘 모르겠는데 어떻게 해야 하지? ○○이가 도와줄 수 있니?"

이 질문은 놀라운 마법이 되어줄 것이다. 단 하나의 질문이, 엄마의 작은 빈틈이 아이 공부 능력을 폭발시킨다. 잊지 말자. 설명할 수 있으면 정확히 아는 것이고 설명할 수 없으면 제대로 모르는 것이다.

공부 능력을 폭발시키는 질문법은 7가지의 효과가 있다. 첫째, 정확한 개념 이해다. 이해력이 부적 상승한다. 둘째, 말하기 능력이 커져 발표력이 좋아진다. 셋째, 어휘력이 높아진다. 넷째, 비유법을 잘 활용하는 글쓰기 능력이 발달한다. 다섯째, 앞서 말한 메타인지가 상승되어 자기 객관화를 통해 장단점을 파악한다. 여섯째, 이러한 과정을 통해 문제해결 능력이 커진다. 일곱째, 성취감이 커지고 공부의 재미에 빠진다.

고학년을 위한 팁도 있다. 아이가 공부를 도와달라고 요청하거나 엄마가 아이를 도와주고 싶을 때 적용하면 좋다. 배운 부분이나 시험 범위를 엄마 앞에서 발표하거나 친구나 동생에게 설명하면 된다. 그러나 이마저도 쑥스러워하면 빈 노트에 적어보면 된다. 쓰기 싫어하는 아이는 녹음해서 들어보는 방법도 있다. 이 방법은 자신의 부족한 부분을 정확히 알게 해준다.

2
암기력과 사고력을 함께 길러보자

　암기는 꼭 필요할까? 암기는 창의력을 망치는 교육이라는 주장도 있다. 또 다른 쪽에서는 암기는 중요하다고 주장한다. 과연 무엇이 맞는 말일까? 교육 전문가의 말도 조금씩 다르다. 뭐가 맞는지 판단하기 어렵다. 그렇다면 실리콘밸리의 아이들은 어떨까? 실리콘밸리에는 다민족이 산다. 그래서 미국의 여느 지역과는 많이 다른 문화가 있다. 나라마다 공부 좀 한다는 사람이 모인 조금 특별한 곳이다. 그러다 보니 이곳에는 미국의 교육 방식과 각 나라의 교육 방식이 섞여 있다.

　얼마 전 딸의 인도 친구 이야기를 들었다. 그 친구는 매일 아침마다 달린다. 그리고 단어를 암기하고 학교에 간다. 수학과 언어 공부를 또 별도로 매일 한다. 수영팀에도 들어가 있어 거의 매일 수영 연습을 한다. 매일 같이 공부하는 양이 많다. 그리고 그만큼 운동도 많이 한다. 이 모든 공부는 아빠가 관리한다. 이곳의 인도 아빠들은 자녀교육에 매우 관심이 많고 깊게 관여한다. 그렇다면 이 아이의 실력은 어떨까? 이곳의 잘하는 아이들의 평균보다 20~30점은 높다. 이 친구의 경우 다양한 공부를 하고 있다. 그중에 암기도 매일 하고 있다.

미국에는 스펠링 비Spelling Bee라는 단어 대회가 있다. 미국에서 꽤 큰 대회이며 전국 대회에서 좋은 성적을 거두면 좋은 대학에 가는 데 도움된다. 대회는 단순하다. 단어 스펠링을 누가 얼마나 많이 그리고 정확히 암기하고 있느냐로 우승 여부가 결정된다. 한마디로 암기다. 요즘 이 대회의 각 학교 대표 중 대다수가 인도와 중국 아이다. 수학에서도 놀라운 성과를 내고 있다. 중국과 인도 아이들 모두 수학에서도 저마다의 방법과 공식이 있다. 그리고 그것을 외운다. 딸의 친구 중 중국 아이와 인도 아이는 지금 수학의 레벨이 매우 높아 고등학교에 가서 배우고 온다. 참고로 미국은 같은 학년이라도 아이들의 수준에 따라 다 다른 수업을 듣는다.

현재 이곳 실리콘밸리의 유명한 기업에는 인도 사람이 많다. 그들이 수학과 언어 역량이 뛰어나기 때문이다. 그렇다면 공부 좀 하는 인도의 암기는 어떨까?

이해를 바탕으로 한 암기가 효과가 있다

어느 날 인도 교육에 관한 다큐멘터리를 본 적이 있다. 인도는 암기를 중요하게 생각한다. 다큐멘터리 초반을 보며 생각했다. 단순한 암기가 어떻게 독보적인 실력으로 연결이 되는지 호기심을 느끼며 시청했다.

인도 교육은 영국의 식민지 시절 영향과 그들만의 문화가 접목돼 시너지 효과를 내고 있었다. 다큐멘터리에서는 인도 최고 사립학교의 이야기와 암기로 신기록을 가지고 있는 아이의 이야기가 소개됐다. 그들의 암기는 단순 암기가 아니다. 수학에서도 그들만의 암기 노하우를 가지고 있다. 그들이 말하는 암기의 핵심은 이해다. 암기해야 하는 내용의 배경, 상황, 원리 등을 먼저 이해하고 그다음 많은 반복을 통해 자연스럽게 암기한다. 그리고 이렇게 내 안에 완벽하게 암기가 된 지식은 깊은 생각으로 연결이 된다.

인도의 사립학교는 인도의 부자 자녀들이 다니는 곳이다. 상상 초월의 규모와 프로그램으로 운영이 되고 있다. 이 프로그램은 영국의 식민지 시절 영국인들이 남기고 간 고급 교육 프로그램이다. 이걸 버리지 않고 인도의 전통 교육법과 잘 접목해 활용하고 있다.

인도는 여전히 계급 제도의 나라다. 이 계급 제도에서 성공할 수 있는 가장 쉬운 비결이 공부다. 그들은 무한 경쟁의 시대에 성공하기 위해 그리고 신분 상승을 위해 더욱 공부에 힘쓴다. 그 결과 세계의 중심부에서 활약하고 있다. 요즘 수학이면 수학, 스펠링 비,

디베이트 등 많은 대회에서 인도 아이들의 성과가 매우 좋다

 단순 암기나 시험을 위한 암기는 큰 의미가 없을 수도 있다. 물론 일시적인 도움은 된다. 그렇다면 깊은 이해를 동반한 암기는 어떨까? 깊은 이해를 동반한 암기는 책의 지식이 진짜 내 것이 되는 순간이다. 만일 책 한 권이 완전히 내 머릿속에 있다면 어떤 현상이 일어날까? 미국 시카고대학교의 로버트 허친스 총장은 100권의 고전을 선택해서 거의 외울 정도가 되면 졸업시키는 제도를 시행했다. 일명 '시카고 플랜' 정책이다. 이 정책 시행 후 노벨상 수상자 배출과 학생들의 실력이 매우 높게 성장했다는 주장도 있다.

 나중에 허친스 총장이 은퇴하자 시카고 플랜 정책은 폐지됐지만 고전 읽기 정책은 유지하고 있다. 그래서 지금까지도 시카고대학교는 독서와 학습을 많이 시키는 학교로 유명하다. 시카고 플랜을 관철시킨 허친스 총장의 교육신념은 머릿속에 고전이 완벽하게 들어가면 고전의 저자인 위대한 사상가들의 사고 능력을 물려받아 높은 사고력을 키울 수 있다는 것이다. 높은 사고력은 이해이므로 더 깊은 이해를 위해 암기하라는 것이다. 이해는 몰입에 도움이 되고 어느 날 아이디어로 떠오른다.

 그렇다면 유대인은 어떨까? 유대인의 교육은 신앙 교육이 기반이다. 그래서 그들은 어려서부터 유대교 경전을 읽고 또 읽고 반복해서 소리 내고 쓰면서 암기한다. 그리고 그 암기를 바탕으로 『토라』를 가지고 토론하며 공부한다. 유대인의 말 중에서 공부를 뜻하는 '미쉬(공부)'는 다음의 의미도 가지고 있다. 반복해서 낭독하고 반복해서 베껴 쓰고 반복해서 생각하는 것이라고 한다. 즉 반복을

통한 암기다. 온몸을 사용해서 암기한다. 그리고 그것은 『토라』를 통한 토론 공부를 할 때 빛을 발한다. 암기와 사고력이 함께 가는 것이다.

이곳 실리콘밸리에서도 명문대에 자녀들을 입학시킨 분이 있다. 이분의 특별한 교육법 중 하나는 『성경』 암송이다. 큰 비중을 두고 교육했다. 특히 하버드대학교에 입학한 딸은 디베이트 대회에 나갈 때 암기 훈련이 큰 도움이 됐다고 한다. 아이는 암기 훈련을 바탕으로 디베이트를 위해 자료조사에서 얻은 지식을 반복해서 읽고 말하면서 암송한다. 완벽하게 내 것이 되는 것이다. 그 덕분에 발표와 토론을 할 때 자신감 있는 자세와 충분한 이해로 거침없이 논리적으로 토론에 임할 수 있었다. 발표할 때 자료를 보고 하는 사람과 머릿속에 있는 사람은 엄청난 차이가 날 수밖에 없다.

미국은 주마다, 도시마다, 행정구역마다, 학교마다 다른 교육 시스템이 존재한다. 미국의 육군사관학교인 웨스트포인트는 세계 최고의 인재들을 많이 배출한 학교다. 이 학교는 우리가 알고 있는 하버드대학교나 스탠퍼드대학교처럼 명문대로 들어가기 힘든 학교다. 대학원 과정 없이 학부 과정으로만 이루어져 있다. 미국에서도 가장 넓은 땅을 가진 곳으로 유명하다. 미국 대통령을 배출한 학교이기도 하다. 훈련이 매우 힘들기 때문에 학교생활 중간에 학업을 포기하기도 한다. 입학 절차도 무척 복잡하다. 일반 대학에서는 실시하지 않는 정신건강과 체력장 테스트도 포함되어 있다. 추천서도 사는 지역의 국회의원에게 받아야 한다. 웨스트포인트에서도 단 하나의 오차 없는 암기력 교육이 유명하다.

실리콘밸리 아이들은 상상하며 외운다

실리콘밸리 아이들은 그냥 막무가내로 외우지 않는다. 우선 먼저 이해하고 설명을 듣고 외운다. 필요에 따라 선생님과 부모님의 도움을 받는다. 책과 자료를 통해 자신이 충분하게 개념과 상황을 이해한다. 그리고 자신만의 스토리를 만들어서 외운다. 스토리로 외우면 기억하기가 쉽다.

둘째, 그냥 외우지 않고 '연상 기법'을 활용해 외운다. 기존 내가 아는 지식과 연결해 외우면 더 쉽게 오래 기억에 남게 된다. 창의성이란 결국 내가 알고 있는 지식과 새로운 지식이 만나 뭔가의 연결고리를 찾으면서 유레카를 외치는 것이다. 시너지 효과가 나타나는 것이다. 내 기억과 새로운 기억이 영향을 주면서 말이다.

셋째, '이미지 기법'을 이용한다. 즉 상상하며 외운다. 예를 들면 제1, 2차 세계대전의 스토리를 외우고 있다면 그 세계대전의 이야기를 머릿속에 상상해보는 것이다. 이미지로 본 것은 기억에 잘 남아 있다. 드라마나 영화를 보고 난 후 우리가 스토리를 더 잘 말할 수 있듯이 말이다. 머릿속에서 상상한 것을 여러 번 시뮬레이션해본다. 이 경험은 직접 경험한 것처럼 생생하게 남는다.

잊지 말자. 여기서 말하는 암기는 단 한 자의 오타 없이 그저 달달 외우기만 하는 암기를 말하는 것이 아니다. 정확하고 충분한 이해를 바탕으로 필요한 것을 암기하는 것이다. 그렇게 될 때 깊은 사고와 창의성을 만들어주는 데 도움을 준다.

3
공부 루틴을 몸에 배게 한다

세 자녀 모두 명문대에 합격시킨 30년 교육 전문가인 교회 사모님을 만났다. 60이 가까운 나이에도 현역에서 아이들을 가르치고 이 지역 최고의 교육 전문가로 활동 중이다. 과연 세 자녀를 어떻게 명문대에 모두 보낼 수 있었는지 궁금해 물어보았다.

사모님의 딸 한나는 SAT 학원도 안 다니며 공부해 1,560점을 받았다. SAT 만점이 1,600점이다. 그런데 하버드대학교 지원자의 반 이상이 1,600점이다. 한나에게는 불리한 조건이다. 하지만 한나는 하버드에 합격했다. 왜 대학은 한나를 뽑았을까?

사모님은 그 이유를 세 가지로 정리했다. 첫 번째, 한나가 소속된 학교 토론팀의 좋은 성과다. 두 번째, 한나가 선교지에서 에이즈로 고통받는 어린아이와의 만남이다. 이 만남을 통해 참혹한 현실에 대한 깊은 아픔, 눈물, 자기의 생각, 경험, 앞으로의 포부 등을 솔직하게 적은 에세이 때문이다. 5학년 때부터 쉬지 않고 어려운 지역을 매년 방문해 봉사 활동에 참여한 것은 일시적 보여주기식이 아님을 하버드대학교도 안 것이다. 세 번째, 공부하기 힘든 환경인 나쁜 학군에서의 좋은 성적이다. 좋지 않은 환경에서 최선을 다해 최고의 모습을 보여준 것이라고 했다.

사모님은 "저희 아이가 그랬다고 똑같이 준비하면 하버드대학교에 합격할까요?"라고 묻고는 곧바로 단호하게 아니라고 했다. 하버드대학교는 정형화된 입시 규정이 없다고 했다. 그래서 완전히 똑같은 결과를 보여준다고 해도 아무도 장담할 수 없다. 하지만 확실한 사실은 공부로만 뽑는 곳은 아니라는 것이다. 어차피 다 잘하는 아이들이 지원한다.

그녀는 하버드대학교 입학사정관의 인터뷰가 실린 신문 기사 이야기를 해주셨다. 입학사정관은 인터뷰에서 "우리는 하버드생을 뽑는 게 아니라 하버드생을 만들어간다. 그 기질과 자질을 본다."라고 강조했다. 실제로 하버드대학교는 그 기질과 자질을 알기 위해 짧은 에세이를 많이 요구한다. 짧은 에세이를 통해 학생의 라이프스타일을 알아간다. 열정이 어디로 향하는지, 기부를 많이 할 아이인지, 세상에 도움을 주려는 아이인지 등 에세이의 세팅을 바꾸어가며 계속 말을 바꿔 그 자질을 확인한다.

루틴의 힘으로 세 아이를 모두 명문대에 보내다

"저는 하버드를 목표로 공부시킨 적은 없었어요. 하지만 교육은 매우 중요해요. 아이들을 스트레스 없이 아무것도 시키지 않고 원하는 대로 그냥 놔두면 행복할까요? 다 잘하는 아이인데 행복이 없으면 괜찮을까요?"

공부도 잘하고 인성도 좋고 다재다능하고 행복한 아이가 되길 바라는 게 모든 엄마의 마음이다. 사모님은 엄마니까 두 가지를 다 갖게 해줘야 한다고 했다. 내 아이가 행복하기도 하면서 세상에 나갔을 때 잘 살아갈 수 있는 기본 밑바탕을 만드는 일 말이다. 인터뷰를 끝내고 집에 돌아와서도 이 말이 잊히지 않았다. 그 두 가지 모두를 엄마인 나는 어떻게 도와줄 수 있을까?

그녀는 매우 바쁜 교육 전문가이자 교회 사모이며 세 아이의 엄마다. 게다가 두 명의 조카까지 총 다섯 아이를 양육했다. 그래서 루틴이 꼭 필요했다. 오전의 일과를 정신없이 보내고 오후 3시에 간식을 싸서 아이들을 픽업해 방과후 학교에 간다. 방과후 학교는 교회 아이 중 숙제를 봐주기 힘든 부모들의 아이를 돕기 위해 만들었다. 8달러씩 받은 수험료로 용돈이 필요한 중고등학생에게 알바비를 줬다. 채점해 놓은 문제집을 보고 아이들이 이해가 안 되는 부분이 있으면 직접 가르쳤다. 숙제도 모두 방과후 학교에서 2시간 동안 끝내도록 했다.

사모님의 철학은 2학년까지 혹은 최대 초등까지는 부모가 옆에서 아이가 공부할 수 있게 도와줘야 한다고 했다. 스스로 숙제는 할 수 있게 만들어줘야 한다는 것이다. 숙제를 잘하던 아이들은 공부 습관도 공부법도 금방 익혔다고 했다. 그러던 어느 날 안 좋은 학군의 학교에 다니던 아이들이 전국 시험에서 낮은 점수를 받아 왔다. 그때 '아, 학교만 믿고 있을 수 없구나.'라고 생각해서 문제집을 조금씩 숙제 후에 풀게 했다. 사모님이 바쁠 때는 집에서 각자 풀어놓으라고 했다. 대신 답지는 따로 숨겼다. 아이들이 처음부터 쉽게 답지를 보고 풀면 자기가 다 안다고 생각하기 때문에 보지 못하게 했다. 유혹거리는 없애줘야 하고 차단할 수 있는 것이라면 차단해주는 게 좋다. 아이 스스로 이겨낼 것으로 생각하면 안 된다고 했다.

사모님의 자녀들은 고등학교에 가서도 경제적으로 여유롭지 않았기 때문에 사교육을 할 수 없었다. 대신 시중에 나온 대부분의 SAT 문제집을 모두 풀어봤다. 말이 쉽지 모든 SAT 문제집을 거의 다 풀어봤다니 보통 일은 아니라고 생각했다. 그 비결은 루틴이다. 어릴 때부터 몸에 밴 루틴 때문에 바쁜 와중에도 가능했다. 그렇게 학원의 도움 없이도 SAT 준비를 끝냈다. 아이들은 5시에 집에 오면 각자 악기 연습을 하는 루틴을 가지고 있었다. 모든 아이가 한번에 해야 하니 차고, 거실, 방, 부엌 등 모든 곳이 연습 장소였다. 각자의 악기 소리로 야단법석이었다. 그렇게 열심히 한 악기 연습이 아이의 대학입시에 도움이 됐는지 궁금했다.

사모님은 악기 연습이 대학에 가는 데 큰 영향은 없었지만 아이들이 악기 연습을 통해 삶의 풍요로움과 엉덩이 힘을 배웠다고 했다. 그리고 시작한 일은 끝까지 완수하는 습관을 지니게 됐다. 그것은 무엇과도 바꿀 수 없는 소중한 훈련의 시간이었다. 연습하는 시간보다 연습할 곡을 많이 들려줬으면 더 좋았겠다는 아쉬움은 있었다. 연주 능력 향상에도 도움이 되고 많이 들어 익숙해진 곡은 아이의 마음에 더 깊게 남았을 것 같다고 했다.

아이들은 생활 루틴도 잘 지켰다. 저녁에는 온 가족이 식사를 준비하고 함께 먹는 루틴이 있었다. 그 누구도 노는 사람이 없었다. 이때 '꿀팁'을 전수해주었다. 교육 전문가로서 공부하며 배운 사실이라고 하면서 알려주었다. 아이들은 부모 목소리가 많이 들리면 싫어한다. 심지어 집중도 안 된다. 어릴 때부터 계속 들어왔던 목소리 톤이기 때문이다. 그래서 잔소리를 많이 하고 말을 많이 하면 안 통하게 된다. 사모님은 말 대신 칠판에 스케줄을 적어놓고 자신의 할 일, 청소 담당까지 적어놨다. 아이들이 자라서는 스스로 적었다. 다들 칠판의 스케줄을 보고 움직였으며 자신은 최대한 말하는 걸 줄였다고 했다.

아이를 이웃처럼 키우며 객관적으로 바라본다

아이들이 살아갈 세상은 지금까지 우리가 살던 세상과는 다른 세상, 상상을 뛰어넘는 세계가 될 것이라고 했다. 기존의 명문대나 기존의 돈 잘 버는 직업이 계속 유지되고 부를 만들어주는 시대는 점차 사라질 거라고 했다. 그런데 부모들은 여전히 자신의 세대에 맞춰서 아이를 자신의 손안에서 자신의 방향대로 목표를 가지게 하려고 시키는 경향이 있다. 그리고 내 아이가 잘나가는 일을 위해서라면 기준도 선도 없이 무조건 '너 하고 싶은 것 다 해.'라는 잘못된 자유를 허용한다고 했다.

다정하지만 규칙과 규율이 없고 무엇이든 허용하는 부모는 억압형 부모와 마찬가지로 좋지 않다. 아이들이 사회에서 살아나갈 수 없게 아이를 만드는 것과 다를 게 없다. 사모님은 한마디로 그런 부모는 아이를 망치는 존재라고 강하게 말했다. 잠시 나는 어떻게 살아야 하며 어떻게 아이를 키워야 할지 멍해졌다. 그때 유대인의 나이대별 교육철학에 관해 말해줬다.

유대인은 아이가 태어나고 5세까지는 왕으로 귀하게 여긴다. 6세부터 10세까지는 부모가 중심이 되어 교육한다. 그런데 10세 이후로는 친구처럼 지낸다. 유대인은 10세 이후는 친구로 풀어줘도 문제가 잘 생기지 않는다. 유대인은 부모가 중심이 되는 6~10세 시절에도 토론을 한다. "나는 부모니까 내 말에 따라."가 아니라 "부모인 내 의견은 이렇지만 네 의견은 어때?"라고 묻고 듣는다. 그리고 결정은 부모가 내린다. 그러면 아이는 부모의 권위에 순종하는 규칙을 가지게 된다.

그런데 우리는 훈육이 필요한 6~10세에 아이를 왕으로 떠받들고 사춘기가 되어 아이를 잡으려고 하니 큰 문제가 발생한다. 대화가 사라지고 서로의 생각을 존중하지 못하게 되는 것이다. 사모님은 이러한 교육이 어느 날 하루아침에 되는 일이 아니기 때문에 어려서부터 잘 준비시켜야 한다고 했다. 어릴 때부터 아이를 위해 제대로 된 훈육을 해야 10세 이후 아이와 친구 같은 사이가 됐을 때도 부모의 권위가 무너지지 않는다는 것이다.

  또 자녀는 부모의 분신이 아니라 그냥 개인, 즉 한 인격체라고 했다. 이웃처럼 키워야 하며 부모의 객관적인 안목이 필요하다고 말했다. 혹 선생님이나 다른 사람이 내 아이에 대해 다른 관점으로 이야기한다면 바로 아이에게 달려가서 이야기하는 게 아니라 '아, 이렇게도 볼 수 있구나!' '이런 면이 있을 수도 있구나!' 하고 더 관찰해야 한다. 그 후 정말 그 말이 맞는 부분이 있다면 아이를 도와줘야 한다. 아이를 많이 사랑하고 많이 공부하라고 했다. 그런데 그 사랑은 건강한 사랑이어야 한다고 당부했다. 부모로 최선을 다하되 결과와 책임을 하나님께 맡기고 우리가 할 수 없는 일에 대해서는 기도해야 한다고 덧붙였다.

4
좋은 습관으로 뇌의 가소성을 높인다

"수학이 싫어!"

딸이 1학년 때 매일 하던 절규였다. 울부짖는 소리만 들으면 1학년 아이에게 엄마가 『정석』 문제집 풀리는 줄 착각할 소리다. 고작 더하기 빼기 하는데 울부짖을 일인가? 물론 나는 딸에게 수학으로 잔소리할 처지의 실력이 아니다. 그래도 한 자릿수 더하기 빼기 아닌가? 대체 왜 아이는 그렇게 절규했을까? 그 시절 아이를 이해하기 어려웠다. 내 한탄에 남편은 나를 지그시 바라봤다. 괜히 찔려서 "뭐? 나는 더하기 빼기는 잘했다고."라고 입을 삐죽 내밀었다.

그러던 어느 날 책에서 '뇌의 가소성'에 대한 이야기를 보았다. 수학 머리가 타고나는 사람도 있지만 뇌의 가소성 원리에 의해 개발되어 후천적으로 발달할 수 있다는 이야기였다. 비단 수학만이 아니라 어떤 분야에서든 뇌의 가소성이 적용될 수 있다. 나는 책을 읽으며 '유레카'를 외쳤다. 딸에게도 희망은 있다. 내 수학 머리를 닮은 것 같아 괜히 미안했던 마음이 가벼워졌다. 그날부터 나는 뇌의 가소성을 높이기 위해 전략적인 엄마가 되기로 했다.

좋은 습관과 루틴으로 뇌의 가소성을 높인다

얼마 전까지만 해도 뇌는 약 20세까지 발달하고 더 이상 발달하지 않는 게 정설이었다. 최근의 연구 성과로는 뇌는 죽을 때까지 유연하게 계속 변화한다고 한다. 성인의 뇌도 어떻게 얼마나 사용하느냐에 따라 계속 변화해간다고 한다.

실리콘밸리 아이들이 뇌의 가소성을 높이기 위해 하는 것은 앞서 여러 번 이야기했던 좋은 습관과 루틴이다. 첫 번째, 새로운 것을 경험한다. 새로운 언어, 악기, 여행 등 익숙하지 않은 경험을 하게 되면 뇌를 자극하여 가소성을 높인다. 두 번째는 운동이다. 달리기나 빨리 걷기의 유산소 운동이 뇌의 가소성을 높인다.

뇌의 발달이 유연한 시기의 아이라면 더 놀랍게 발달할 수 있겠다고 생각했다. 그래서 비록 수학 머리는 타고나지 않았지만 내 아이의 수학 머리를 후천적 노력으로 변화시킬 수 있다는 희망을 걸고 나는 장기 프로젝트에 돌입했다. 기간은 공부의 꽃을 피워야 하는 시기인 고등학교까지로 잡았다. '뇌의 가소성'을 위해 노력한다고 하니 엄청 유난스럽고 힘든 일 같지만 직접 해보면 그렇지 않다. 그저 내 아이를 믿고 기다려주고 도와주면 되는 일이다.

실리콘밸리의 부모는 어떻게 수학 공부를 시킬까? 미셸 오바마의 저서 『비커밍』에서도 언급된 적 있는 한국의 수학은 탁월하다. 그래서 물었다. 한국에서 과학고와 카이스트를 졸업하고 현직 실리콘밸리 엔지니어이며 부모인 C에게 배워본 비법을 풀어보겠다. C가 경험한 실리콘밸리 엔지니어 발표 시간의 일이다. 단순 수치를 물어보는 질문이었다. 예를 들면 980개의 40퍼센트는 몇 개냐고 묻는 말에 대략 1,000×40%=400개라고 말하고 발표를 이어나가야 하는데 갑자기 사람들이 핸드폰 계산기를 꺼내 두드렸다고 한다. 놀라운 점은 이런 사람이 생각보다 많다는 것이다. 그들은 수학을 못 하는 사람일까? 아니다. 대부분 명문대를 나온 실리콘밸리 엔지니어다. 그런가 하면 다른 사람은 빠르게 대답하고 발표를 진행하는 모습을 보인다.

정확성을 요구하는 대답이 아니라 대략적인 답을 원하는 상황이었다. 상상해보자. 발표 현장에서 두 사람 중 누가 더 센스가 있어 보일까? 아마도 후자일 것이다. 이런 수학 센스야말로 공부하는 학생에게 중요하다. 시험을 볼 때 계산한 답이 감각적으로 맞는지 자각하는 능력이 필요하다. 종이에 계산하는 아이도, 계산기로 푸는 미국 아이도 마찬가지다. 내 계산에 오류가 있는지 알려면 계산 문제를 보고 어림잡는 능력이 있어야 오답이 아니라 정답을 맞히게 된다. 예를 들면 52×21은 대략 50×20 그러니 1,000 정도의 답이 나와야 한다고 알 수 있는 감각이다. 계산기를 두드렸는데 잘못 눌렀거나 계산오류로 300이 나왔을 때 아무 생각 없이 300이라고 답을 쓰는 게 아니라 '어, 대강 1,000은 넘어야 하는데 이상하네.'라고 하면서 다시 확인하는 센스가 필요하다. 계산 실수로 시험문제를 틀리는 일이 아이들에게 비일비재하다. 하지만 가장 쉽게 막을 수도 있다.

3분 수학 공부법으로 성취감을 맛보게 한다

수학을 좋아하는 아이라면 아이에게 맞게 시간을 조정하면 된다. 수학을 싫어하는 아이라면 '3분'으로 시작한다. 이 훈련을 통해 성취감을 맛보게 된다면 게임 중독이나 핸드폰 중독 말고 수학 중독이 된다. 어찌 보면 허세로 들릴지 모르지만 이 기분을 경험하면 수학이 재미있어지고 편해진다.

내 목표는 수학 천재를 만들려고 하는 게 아니다. 교육 제도권 안에서 수학은 중요하다. 아이는 학교에 다녀야 한다. 그렇다면 학교에서 시험 점수 잘 맞으면 좋은 일 아닌가? 그것도 오랜 시간 힘들이지 않고 말이다. 쉽고 재미있게 가랑비에 옷이 젖듯 멀리 내다보고 천천히 가면 된다. 현재보다 조금 더 성장하는 걸 목표로 잡고 도전해 보자. 내 옆집 아이, 누구 집 아이가 아니라 내 아이가 자신의 현재보다 성장하면 된다. 누가 알겠는가? 혹시 고등학교에 가서 놀라운 능력을 폭발할지 말이다. 다음의 방법을 각자 아이에게 맞게 응용해보길 바란다.

첫째, 수학의 감을 잡게 하자. 학교 시험은 시간이 정해져 있다.

시간 내 문제를 푸는 연습이 필요하다. 빨리 풀다 보면 실수가 많아지고 천천히 풀다 보면 시간 내에 못 푼다. 그래서 두 가지 연습이 모두 필요하다. 먼저 자기 수준에 맞거나 또는 조금 쉬운 수학 문제집을 선정해 3분 이내에 빠르게 푸는 연습이 필요하다. 그리고 천천히 정확하게 집중해서 틀리지 않게 푸는 연습이다. 이 연습은 하루에 3문제면 3문제 정해놓고 풀면 좋다. 그다음으로 쉬운 연산 문제가 자연스럽게 될 때까지 하루에 3분 정도 해주면 좋다.

둘째, 수학 개념은 확실히 잡자. 개념이 그려져야 진짜 제대로 이해한 거다. 그림을 그려보거나 개념을 제대로 잡아야 하고 모르는 개념이 있으면 반드시 이해하고 넘어가야 한다.

셋째, 다양한 유형의 문제를 풀어보자. 시험 점수 올리기에 큰 도움이 된다. 왜 문제 유형의 양이 중요할까? 다양한 유형을 접해본 아이와 접해보지 못한 아이는 하늘과 땅 차이다. 개념 이해 없이 문제집만 푼 아이들은 똑같은 유형이 나와야만 풀 수 있다. 하지만 개념을 이해한 아이는 똑같은 유형의 문제가 아니라 해도 개념을 바탕으로 유추해서 풀 수 있다. 그런데 시험 1~30번까지 모든 문제를 개념 바탕으로 유추해서 풀면 시간 안에 풀지 못한다. 기계도 처음 다룰 때와 달리 여러 번 다뤄서 익숙해지면 편안해지고 쉬워진다. 수학 문제도 마찬가지다. 30문제 중 보통 25문제는 문제를 많이 풀어 유형에 익숙해지면 쉽게 잘 풀 수 있다. 그리고 심화 5문제 정도는 개념을 유추해서 풀면 된다. 그러면 시간 안에 성공적으로 수학 고득점에 도전할 수 있다.

넷째, 뇌의 가소성과 몰입을 위한 수학 문제를 풀게 한다. 이때 처음 시작은 3분으로 한다. 하루에 1문제 정도는 조금 어려운 문제를 스스로 푸는 연습을 하자. 몰입과 함께 뇌의 발달도 도와주고 스스로 풀게 됐을 때의 기쁨도 맛보게 된다. 혼자 이 문제를 풀 때까지 몇 날 며칠 3분씩 매일 하자. 3분의 시간은 시작할 수 있게 해주는 장치이니 시간의 배정은 각자 알아서 하면 된다. 주의할 점은 답지를 보여주지 말고 부모가 잘 보관하는 것이다.

다섯째, 선행학습이 필요한 아이와 그렇지 않은 아이를 잘 구별하자. 선행학습이 필요 없는 아이에게 선행학습을 시켜서 힘을 빼지 말자. 과도한 선행학습은 수학이라면 진절머리 치는 아이가 되게 할 가능성이 크다. 차근차근 제 수준에 맞게 개념을 잡고 많은 유형을 접하도록 도와주자. 내 아이를 믿자.

"'수학이 싫어!'를 외치던 내 아이는 현재 수학 천재로 발전했습니다. 수학을 너무 좋아합니다."라고 말할 수 있으면 참 아름다웠겠지만 현재 중학생인 딸은 수학을 여전히 싫어하고 어려워한다. 종종 문제가 안 풀릴 때는 괴성을 내기도 한다. 하지만 이 원리를 천천히 조급해하지 않고 적용한 결과 학교에서 제일 어려운 코스의 수학을 듣고 있다. 성적도 1년 동안 A다. 그리고 정말 가끔 재미있을 때도 있다고 했다. 어려운 문제, 못 풀 것만 같았던 문제를 풀고 나면 기분이 너무 좋다고 한다.

어릴 때 부족함이 보이는 것은 성장할 수 있는 발판을 다지는 좋은 기회다. 기회를 잡자. 엄마에게 필요한 것은 조급해하지 않고 아이를 믿고 기다리기만 하면 되는 일이다. 딸은 중학교에 가기 전 수학 공부를 선생님의 도움을 좀 받고 싶다고 했다. 연산 문제집

한 권 끝내본 적 없는 엄마였지만 딸의 요구에 재빠르게 움직여 선생님을 만나게 해주었다. 수학 이해력이 빠르지 않은 아이는 큰 도움을 받고 있다. 사교육은 아이가 필요로 할 때 적절하게 해주면 도움이 된다.

5
공부 성공의 핵심인 정서 지능을 키운다

영어도 컴퓨터도 배우지 않으면 사용할 수 없듯 감정도 정서도 배워야 한다. 나는 학부 전공으로 상담심리학을 했다. 교수님의 수업을 들으며 많은 친구가 울면서 공부했다. 그동안 살면서 한 번도 자신의 감정을 마주할 일이 없어 몰랐던 것이다. 수업을 들으며 자신의 감정을 조금씩 알게 되고 그때의 자신과 마주하며 많이 울고 치유했던 시간이었다.

외국어도 배워야 알게 되고 할 수 있게 되듯 내 마음의 상태도 배워야 한다. 어릴 때부터 아이와 감정 수업을 많이 했다. 감정을 표현하는 단어라든지 내 마음이 어떤지 함규정 선생님의 저서 『감정 수업』을 통해 종종 했다. 또 아이들의 감정을 다룬 동화책을 읽어주며 많은 대화를 했다.

대학 전공 때 수업을 들으면 생각보다 부모와의 관계와 자신의 감정을 잘 아는 일이 너무 중요함을 깨달았다. 수업 시간 리포트 작성을 할 때 많은 친구가 부모와의 관계에서 오는 고통으로 인해 잘못된 자아상을 가지고 있었다. 그것이 오랜 시간 친구들을 괴롭게 했다. 그 당시 공부하며 훗날 부모가 된다면 무엇보다 아이의 감정을 잘 다루어주어야겠다고 생각했다.

정서 지능이 공부 지능을 높일 수 있다

정서지능을 잘 발달시키는 부모는 아이의 공부 지능도 높일 수 있다는 많은 책과 다큐멘터리를 보았다. 감정을 배우고 그 감정을 건강하게 표현하는 걸 배우는 게 너무나 중요하다. 가정이라는 안전한 울타리 안에서 감정을 표현하고 다루는 법을 잘 배운다면 건강한 시민이 돼 건강한 사회를 만들 것이다. 우리 아이들이 살아갈 세상이 당연히 지금보다 더 좋아야 하지 않을까? 지금보다 더 살기 좋은 사회가 되지 않을까?

감정을 공감하라는 것을 간혹 오해해서 감정뿐만 아니라 아이의 잘못도 다 이해하고 받아주는 경우가 있다. 화가 난 감정은 있을 수 있고 속상할 수 있지만 표현하는 방법이 누군가 해를 입게 하는 것이 되면 안 된다. 나쁜 말을 하거나 자신과 타인을 해롭게 하는 일은 반드시 한계를 만들어주고 훈계해야 한다.

실리콘밸리에서 자라 명문대를 다니는 하나가 생각났다. 유독 그녀는 친절하고 인기가 많은 멋진 아이였다. 오래전 그 부모님에게 비결을 물은 적이 있다. 그분들은 별것 없다면서 자기 가정의 오랜 전통에 관한 이야기를 해주었다. 리더십을 발휘하며 자신의 재능을 마음껏 펼치며 자신뿐만 아니라 다른 사람의 유익을 위해서도 애쓰는 멋진 아이로 자란 비결을 공개해본다.

첫째, 잠자리 대화다. 밤에 잠자기 전에 책을 2~3권씩 골라와 함께 읽고 잠자리에 눕는다. 그러고 나면 아이들과 대화를 시작했다고 한다. "오늘 행복한 일은 뭐였어?" "오늘 슬프거나 속상한 일은 뭐였어?" "오늘 감사한 일은?" 등 감정에 관한 이야기를 서로 나눈다. 처음에는 연습이 안 되어 있기 때문에 "없어. 모르겠어."라고 대답한다. 이렇듯 다 "없어."라고 말하던 아이들이 오랜 시간 반복되는 잠자리 대화로 어느새 구체적이고 다양하게 감정을 표현하기 시작했다고 한다. 잠자리에서 이 5분의 시간을 통해 아이는 엄마의 감정에 대해서 그리고 자신의 감정에 대해서도 자연스럽게 배우고 표현하는 방법을 배우게 된 것이다.

나는 이 비법을 배워 우리 집에서도 적용했다. 여느 때와 같은 밤이었다. 모두가 한 이불에 누워 잘 준비를 마쳤다. 그리고 평소처럼 서로의 감정을 나눈다. 슬픈 일이 뭐냐는 질문에 딸이 울기 시작했다. 이불을 뒤집어쓰고 한참을 운다. 우는 아이를 꼭 안아줬다. 아이가 우니까 당황했지만 자신의 감정에 충실한 시간에 무엇 때문에 우는지 왜 그러는지 다그치고 싶지 않았다.

우는 아이를 안아주며 "우리 딸 오늘 아주 큰 슬픈 일이 있었구나. 다 울고 나면 무슨 일인지 말해줘. 엄마가 기다려줄게." 하고 그

후 말없이 안아준 채 계속 아이를 토닥거렸다. 한참을 울고 난 아이는 출장 간 아빠가 보고 싶다고 말했다. 이상하게 낮에는 괜찮은데 밤이 되면 보고 싶어서 슬퍼진다고 했다. 그 기분이 무엇인지 잘 알 수 있었다. 밤이 되면 유난히 사랑하는 사람에 대한 그리움이 더 심해진다. 정신없이 살다 내 감정을 직면할 수 있는 고요한 집중의 시간을 가지면 그 감정이 스멀스멀 올라온다. 그렇게 밤마다 아빠가 출장을 간 날이면 울었다. 이게 7세 때의 일이다. 지금은 더이상 울지 않는다. 그러나 지금도 종종 숙제나 악기 연습을 하다가도 뜬금없이 "아빠는 언제 와?"라고 묻는다. "왜?"라고 물으면 "그냥 아빠가 보고 싶어서."라고 말한다.

잠자리에서의 5분 훈련은 이렇게 아이가 자신의 감정을 잘 표현할 줄 아는 아이로 자라나게 했다. 그리고 이 잠자리 5분의 기적은 내가 아이에게 미안하다고 말할 수 있는 좋은 시간이다. "엄마가 오늘 속상한 무슨 무슨 일이 있어서 기분이 안 좋아서 너희들에게 아까 짜증 내고 화내서 미안해."라고 말한다. "내일부터는 엄마가 조금 더 좋게 말하거나 지금 엄마가 속상한 일이 있으니까 좀 혼자 있게 시간을 주겠니?"라고 부탁하겠다고 다짐의 말을 아이에게 한다.

먼저 감정을 보이고 행복 호르몬을 만들어내자

부모의 미안하다는 말에는 마법이 있다. 아이는 정말 하얀 눈이 세상을 뒤덮듯 내 잘못을 덮어준다. 아이는 정말 쉽게 부모를 용서

하고 무한히 사랑한다. 부모가 아이를 사랑하는 것보다 훨씬 더 강한 사랑으로 부모를 사랑한다. 종종 아이의 사랑이 부모인 내 사랑보다 더 크다는 것을 경험한다. 아이도 미안하다고 말할 줄 아는 부모를 보며 자신도 잘못하면 미안하다고 말할 줄 아는 아이가 된다.

아들은 욕실에서 자주 흥얼거리고 음악에 맞춰 춤추기를 좋아한다. 그리고 상남자같이 굴다가도 순간순간 "엄마 사랑해." "엄마 고마워."라고 말하며 백허그를 자주 한다. 내가 아프면 "얼른 나아야 해."라고 다정하게 말을 건네고 사랑을 표현한다. 슬프고 화나는 감정도 행복하고 좋은 감정도 모두 건강하게 잘 표현할 줄 알아야 한다. 잘 표현하는 아이가 정서지능이 좋아진다.

아이가 살면서 이불을 뒤집어쓰고 울어야 하는 크나큰 시련과 슬픔을 마주할 일이 많을 것이다. 인생이 쉽지 않으니까 말이다. 그런 좌절과 고통 속에서 허우적거리지 않고 슬플 때 충분히 울고 슬퍼하다가 마음과 감정을 다스릴 줄 알게 된다. 순간순간의 감사와 기쁨을 느끼며 살아가는 아이로 자라가게 되길 바란다.

둘째, 아침 5분의 웃음이 주는 힘이 있다. 매일 해야 할 일도 많고 피곤한 아이들을 위해 한 부모님은 아이들을 순간순간 자주 웃게 해줬다고 한다. 유머를 가지고 사는 아이가 되길 원한다고 했다. 특히 학교에 가는 아침 5분은 함박웃음이 가득하도록 해야 한다고 했다. 부모와 싸우고 화가 난 마음으로 학교에 간 아이와 함박웃음을 짓고 학교에 간 아이는 당연히 차이가 날 수밖에 없다. 공부뿐만 아니라 친구와의 관계 모든 생활에서의 태도가 긍정적이고 행복하고 에너지가 넘치게 될 것이다. 그래서 나도 순간순간 아이를 웃게 해주려고 노력한다.

  아이들은 퇴근하고 돌아온 아빠의 유머로 하루를 마무리하기 전에 깔깔 웃는다. 그리고 아침에 나는 아이를 깨우면서 아주 우스운 목소리를 내며 아이들을 깨운다. 그냥 스스로 일어나는 아이도 있지만 엄마의 마사지를 받고 엄마의 우스운 목소리를 들으며 깔깔 웃으며 잠에서 깨는 일은 무엇과도 바꿀 수 없는 소중한 시간이다. 물론 필요에 따라 아이 스스로 자명종으로도 일어나기도 한다. 나는 더 오래 이 시간을 포기하고 싶지 않다. 앞으로 더 많은 공부와 더 많은 할 일로 지칠 수 있는 아이에게 아침 5분에서 10분 엄마가 자명종이 되어 아이와 스킨십도 하고 마사지도 하며 친밀함을 누리는 이 시간을 결코 포기하고 싶지 않다.

  12세의 딸이 아직도 엄마가 깨우고 나가려고 하면 웃다가 "엄마 가지 마."라고 하며 나를 잡고 안는 일은 넘치게 감사한 일이다. 아이들은 사춘기 시절이 되면 특별한 이유가 없는데 자주 기분이 우울해지기도 한다. 이때 유치찬란한 웃음을 주면 사춘기 아이도 깔깔 웃는다. 사랑스러운 내 아이를 안아주고 만져주고 특별한 말을 하지 않아도 깊은 교감과 사랑을 나누는 시간이 된다. 5분이면 충분한 시간을 포기하지 않고 유지한다면 무엇보다 중요한 내 아이와의 깊은 친밀한 관계를 만들 수 있다. 아이들이 인생을 살아가며 크고 작은 어려운 일을 만날 때 슬픔에 잠식당하는 게 아니라 자신이 누릴 수 있는 소소한 행복과 기쁨을 알면 좋겠다. 이시형 박사는 저서 『공부하는 독종이 살아남는다』에서 "뇌는 공부에 의한 감동을 기억한다. 감성적인 사람은 동기부여도 잘한다. 그래서 공부를 해야 할 이유도 잘 찾게 된다. (…중략…) 행복 호르몬 세로토닌이 나오도록 해야 한다. 세로토닌의 분비가 잘 분비돼야 공부할 의욕, 생기가 생겨 공부할 최적의 컨디션을 만들어준다."라고 했다. 세로토닌의 분비를 늘리는 방법은 음악과 같은 리듬 운동, 음식 제대로 씹기, 자주 걷기, 심호흡, 서로 사랑하기, 함께 모이기 등이 있다.

6
놀이를 통해 몰입을 경험하게 한다

우리의 아이들은 대단한 걸작품이다. 그 가능성을 인정하는 일이 부모의 첫 번째 의무다. 그리고 그 가능성을 인정할 때 아이들은 몰입의 세계로 빠져들 수 있다. 몰입을 경험한 아이는 누가 시키지 않아도 자기주도적인 아이가 된다. 그렇다면 이 기분 좋은 만병통치약 같은 몰입을 어떻게 키워줄 수 있을까?

우리 집에 자주 놀러 오는 아이의 친구가 있다. 수학 천재다. 어려운 올림피아드 문제도 쓱쓱 쉽게 풀고 코딩도 잘한다. 평소에 놀 때는 다른 아이와 특별히 차이가 보이지 않는다. 그저 평범하고 까불까불 장난치는 사내아이다. 그런데 이 아이는 심심하면 피아노를 친다. 잠깐이나마 틈이 생기면 빠져들어 피아노를 친다. 그리고 어려운 곡을 도전하면서 그 곡을 완성할 때까지 몰입의 시간에 들어간다.

 몰입하는 시간이 오래 걸리는 사람도 있고 적게 걸리는 사람도 있다. 중요한 것은 몰입하는 과제를 해결하기 위해 몰입의 경지로 들어가 반드시 자신만의 결과를 만들어내는 것이다. 아이가 가진 음악 재능이 조성진이나 임윤찬의 정도를 이야기하는 게 아니다. 자신이 치고 싶은 곡을 칠 수 있고 즐길 수 있고 도전하고 싶은 마음을 말하는 것이다. 즉 내가 하고 싶은 것을 잘하고 싶은 마음이다. 이것이 몰입에 들어가는 가장 좋은 조건이다. 수학 천재 친구가 피아노를 칠 때 1만 시간을 몰입할까? 아니다. 아이는 밖에서 내 아들과 신나게 논다. 그런 후 들어와서 잠시 10분이나 5분 동안 몰입해서 친다. 정말 피아노를 치는 즐거움에 푹 빠진 모습이다. 결국 하루의 이런 시간이 모여 자신이 목표한 곡들을 완성해 나간다.

 우리는 몰입이라고 하면 뭔가 거창하고 어려운 일이라고 생각해 부담을 갖는다. 오랜 시간을 해야 한다고 생각한다. 그렇지 않다. 처음부터 그렇게 거창할 필요는 없다. 물론 오랜 시간 깊은 몰입에 빠지면 그 결과는 또 그만큼 깊고 달라질 것이다. 그런데 깊은 몰입은 작은 몰입의 경험을 하다 보면 반드시 찾아온다. 아이 교육은 뭐든 쉽고 짧게 시작해야 한다. 그래야 시도하기가 좋다. 또 실패해도 다시 도전하기도 쉽다.

주변과 생각을 단순하게 하여 몰입하게 한다

몰입의 사전적 의미는 '깊이 파고들거나 빠진 상태'다. 몰입의 사전적 의미대로 우리 아이들이 깊이 파고들고 빠진 상태가 된다면 뭐든지 잘 해낼 것이다. 그렇다면 몰입은 어떻게 발현되는 것일까? 황농문 교수의 저서 『몰입』을 보면 "자신의 능력을 뛰어넘는 일에 도전할 때 발현될 수 있다. 그런데 이 자기의 능력을 뛰어넘는 일을 하려면 고통스럽다. 그렇다면 고통스러운 그 일에 어떻게 푹 빠져들게 되는 걸까? 그것은 재미가 있어야 한다."라는 구절이 나온다. 몰입은 고통스러워도 재미가 있다면 할 수 있다.

틀에 얽매이지 않는 사람, 뭐든 가능하다고 생각하는 근거 없는 자신감으로 가득 찬 사람, 계속 끄적이며 뭔가를 생각하는 사람이 성취를 이루어낸다. 그리고 단순한 삶을 산다. 그래야 몰입해 문제를 해결할 수 있다. 허준이 교수는 한번 문제에 빠져들면 나머지 시간은 최소한의 것만 하고 연구에만 집중했다.

허준이 교수는 필즈상을 받을 수 있는 성과의 큰 비결로 다음과 같이 말했다. 생각하다 보면 어느 순간 갑자기 문제가 해결된다고 했다. 완전히 똑같은 나라는 사람이 외부로부터 새로운 정보가 없었는데 의식적으로 인식하지 못하는 와중에 아주 결정적인 연결이 머리 안에서 일어나는 경험을 했다고 한다. 무의식의 결과물을 의식으로 가져오는 반복훈련이 도움이 된 것 같다고 했다. 즉 몰입에 빠져 몰입으로 인해 놀라운 결과를 낸 것이다.

우리도 우리 아이에게 근거 없는 자신감을 주자. 물론 자신을 객관화해 보는 능력도 필요하다. 하지만 근본적으로 나는 뭐든 할 수 있는 사람이라는 생각을 어릴 때 심어주는 게 필요하다. 수학 학원과 영어 학원에 가는 것보다 "나는 뭐든 할 수 있는 사람이니 한번 해보자."라는 마음을 남겨주는 일이 먼저 해야 할 가장 중요한 일이다.

노력을 가장 많이 하는 사람, 노력하는 과정을 자연스럽고 즐거워하는 사람. 그런 사람은 재능을 가진 사람이라고 볼 수 있다. 즉 노력을 즐기는 능력이 재능이다. 우리 아이에게 즐거움을 찾아주고 그 즐거움에 푹 빠져서 노력할 수 있는 재능을 물려준다면 얼마나 좋을까?

허준이 교수가 말하는 몰입 방법은 세 가지로 알 수 있다. 첫째, 단순화다. 허준이 교수 연구실의 특징은 몰입에 방해되지 않게 매우 단순하다는 동아일보 기사를 본 적이 있다. 노트 뭉텅이, 샤프펜슬, 우유 한 팩, 누워서 생각할 때 사용하는 요가 매트, 모래시계(구글 타이머)가 전부라고 한다. 교수님 본인은 자극적인 것에 약한 사람이라고 했다. 그래서 일상을 깨뜨릴 수 있는 자극은 거의 피한다고 했다. 필즈상에 빛나는 교수님도 집중을 위해 환경을 만든다. 우리 아이들에게도 몰입의 환경을 만들어줘야 하지 않을까? 아이의 삶과 주변을 한번 점검해보자.

둘째, 모래시계(구글 타이머) 활용이다. 모래시계가 작동하는 동안 한 문제에만 몰입한다. 15분을 2번 반복하고 잠시 쉬었다가 다시 한다. 25분 또는 30분이나 20분 하다가 5분 휴식을 3~4번 반복한다. 아이들에게 맞게 시간을 적용하면 된다. 다만 처음부터 너무 길게 하지 않는 게 좋다. 이때 5분 휴식은 그 몰입이 방해되지 않게 잠시 눈을 감고 쉬도록 해야 한다. 그 쉬는 시간에 다른 자극을 주지 않도록 해야 한다. 그래야 집중력이 흐트러지지 않는다. 이 반복을 3~4번 하고 나면 잠시 좀 긴 휴식을 하면 좋다.

셋째, 재미다. 허준이 교수는 수학이 재미있다고 했다. "수학을 꼭 해야 한다고 당위성을 부여하면 재미를 느낄 수 없을 것 같아요."라고 했다. 즉 재미있어서 계속 연구할 수 있었다. 우리 아이에게 재미를 찾아주자. 모든 공부가 다 재미있을 수는 없다. 하지만 아이의 삶에 한 가지 재미를 찾아 몰입의 경험을 한다면 분명 다른 분야에서도 시너지 효과가 있을 것이다. 그러기 위해 제일 먼저 충분히 놀게 해주자. 그런 재미가 있다면 힘든 시간도 이겨내고 계속 할 수 있는 것이다.

실리콘밸리 아이들은 놀이로 몰입을 경험한다

실리콘밸리 아이들은 즐거움, 즉 놀이를 통한 몰입을 먼저 경험하는 경우가 많다. 가령 독서를 통한 몰입이다. 실리콘밸리의 아이들은 책에 한 번 빠지면 불러도 모르는 경우가 많을 정도로 푹 빠진다. 이런 독서의 몰입은 어떻게 가능할까? 여유로운 시간 안에서 엄마나 아빠 또는 그 누가 되어도 좋다. 재미있게 읽어주면 된다. 아이가 원하는 책으로 말이다.

스토리에는 힘이 있다. 아이들은 스토리에 너나 할 것 없이 빠진다. 부모가 읽어주는 책에 흠뻑 빠진 아이들은 이제 각자의 책 읽는 시간을 가지게 하면 된다. 그러면 보통 그 스토리의 여운으로 엄마가 읽어줬던 책을 다시 자신들이 펼쳐서 본다. 그러면 아이들은 그 책을 읽고 다른 책을 책장에서 꺼내서 읽으며 한참을 몰입한다. 이 시간을 다른 일을 한다고 정신을 분산시키지 말자. 부모도 다른 일을 하거나 핸드폰을 보기보다는 함께 책을 읽으며 아이와 같은 공간에 있어 주자. 최고의 몰입은 노는 것이다. 아이들은 놀 때 가장 깊이 몰입한다. 놀이의 종류는 그야말로 다양하고 아이마다 다르다.

실리콘밸리의 아이 중에 레고에 몰입해 노는 사례를 소개한다. 첫 번째는 레고를 설명서를 보고 맞춘다. 두 번째는 부수기도 하고 모아 놓은 다른 레고 박스를 가져와 자신만의 레고 만들기에 들어간다. 세 번째는 한 번씩 레고 타임을 가지면 신나게 논다. 한번 시작된 레고 놀이는 며칠씩 지속된다. 그의 부모들은 레고를 치우지 않고 놀게 한다. 충분히 하고 나면 아이와 함께 치운다. 집도 만들고 그 안에 들어가 집 안도 꾸민다. 이때 색종이, 실, 테이프 등 다양한 것들을 동원하면 융합 놀이가 된다. 그러다 보면 역할극 놀이에도 빠진다. 심지어는 물도 떠 와서 한참을 만들고 논다. 정말 말 그대로 노느라 정신없다. 아이는 놀이에 깊이 몰입하며 재미를 느낀다.

운동과 같은 바깥 놀이도 몰입하기에 좋다. 아이들은 밖에서 실컷 놀면서 몰입한다. 그런데 그렇게 몸을 쓰고 오면 집에서 조용히 또 몰입하며 시간을 보낸다. 책을 읽거나 종이접기를 하는 등 자신만의 시간을 갖는다. 또 어떤 아이는 공부를 하기도 한다. 실리콘밸리의 부모들은 아이를 확인해보고 안전이나 크게 문제가 되는 일을 하지 않는다면 그냥 내버려 둔다. 아이의 몰입 시간을 방해하지 않고 그 몰입에서 나올 때까지 말도 걸지 않고 놔둔다. 그게 짧든 길든 아이는 그 시간에 완벽하게 몰입한다. 그렇게 어릴 때 재미있게 놀면서 몰입하면 엉덩이 힘이 길러진다. 아이가 밖에서 햇빛도 쬐고 친구랑도 어울리며 온몸을 써서 노는 활동과 땀을 흘리는 활동, 예컨대 운동을 자주 경험하게 해주자. 그러고 나면 차분하게 집중도 잘한다.

예술에 몰입하도록 하는 것도 좋다. 몰입할 시간을 만들어주는 좋은 방법은 예술 활동이다. 챗GPT 시대에는 창의성이 더욱 중요해졌다. 정재승 교수의 책에 보면 우리의 뇌가 예술품을 보고 큰 감동을 느끼는 순간에 항상 따로 놀던 뇌의 영역이 유일하게 동시에 작동한다고 한다. 내면과 세상이 연결되는 희귀한 순간이라는 것이다. 그 순간 덕분에 결국 남들과 다른 사고력이 길러지고 창의성이 생기게 된다. 자신이 일하는 분야나 공부하는 분야에서도 좋은 결과물을 만들어낼 가능성도 커지게 되는 것이다. 우리가 모두 위대해질 필요는 없다. 하지만 내 아이가 좋아하는 일이나 해야 하는 일에서 몰입을 통해 재미와 더불어 좋은 성과도 낸다면 좋지 않을까?

실리콘밸리의 아이들을 보면 어린 데도 클래식, 뮤지컬, 그림, 운동에 흠뻑 빠져 있는 모습을 본다. 한 가지 일을 하며 푹 빠지는 경험을 하게 해야 한다. 때로는 그게 차를 타고 가는 동안 바깥의 풍경을 보는 멍때리는 시간이 될 수 있다.

아이가 쉽게 몰입할 수 있으려면 어릴 때 자신만의 시간을 충분히 보내봐야 한다. 이런 몰입은 집, 공원, 학교, 놀이터 등 어디서나 가능하다. 그런데 사교육과 공부로 인해 빡빡한 스케줄이 많아서 몰입하기 쉽지 않다. 아이에게 충분한 시간을 만들어주자. 그래야 고등학교, 대학에 가서 진짜 힘을 내 공부할 수 있다. 그리고 몰입을 방해하는 요소를 부모와 아이가 충분한 대화를 통해 규칙을 만들도록 하자. 너무 자극적인 영상물은 아이들의 몰입을 방해하는 최고의 방해꾼이라는 사실을 절대 잊지 말자.

실리콘밸리 부모들은 아이의 몰입을 방해하는 미디어 영상을 제한하는 경우가 많다. 그 방법으로 우선 핸드폰을 최대한 늦게 손에 쥐여준다. 대체로 중학교에 갈 때 주는 경우가 많다. 그리고 각 개인의 방보다 가족 모두가 함께하는 공간에서 숙제나 공부를 한다. 어릴 때는 텔레비전 시청을 금하거나 제한한다. 시청할 때는 부모가 옆에서 함께 보며 대화를 나눈다. 게임기는 최대한 늦게 접하게 한다. 접하더라도 반드시 규칙과 시간제한이 있다. 텔레비전과 게임기 모두 평일보다는 주말에만 하도록 한다.

| 에필로그 |

　어느 날 갑자기 엄마가 됐다. 그리고 육아에 대해 준비되지 않은 상태에서 첫아이를 키우고 둘째가 찾아왔다. 그런데 둘째가 태어나기 전부터 아팠다. 둘째는 태어나 큰 수술을 두 번이나 받았다. 한국에서의 짧은 1년 동안 삶의 절반 이상을 병원에서 보내야 했다. 그 작은 아이를 품에 안고 하루하루 건강해지기만을 간절히 기도했다. 그리고 어느 날 준비되지 않은 상태로 남편을 따라 미국으로 이주하게 됐다. 둘째의 건강문제로 인해 교육에는 신경 쓸 겨를이 없었고 아무런 준비 없이 미국에 발을 디뎠다. 그러나 이곳은 세계적으로 교육열이 높은 실리콘밸리였다. 이곳에서 내 부족함은 여실히 드러났고 새로운 환경에 적응해야 했다.
　둘째는 아픈 것에도 적응하며 3년 전 큰 수술을 받았고 현재는 추적 검사를 받으면서 평범한 일상을 살고 있다. 늘 마음 한구석에는 불안함이 자리하고 있지만 지금의 일상은 그 자체로 감사하다.
　아이의 건강에서 눈을 돌리게 되면서 비로소 아이들의 교육과 육아가 보이기 시작했다. 첫아이를 키우던 시절에는 모든 것이 서

툴고 어려웠다. 많은 육아 선배들과 다양한 책들이 큰 힘이 됐다. 그들의 이야기와 삶의 경험이 오늘날의 나를 이곳까지 데려다 주었다.

나는 어린이 전문가도, 육아 전문가도, 심리학자도 아니다. 또 아이들을 성공적으로 키워낸 베테랑 엄마도 아니다. 다만 지난 25년간 교육과 육아의 실전에서 얻은 경험들로 조금은 나눌 수 있는 이야기가 생겼다. 현재 나는 실리콘밸리에서 서머 아카데미 디렉터이자 다니엘 비전 아카데미의 대표로서 교육의 최전선에서 매일 아이들과 만나고 있다. 아이들과 함께하며 이 아이들이 언제 선생님을 신뢰하고 언제 성장하는지를 직접 경험하고 있다. 모든 아이들은 반짝반짝 빛나는 가능성과 재능을 가지고 태어난다. 그리고 선생님과 부모의 믿음과 격려 속에서 그 가능성이 꽃을 피우고 성장한다는 사실을 깊이 깨달았다.

"군자는 남의 아름다움은 이루도록 도와주고 남의 악은 이루도록 도와주지 않지만 소인은 이와 반대로 한다君子成人之美, 不成人之惡. 小人反是."

『논어』에 나오는 말이다. 나는 아이들의 장점을 발견하고 그 가능성을 북돋아주는 부모이자 선생님이 되고 싶다. 단점만을 지적하며 자신감을 잃게 하는 소인의 삶을 살고 싶지 않다. 아직 부족한 점이 많지만 군자의 삶을 지향하며 아이들과 함께 성장하는 여정을 이어가고 싶다.

아마 모든 부모의 마음이 나와 다르지 않을 것이다. 이상적인 부모와 선생님을 꿈꾸지만 때로는 현실의 벽 앞에서 좌절하고 무너지는 우리들. 그럼에도 매일 조금씩 아주 조금씩 나아지려는 노력은 결코 헛되지 않다고 믿는다. 이 책은 나 자신을 돌아보고 더 배우기 위해 쓴 기록이다. 여전히 부족한 점이 많지만 하루하루 성장하며 나아가는 엄마, 그리고 선생님이 되고 싶다는 다짐으로 세상에 내놓았다. 내가 알고 배우고 경험한 것들만이 진리라고 외치는 것이 아니다. 그저 '이런 방법도 있고 이런 사례도 있어요. 한 번 고민해 보세요.'라고 제안하는 마음으로 글을 썼다.

"한 아이를 키우기 위해서는 한 마을이 필요하다."라는 말이 있다. 지금 당장은 교육 제도를 바꿀 수 없더라도 내 아이와 주변의 아이들을 위해 함께 나누고 변화하며 함께 성장하고 싶다. 그렇게 한다면 우리 아이들이 앞으로 살아갈 세상이 조금 더 나아질 것이라고 굳게 믿는다. 그 여정에 여러분들을 초대한다.

실리콘밸리 아이들은 이렇게 공부합니다

초판 1쇄 인쇄 2025년 9월 22일
초판 1쇄 발행 2025년 9월 29일

지은이 김수영
펴낸이 안현주

기획 류재운 **편집** 안선영 **브랜드마케팅** 이민규 **영업** 안현영
디자인 표지 정태성 본문 장덕종

펴낸 곳 클라우드나인 **출판등록** 2013년 12월 12일(제2013-101호)
주소 우) 03993 서울시 마포구 월드컵북로 4길 82(동교동) 신흥빌딩 3층
전화 02-332-8939 **팩스** 02-6008-8938
이메일 c9book@naver.com

값 22,000원
ISBN 979-11-94534-42-6 03320

* 잘못 만들어진 책은 구입하신 곳에서 교환해드립니다.
* 이 책의 전부 또는 일부 내용을 재사용하려면 사전에 저작권자와 클라우드나인의 동의를 받아야 합니다.
* 클라우드나인에서는 독자 여러분의 원고를 기다리고 있습니다.
  출간을 원하시는 분은 원고를 bookmuseum@naver.com으로 보내주세요.
* 클라우드나인은 구름 중 가장 높은 구름인 9번 구름을 뜻합니다. 새들이 깃털로 하늘을 나는 것처럼 인간은 깃펜으로 쓴 글자에 의해 천상에 오를 것입니다.